編
家庭的保育研究会

地域型保育の基本と実践 第2版

▶子育て支援員研修〈地域保育コース〉テキスト◀

福村出版

はじめに

・・・

章の並び順について

○子育て支援員研修の専門研修（地域保育コース）共通科目と選択科目（地域型保育）の各科目については，巻末資料 pp.250〜251 に掲載されていますが，地域保育コースの研修を行ううえでは，まず最初に選択科目の「地域型保育の概要」について学び，制度や保育の特徴等の全体像を把握したうえで，各科目について学ぶことが望ましいと考えているため，本書の構成は「地域型保育の概要」に始まり，続いて学ぶ順番として望ましいと考えられる科目順に章立てされています。

用語の定義について

○このテキストで「保育者」とは，保育士のみならず，家庭的保育事業の家庭的保育者，家庭的保育補助者，小規模保育事業や事業所内保育事業，企業主導型保育事業等の保育従事者を含めています。

○保育施設に行くこと，帰ることは，一般的に使用されている，登園，降園，帰園などの表現を使っています。

　本書は，子育て支援員研修「地域保育コース」（地域型保育）で，おおむね3歳までの子どもの保育についての基礎知識と保育者としての基本姿勢を学ぶ方々のための研修テキストとして作成したものです。子育て支援員研修は，地域において子育て支援の仕事に関心を持ち，子育て支援分野の各事業に従事することを希望する方に対し，多様な子育て支援分野に関して必要となる知識や技能等を習得するための全国共通の研修制度として，2015年度より実施されています（子育て支援員研修の体系，p.243を参照）。この研修制度が導入された背景には，増大する保育ニーズや子育て支援ニーズに対応する保育現場では，保育士等の有資格者が圧倒的に不足する状況にあり，保育に従事する人材の確保が急務とされている実態があります。

　子育て支援員研修「地域保育コース」には，地域型保育，一時預かり事業，ファミ

リー・サポート・センター事業の3つの選択コースがありますが，本書は地域型保育に従事する方の従事要件となっている地域保育コースの共通科目と，地域型保育の選択科目を網羅したものとなっています。受講対象となるのは，家庭的保育事業並びに小規模保育事業C型に従事する家庭的保育補助者，小規模保育事業B型並びに事業所内保育事業に従事する保育従事者です。また，一時預かり事業従事者については，一時預かり事業コースがありますが，地域保育コースの修了でも従事要件を満たします。さらには，子ども・子育て支援法の仕事・子育て両立支援事業に位置づけられる企業主導型保育事業の保育従事者も対象となっています。なお，家庭的保育者並びに家庭的保育補助者については，子育て支援員研修修了もしくは，従来から行われている家庭的保育事業基礎研修修了のいずれでもよいとされていることから，家庭的保育者も受講対象となっています。

　家庭的保育事業基礎研修は，子育て支援員研修に先立ち，2010年度から実施されています。家庭的保育事業を行うために必要となる基礎知識を身につけることを目的として組み立てられた研修です。それは3歳未満の子どもを保育するために必要とされる基礎知識を中心に据えた内容であるため，子育て支援員研修の研修内容とりわけ地域保育コースの専門研修の内容は，家庭的保育事業基礎研修のカリキュラムに基づき，検討されました。このような経緯から，両者のカリキュラムには共通性があります。

　本書の執筆者は，『家庭的保育の基本と実践　第3版──家庭的保育基礎研修テキスト』（福村出版刊，平成20年度児童関連サービス調査研究等事業（財団法人こども未来財団）『家庭的保育者の研修についての調査研究』（主任研究者網野武博）に基づき作成）の執筆者でもあり，同書に基づき，子育て支援員研修で学ばれる方，地域型保育等に従事される方が，より理解しやすいように，地域型保育に関する情報も加えて，内容を見直したものになります。

　本研修テキストは，研修受講の際に使用するだけではなく，保育に携わるようになってからも，振り返りや確認のために開いていただき，保育者としての学びに役立てていただくことを願っています。

尾木まり

目次

第1章
地域型保育の概要

講義の目的

①地域型保育の各事業の概要や位置づけについて理解する。

②地域型保育の特徴を学び，保育所保育との共通点，相違点について理解する。

③規模の小さい地域型保育の意義およびリスクについて学び，リスクを回避するための課題について理解する。

1 地域型保育の事業概要

【1】 子ども・子育て支援新制度の概要

1 わが国の保育制度と保育所の推移

わが国の保育制度は，認可保育所がその中心的役割を果たしており，全国に質の高い保育環境が整備されている。保育所は児童福祉法制定（1947年）により児童福祉施設の1つとして位置づけられ，整備された。就労する母親の増加，ベビーブーム等の影響により，設立当初より量的整備が課題であった。高度成長期を迎え，保育需要はますます高まり，「ポストの数ほど保育所を」と保育所の増設を切望する住民運動が起こるほどであった。

また，乳児保育については，1969年に乳児保育特別対策が実施されるまでは，保育所における取り組みは積極的に行われていなかった。乳児の未熟性や疾病等に対する抵抗力のなさ，また大人への依存が高く親密な関係が必要とされることなどを理由として，集団保育に受け入れることについて否定的な意見が大勢を占めた。しかし，増大する社会的需要に応じて，乳児の特性に十分配慮した保育所の設備および運営面における乳児の受け入れ体制を整備し，乳児の受け入れをする保育所が増え，1998年には乳児保育が一般化さ

れた。

　児童福祉法第 24 条には市町村の保育実施義務が定められており，このような保育所不足や乳児保育への対応を補完するものとして，家庭的保育等の地方自治体独自の保育が実施されてきた経緯がある。しかし，2015 年から施行されている子ども・子育て支援新制度により，日本の保育制度は大きく変わった。

　2022 年 4 月 1 日現在，保育所等（特定保育・教育施設と特定地域型保育事業のうち 2号・3 号認定）の定員は 304 万人，利用児童数は約 273 万人である。就労する母親の増加とともに，保育需要は高まる一方であり，とくに 1，2 歳児の保育所等利用率は 26.6 ％（2007 年）から 56.0 ％（2022 年）へと増加している。

　また，保育所等待機児童については，1990 年代後半から高い水準で推移し，待機児童の解消が課題とされてきたが，少子化の進行と保育施設の量的整備が進んだことにより，2018 年より減少傾向で，2022 年 4 月 1 日現在，2,944 人である。同時期の待機児童は 0 ～2 歳が全体の 87.5 ％を占め（1，2 歳児が 77.2 ％），首都圏（埼玉・千葉・東京・神奈川）および近畿圏（京都・大阪・兵庫），その他政令指定都市や中核市に多い。

　一方で，人口減少が著しい地域では児童数の減少に伴い，保育所や幼稚園の統廃合が進み，近隣に保育所や幼稚園がないという問題も起こっている。

2　子ども・子育て支援新制度の目的

　2012 年の子ども・子育て関連 3 法の成立により，子ども・子育て支援法に基づき，子ども・子育て支援新制度（以下，新制度）が 2015 年 4 月から施行されている。子育て家庭を取り巻くさまざまな環境が変化したことに対応するために，保護者が子育てについての第一義的責任を有するという基本的認識のもとに，幼児期の教育・保育，地域の子育て支援を総合的に推進するものである。

　新制度が導入された背景として，結婚や出産・子育てについての希望と現実の乖離があり，とりわけ女性にとっては就労と結婚・子育ては二者択一になっていることを解消し，仕事，出産・子育ての希望が叶えられる社会が目指されている。具体的には，待機児童の解消，人口減少地域での教育・保育の需要への対応，認定こども園の改善，地域子育て支援の充実など，すべての子育て家庭を対象として，実施されるものである。

　新制度は社会保障と税の一体改革の一環として実施されており，消費税率の引き上げによる増収分をこれまでの高齢者 3 経費（基礎年金，老人医療，介護）から全世代対応型の社会保障へと転換し，子育て支援分野の恒久財源と位置づけ，社会全体による費用負担を行っている。

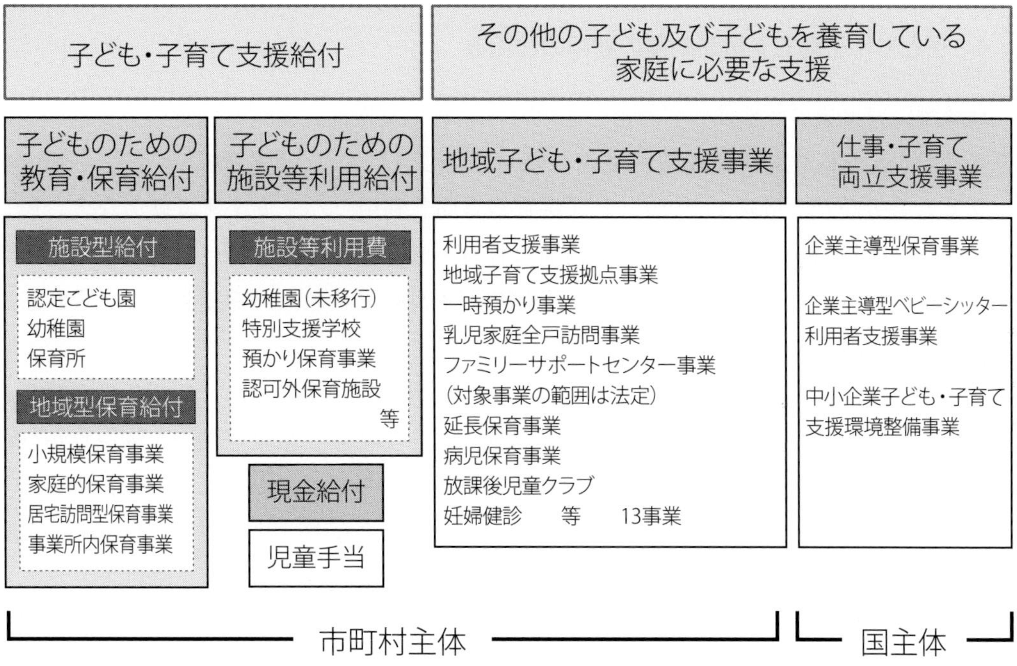

子ども・子育て支援給付		その他の子ども及び子どもを養育している家庭に必要な支援	
子どものための教育・保育給付	子どものための施設等利用給付	地域子ども・子育て支援事業	仕事・子育て両立支援事業

子どものための教育・保育給付

施設型給付
　認定こども園
　幼稚園
　保育所

地域型保育給付
　小規模保育事業
　家庭的保育事業
　居宅訪問型保育事業
　事業所内保育事業

子どものための施設等利用給付

施設等利用費
　幼稚園(未移行)
　特別支援学校
　預かり保育事業
　認可外保育施設
　　　　　　　　等

現金給付

児童手当

地域子ども・子育て支援事業

利用者支援事業
地域子育て支援拠点事業
一時預かり事業
乳児家庭全戸訪問事業
ファミリーサポートセンター事業
(対象事業の範囲は法定)
延長保育事業
病児保育事業
放課後児童クラブ
妊婦健診　　等　　13事業

仕事・子育て両立支援事業

企業主導型保育事業

企業主導型ベビーシッター
利用者支援事業

中小企業子ども・子育て
支援環境整備事業

├──────────── 市町村主体 ────────────┤　├── 国主体 ──┤

図1-1　子ども・子育て支援法に基づく給付・事業の全体像
出典：内閣府「子ども・子育て支援新制度について」資料を改編

3　子ども・子育て支援新制度の全体像

　子ども・子育て支援法に基づく給付・事業の全体像は図1-1に示すとおりである。保育所，幼稚園，認定こども園に対する共通の給付（施設型給付）のほかに，地域に密着した小規模な保育に対する給付（地域型保育給付）が創設され，小規模保育事業，家庭的保育事業，居宅訪問型保育事業，事業所内保育事業が給付の対象となった。2019年10月から，3歳から5歳までの（0歳から2歳までの住民税非課税世帯も対象）幼児教育・保育の無償化が施行されたことに伴い，子育てのための施設等利用給付が新たに設けられた。

　地域子ども・子育て支援事業は地域の実情に応じて，市町村が中心となって推進する事業で，13事業ある。仕事・子育て両立支援事業は事業主が負担する子ども・子育て拠出金を財源とし，国が主体となり，企業等に働く労働者のニーズに合わせて利用できる保育事業を推進するものである（なお，企業主導型保育事業は，小規模保育B型の基準と同等以上であることが求められている）。

　地域型保育事業を行う事業者は「家庭的保育事業等の設備及び運営に関する基準」（2014年，厚生労働省令第61号）に基づき，実施市町村が条例で定めた基準を満たし，実施市町村による認可と確認を受ける必要がある。また，給付は利用者への個人給付となるが，事業者が法定代理受領する。

4　子ども・子育て支援新制度の利用の仕組み

　地域型保育事業の対象はいずれも，子ども・子育て支援法に基づく保育の必要性の認定を受けた3歳未満児（3号認定）であり，保育の必要量により，「保育標準時間」利用（フルタイム就労など，最長11時間）と「保育短時間」利用（パートタイム就労など，最長8時間）のいずれかに区分される。保護者は保育の必要性の認定を受け，利用を希望する保育施設の名称を記載して申し込みをし，市町村が保護者の希望や希望先の受け入れ状況などにより，利用調整を行う。

　新制度では，子どもがどの保育を利用しても，保育の質が担保され，利用条件が等しくなるよう，世帯の所得が同じ場合は保育料は同一料金であり，給食提供や土曜保育が行われる（ただし，実施市町村により，料金や実施体制は異なる。また，家庭的保育事業の給食提供については，2024年度末までの経過措置がある）。なお，地域型保育事業では年度当初定員に空きがある場合，一時預かり事業（余裕活用型）の対象児童を受け入れることが可能である。

【2】　地域型保育事業の概要

表1-1　地域型保育事業の職員や設備等に関する基準一覧

| | | 家庭的保育事業 | 小規模保育事業 | | | 事業所内保育事業 | 居宅訪問型保育事業 |
			A型	B型	C型		
定員		1〜5名	6〜19名	6〜19名	6〜10名	6〜19名 20名〜	1名
職員	職員数	0〜2歳児 3:1 （補助者を置く場合，5:2）	保育所の配置基準 +1名	保育所の配置基準 +1名	0〜2歳児 3:1 （補助者を置く場合，5:2）	定員20名以上 保育所の基準と同様 0歳児 3:1 1・2歳児 6:1 定員19名以下 小規模保育事業A型・B型の基準と同様	0〜2歳児 1:1
	資格	家庭的保育者 ※市町村長が行う研修を修了した保育士，保育士と同等以上の知識及び経験を有すると市町村長が認める者	保育士 ※保育所と同様，保健師又は看護師の特例を設ける	1/2以上保育士 ※保育所と同様，保健師又は看護師の特例を設ける ※保育士以外には研修実施	家庭的保育者 ※市町村長が行う研修を修了した保育士，保育士と同等以上の知識及び経験を有すると市町村長が認める者		家庭的保育者（居宅訪問型） ※市町村長が行う研修を修了した保育士，保育士と同等以上の知識及び経験を有すると市町村長が認める者
設備・面積	保育室等	0歳〜2歳児 いずれも 1人3.3㎡	0歳・1歳児 1人当たり3.3㎡ 2歳児 1人当たり1.98㎡	0歳・1歳児 1人当たり3.3㎡ 2歳児 1人当たり1.98㎡	0歳〜2歳児 いずれも1人3.3㎡		―
給食		自園調理（連携施設等からの搬入可） 調理設備　調理員					保育者による調理，食事の提供を行わない

出典：内閣府「子ども・子育て会議」資料より筆者が作成

10

地域型保育事業には以下のように4類型ある。また，基準は**表1－1**のとおりである。

1　家庭的保育事業

家庭的保育者の居宅その他の場所で，家庭的保育者による保育を行う事業であり，家庭的保育者1人につき，子ども3人まで，家庭的保育補助者とともに保育する場合は子ども5人まで保育することができる。

2　小規模保育事業

地域にある空き施設や賃貸住宅等を活用して行われる保育事業である。保育所分園に近い形態（A型），複数の家庭的保育者が共同の場所を活用して行う形態（C型），A型とC型の中間の形態のB型があり，定員や職員配置の要件が異なる。

3　事業所内保育事業

企業等の事業主が主として従業員への仕事と子育ての両立支援策として実施する保育事業に，地域の子どもを受け入れる枠を設けて実施する事業である。

4　居宅訪問型保育事業

障害や慢性疾患等個別のケアが必要な場合や施設がなくなった地域で保育を提供する必要がある場合などに，子どもの居宅で一対一の保育を行う事業である。本事業に従事するためには，居宅訪問型保育事業基礎研修を修了する必要がある。

2　地域型保育の特徴

【1】　地域型保育の定義

地域型保育の保育事業は法制化されており，児童福祉法第六条の三において**資料1**のように定義されている。いずれも，第一号で3歳未満児の保育について規定し，第二号では人口減少地域などで3歳以上の幼児の保育にかかる体制の整備がないなどの場合には，市町村長の判断により，3歳以上の子どもについても保育を提供することを可能としている。

家庭的保育者については市町村長が行う研修が義務付けられており，家庭的保育者等研修の基礎研修，又は子育て支援員研修（地域保育コース）を受講しなければならない。家庭的保育補助者については資格要件はないが，同様の研修の受講が義務付けられている。

また，小規模保育事業，事業所内保育事業に従事する保育士資格を有していない保育従

事者は，子育て支援員研修（地域保育コース）の受講が従事要件となっている。

資料1 　児童福祉法（1947〔昭和22〕年法律第164号）

第六条の三

⑨この法律で，家庭的保育事業とは，次に掲げる事業をいう。

一　子ども・子育て支援法（平成二十四年法律第六十五号）第十九条第一項第二号の内閣府令で定める事由により家庭において必要な保育を受けることが困難である乳児又は幼児（以下「保育を必要とする乳児・幼児」という。）であつて満三歳未満のものについて，家庭的保育者（市町村長（特別区の区長を含む。以下同じ。）が行う研修を修了した保育士その他の厚生労働省令で定める者であつて，当該保育を必要とする乳児・幼児の保育を行う者として市町村長が適当と認めるものをいう。以下同じ。）の居宅その他の場所（当該保育を必要とする乳児・幼児の居宅を除く。）において家庭的保育者による保育を行う事業（利用定員が五人以下であるものに限る。次号において同じ。）

二　満三歳以上の幼児に係る保育の体制の整備の状況その他の地域の事情を勘案して，保育が必要と認められる児童であつて満三歳以上のものについて，家庭的保育者の居宅その他の場所（当該保育が必要と認められる児童の居宅を除く。）において，家庭的保育者による保育を行う事業

⑩この法律で，小規模保育事業とは，次に掲げる事業をいう。

一　保育を必要とする乳児・幼児であつて満三歳未満のものについて，当該保育を必要とする乳児・幼児を保育することを目的とする施設（利用定員が六人以上十九人以下であるものに限る。）において，保育を行う事業

二　満三歳以上の幼児に係る保育の体制の整備の状況その他の地域の事情を勘案して，保育が必要と認められる児童であつて満三歳以上のものについて，前号に規定する施設において，保育を行う事業

⑪この法律で，居宅訪問型保育事業とは，次に掲げる事業をいう。（略）

⑫この法律で，事業所内保育事業とは，次に掲げる事業をいう。

一　保育を必要とする乳児・幼児であつて満三歳未満のものについて，次に掲げる施設において，保育を行う事業

　　イ　事業主がその雇用する労働者の監護する乳児若しくは幼児及びその他の乳児若しくは幼児を保育するために自ら設置する施設又は事業主から委託を受けて当該事業主が雇用する労働者の監護する乳児若しくは幼児及びその他の乳児若しくは幼児の保育を実施する施設

　　ロ　（略）

　　ハ　（略）

二　満三歳以上の幼児に係る保育の体制の整備の状況その他の地域の事情を勘案して，保育が必要と認められる児童であつて満三歳以上のものについて，前号に規定する施設において，保育を行う事業

【2】　地域型保育の特徴

　保育所保育との共通点と相違点から，地域型保育の特徴を概観する。

　まず，対象となる児童はいずれも保育の必要性が認められた子どもであり，1日8時間を基本とする毎日の保育である。地域型保育を利用する子どもは，保育所を希望して入所できなかった子どもも多く，同様のニーズを持つ子どもであるといえる。

　多くの保育所は年齢別クラス編成で保育が行われ，とくに3歳未満児で縦割り保育が行われることが少ないのに対し，地域型保育は子ども数によってグループ編成が行われる場合もあるが，0歳を含む異年齢の小集団で保育が行われる。基本的には1年を通じて同じ子どもが通ってくる保育所と比べ，地域型保育では年度途中の入所や，保育所に空きが出た段階で保育所に移行していく子どもがいるなど，入所児童の変動が激しい場合もある。また，年齢ごとの定員が定められてはいるが，柔軟に対応が行われるため，年ごとに，保育を受ける子どもの年齢構成が異なるという特徴もある。

　それぞれの保育事業に必要とされる保育者の資格要件の差異もある。保育所では保育士であるが，家庭的保育や小規模保育事業C型では保育士を基本としつつ，保育士と同等以上の知識および経験を有するものとして市町村長が認めるものに拡大されている。小規模保育事業B型や事業所内保育事業では，子育て支援員研修（地域保育コース）を修了した保育従事者が一定数まで認められている。

　保育所では，施設長，副施設長，主任保育士，保育士，パート保育士，看護師，栄養士，調理員，嘱託医など，多種多様な経験と知識を持つ職員がいる。地域型保育でも，調理員や嘱託医も置かなくてはならないが，看護師や栄養士がいる保育施設は多くない。

　保育所などの規模の大きい職場では役割分担が明確であるが，小規模な保育では職員全員でさまざまな役割を分担することになる。また，保育所などでは園内研修が行われたり，保育を行いながら，経験者から新任者への知識や技術の伝達や助言・指導が行われるが（オン・ザ・ジョブ・トレーニング，OJT），地域型保育の保育者は自分から求めて研修に参加しないと，新しい情報の獲得や知識・技術の向上に結びつく機会を得にくい場合がある。また，客観的な視点による保育のスーパービジョン*が行われにくい。

　子どもの成長発達上の問題，保健，保護者との関係，子どもの家庭の問題など，相談助言を必要とするときに，経験者や多職種のいる保育所では相談できる専門職がいたり専門機関につながりやすいが，地域型保育ではそれぞれの分野における専門性を持つ相談相手を外に求めなければならないことが多い。

　勤務形態は，保育所が交替制勤務で早番，遅番などがあるのに対し，家庭的保育では登

＊スーパービジョン：利用者への処遇の向上と実践者の養成を目的として，実践の経験や知識を持つ
　スーパーバイザー（内部職員や外部者）から実践者（ここでは保育者）に対して提供される管理的，
　教育的，支持的機能をさす。

園から降園まで同じ保育者が子どもを保育することが多い。地域型保育でも，常勤職員以外は保育従事者がシフトを組んで従事することが多くなっている。

【3】　地域型保育の理念

　地域型保育事業は「利用乳幼児の人権に十分配慮するとともに，一人一人の人格を尊重して，その運営を行う」ことを理念とする（設備運営基準第5条第1項）。

　地域型保育の保育内容は，『保育所保育指針』（平成29年告示）に準じ，それぞれの保育事業の特性に留意して行うことが求められる。『保育所保育指針』第1章 総則　1 保育所保育に関する基本原則に述べられている（1）保育所の役割には，「入所する子どもの最善の利益を考慮し，その福祉を積極的に増進することに最もふさわしい生活の場でなければならない」とあるが，これは地域型保育においても重視されなければならない理念である。また，同様に，（2）保育の目標，（3）保育の方法，（4）保育の環境，（5）保育所の社会的責任について，「保育所」をそれぞれの保育事業に読み替えて，理解を深めておきたい。保育の体制や環境が異なることから保育の方法や内容をすべて等しくすることは不可能であるが，地域型保育ならではの特性も生かしながら工夫することが求められる。

　とくに，保育の目標として掲げられている，「子どもが生涯にわたる人間形成にとって極めて重要な時期に，その生活時間の大半を過ごす場」が地域型保育であることを認識し，「子どもが現在を最も良く生き，望ましい未来をつくり出す力の基礎を培う」ことを目標とすることを確認しておきたい。

【4】　保育所などの連携施設の役割

　地域型保育の事業者は，利用している子どもへの保育が適正かつ確実に行われ，保育の提供が終了する満3歳以上の子どもに対して，必要な教育または保育が継続して提供されるように，保育所，幼稚園，認定こども園などの連携施設を確保しなければならない（設備運営基準第6条第1項）。連携施設による支援は，それぞれの施設の事情によりその内容が異なるが，以下のような支援が期待されている。

1　集団保育の経験

　園庭開放の活用や行事への参加，あるいはクラスに入っての交流や合同保育は，日頃は少人数で保育を受ける子どもたちが集団での活動を経験する機会となる。連携施設には，地域型保育にはいない年長児がいることも子どもにとっては良い経験となる。地域型保育者も同行し，一緒に保育に参加することで地域型保育者自身の学びにもなり，施設職員に必要なときに相談しやすい関係が生まれる。

2　情報提供・相談支援

　保育所など連携施設の持つ新しい情報や保育経験の蓄積によるノウハウなどを，地域型保育の保育者の必要に応じて提供する。保育に関する情報はもとより，保護者支援，給食メニューやレシピの情報など，連携施設にいる他職種による情報提供や相談支援が可能となる。また，地域型保育の保育者からの相談に応じ，必要な助言・指導を行う。

3　代替保育

　家庭的保育者が研修受講等の理由で休暇をとる際などに，子どもの代替保育を連携施設で提供する。このためには，保育を開始するときに，保護者と連携施設長との顔合わせや場所の確認などをしておくと，急な利用が必要となった場合の対応がスムーズになる。さらには，日頃より交流が行われているほうが子どももクラスにとけ込みやすい。

　代替保育のときは保護者が連携施設に子どもを送迎することになり，いずれは連携施設に通う可能性のある子どもの保護者を連携施設に結びつけることともなる。

4　満3歳以上の保育の受け入れ

　地域型保育では子どもが満3歳に達した年度末までしか在籍できないが，それ以降について，保護者の希望に基づき，連携施設にその子どもを受け入れる枠を確保することにより，スムーズな移行につなげる。

【5】　地域型保育の意義

　保育所保育などの大きな集団で行われる保育では得にくい地域型保育ならではの特徴がもたらす，地域型保育の意義を以下にあげる。

1　家庭的環境での保育

　保育の場所は保育者の居宅のほか，住宅や施設の空き室や店舗スペースなどさまざまである。住宅の場合，多くは子どもが暮らす居宅と同じ生活のための場であり，家庭の空間構成（小さい空間や設備）や室内環境が低年齢児には馴染みやすい。

　小さい空間では保育者と子どもの距離が近くなるため，子どもには安心感がある。保育者にとっても，小さい空間の中で子どもの姿を把握しやすいという利点がある。また，子どもに声かけをするときにも大声を出す必要がない。

　施設のような広い空間はないかもしれないが，小さい部屋，廊下，行き止まり，家具の配置によってできるコーナーなど，子どもにとって格好の遊び場になることもある。

　そして，小規模な施設の特徴として，一日の生活の流れがみえていることがあげられる。

調理室で給食の準備が始まり，音や匂いがもれてくる。食事がすんだら食器を洗う音が聞こえてくるなど，生活の流れを感じながら過ごしている。

また，家庭的保育者の居宅で保育が行われる場合は，家庭的保育者の家族がいることも特徴の１つであり，さまざまな年代の家族との関わりを持つことができる。

2 小集団を対象とするきめ細やかな保育

地域型保育では小集団を対象とするため，個別的な配慮を行いやすい。年齢や月齢も異なる一人ひとりの子どもの発達過程，体質や気質，その時々の興味・関心，日々の体調や機嫌に応じて，きめ細やかに保育を行うことができる。

また，小集団であることから，子どもの様子に応じて，柔軟にその日の計画を変更しやすい利点もある。

3 少人数の保育者が対応

少人数の保育者が保育を行い，十分なスキンシップや応答的関わりを持てることから，子どもとの間に愛着関係を築きやすい。子どもの様子を身近にみているため，子どもの発達面や体調，情緒などの変化にも気づきやすく，発達を促す活動を計画したり，あるいは病気の予防の対応などをとることができる。

4 子どもの生活リズムの尊重

少人数の子どもを対象とすることから，一人ひとりの子どもの生活リズムを尊重した保育を行うことができる。子どもの24時間の生活を考慮し，子ども自身の生活リズムを大切にすると同時に，子どもの発達過程に応じた適切な生活リズムを確立することができる。

5 家庭生活から集団保育に移行する間のきょうだい体験

家庭における保護者と子どもだけの生活から，子どもはいずれは大きな集団で生活することになる。地域型保育での小集団保育は，そのちょうど中間の段階にあるといえる。

また，異年齢で過ごすことから，家庭では味わうことが難しい「きょうだい体験」をしながら，成長の機会をつかむ。自分よりは少し年齢の高い子どものまねをしたり，あるいは年齢の低い子どもとともに生活しながら，社会性を育むことができる。

そのような小集団での保育を受けながら，連携施設等における集団での保育の体験などを積み重ねることにより，集団保育への移行が子どもに無理のない形で行われる。

6 保護者への緊密な子育て支援

少人数の保育者が常に対応することから，保育者は登園時も降園時も保護者と顔を合わせ，子どものことを中心に情報を伝えあう。保護者との関係は親密になりやすく，保護者

の育児観や希望，家庭の事情を理解した対応をとりやすく，信頼関係が生まれやすい。

とくに，初めて子育てをする保護者にとっては保育者は子育ての相談者であり，悩みや子どもの成長の喜びを共有する育児のパートナーでもある。

7　地域の子育て支援

地域型保育は地域の社会資源を活用しながら行われる。地域型保育を利用する子どもたちにとって，地域とのつながりは保育の一環であり，また保育者にとっても地域の子育て支援者としての役割を果たす機会ともなる。

保育者が子どもたちを連れて屋外活動を行う公園や地域の子育て支援拠点などで，子ども同士がともに遊ぶ仲立ちをすることができる。また，地域の保護者からの相談に応じ，情報を提供をすることもある。そこでは，低年齢児を中心とした保育を行っている保育者ならではのアドバイスが可能となる。

3　地域型保育のリスクを回避するための課題

地域にあるさまざまな資源を活用して行われる地域型保育での，家庭的環境での保育，少人数保育，少人数の保育者が関わるなどの地域型保育の意義は，見方を変えればリスクを生み出す可能性があることを認識し，そのリスクを回避することを常に念頭におくことが必要である。

【1】　開かれた保育

保育者の居宅や賃貸住宅などで行われる保育は「みえないところで行われる保育」として，その密室性を懸念する声が聞かれる。そのことが地域型保育の普及や利用促進を妨げる要因となっていることを自覚し，開かれた保育を心がける必要がある。

開かれた保育とは，いつでも誰でもが出入り自由な開放的な保育とは異なる。そこで保育を受ける子どもの安全性やプライバシーの尊重を担保しつつ，どのような保育が行われているかを，保護者に，近隣に，地域の保育関係者，役所に，地域住民に伝えるための情報提供や情報開示をしていくことが求められる。

実際に地域型保育やそこで働く保育者をよく知らない人は，想像によるイメージだけを膨らませ，それが実態とは異なることもあるため，地域資源の活用と交流（地域住民や保育関係者など）を深め，地域型保育の保育事業の存在を知ってもらうことが開かれた保育への1つの方法となる。

【2】　チームワークで行う保育

　地域型保育の保育事業では多くの保育者が，シフトを組んで働いていることが多い。保育士資格を持つ人もいれば，子育て支援員研修を修了した保育者もいる。大勢の保育者がチームを組んで行う保育の良さは，それぞれの保育者の持つ優れた能力や技術，知識を結集した豊かな保育ができることにある。

　その利点を生かした保育を行うためには，保育目標や方針の共通理解と，子どもや家庭に関する情報の共有が必要になる。日々，保育を行う中で，会議を行う時間をとったり，記録を通じて伝達することは簡単なことではないが，チームワークのとれた保育を行うためには，必ず行わなければならない。

【3】　さまざまな地域資源の活用

　地域型保育では，保育施設や敷地内だけを保育の場ととらえて保育を行うのではなく，地域全体を自分たちの保育の場としてとらえて，地域にある社会資源を活用する保育を心がけたい。それは，公園や公民館，地域子育て支援拠点や図書館などの公的な施設や場所の活用にとどまらず，近所の散歩道や道沿いにある住宅の庭になる木の実や花，飼い犬などの生き物も含まれる。散歩のときに子どもたちに声をかけてくれる近隣の住民や，商店に並ぶ野菜や品物など，さまざまなものが保育に生かせる環境である。

　また，直接は子どもとふれあうことはないかもしれないが，子どもの保育に活用できるリサイクル品を提供してくれる人や，芋掘り体験ができる畑を貸してくれる人など，さまざまな人々とのつながりを大切にして保育に取り込むことも必要である。

　さらには，連携施設をはじめとする地域の保育資源とは，情報交換や情報の共有を通じて，保護者支援や地域の子育て支援に資することが可能となる。たとえば，地域にはどのような保育資源があり，一時的な利用が可能であるかなどを保育者が知っていることにより，必要に応じて保護者に情報提供をすることができるだろう。

【4】　自己研鑽と健康管理

　日々，保育や子育てに関する情報は更新されている。その情報は保育者自らが意図的に取り入れようとしなければ，古い情報のまま更新されずにいるかもしれない。今の時代に，子育てをしている保護者を支援し，子どもの保育を行ううえで，保育者は常に新しい情報を持ち続けている必要がある。一日保育を行い，学びの時間を割くことは困難を伴うかもしれないが，さまざまな機会を得て，自己研鑽しなければならない。

　また，研修の機会などを通じて，何かあったときに相談のできる相手をみつけ，関係を

維持していくことが必要である。保育に限らず，病気，栄養，心理，発達など，困ったときに相談できる人を確保しておくことが望ましい。

　さらに，良い保育を提供するためには，保育者自身が健康であることが大前提となる。そのためには，過労や体調不良に配慮し，リフレッシュできる工夫をして心身の健康管理をしていくことが必要である。

【5】　保育ネットワークの活用

　保育者としての喜び，悩み，苦労を最も理解してくれるのは，同じ保育に従事する保育者であるに違いない。保育者同士で語りあうことにより，日頃の苦労が軽減されたり，あるいは，他の保育者の保育からヒントを得られるかもしれない。

　地域型保育の保育者の組織には全国規模のものから，市区町村単位，あるいはもっと小さい地域のネットワークなどさまざまな組織がある。そのような組織に加入して，あるいはそのような組織が企画するイベントや研修に参加することにより，同じ保育に従事する仲間を増やすことを心がけたい。

参考文献

NPO 法人家庭的保育全国連絡協議会（編）『はじめよう！　0・1・2 歳児の家庭的保育』福村出版，2009

尾木まり他（著）『在宅保育の効果に関する調査研究——利用の効果及び利用後の意識の変化』（平成 17 年度　児童関連サービス調査研究等事業報告書）財団法人こども未来財団，2006

尾木まり（著）「家庭的保育のいま・これから①〜③」『保育界』2012. 4 〜 2012. 6，日本保育協会，2012

尾木まり（著）「第 3 章　児童家庭福祉サービスの現状と課題　第 8 節　子ども・子育て支援サービス」『社会福祉学習双書 2017　児童家庭福祉論』全国社会福祉協議会，2017

小山　修・庄司順一他（著）「家庭的保育のあり方に関する調査研究 (1) 〜 (6)」『日本子ども家庭総合研究所紀要』第 43 〜 48 集，日本子ども家庭総合研究所，2006 〜 2011

全国家庭的保育ネットワーク（編）『応援します働くお母さん——わが家は地域の子育てパートナー』ひとなる書房，1997

畠中宗一（編）『現代のエスプリ No.401　家庭的保育のすすめ』至文堂，2000

三輪律江・尾木まり（編著）『まち保育のススメ——おさんぽ・多世代交流・地域交流・防災・まちづくり』萌文社，2017

山本真実・尾木まり（著）『地方自治体の保育への取り組み——今後の保育サービス提供の視点』フレーベル館，2001

第2章
乳幼児の生活と遊び

講義の目的

①発達・成長過程に応じた子どもの生活への援助方法について理解する。

②発達にふさわしい子どもの遊びとその環境のあり方について理解する。

③子ども同士の関わりあいが，発達を促すことについて理解する。

④子どもの一日の生活の流れの中での保育者の役割について理解する。

1　子どもの発達と生活

　乳児期から幼児期にかけて，子どもの発達とともに生活の場も広がっていく。生まれてからしばらくの間，家庭で，保護者やきょうだいなど，家族とともに過ごしていた子どもは，やがて，保育所などに通うようになる。保育の場は大小の違いはあれ，家庭とは異なる集団であり，そこには，保育者や友達がいて，生活の場や人間関係を広げながら，子どもは成長していく。

　低年齢の子どもにとって，一日を安心して安全に過ごせることは最も重要なことである。保育するということは，子どもの生命そのものを預かることであるから，子どもが生活する場所は，安全が保障された環境でなければならない。また，子どもの発達は，同じ年齢であっても個人差が大きい。複数の子どもがいても，一人ひとりの発達に即して環境を整え，関わることが求められる。

　子どもにとって，慣れない場所で，保護者と離れて過ごすのは，とても不安なことである。保育者が，子どもが安心感を持って生活できるように子どもとの関係性を築くことや，家庭での生活と保育の場での生活が自然につながるようにすることが，保育の場で，子どもが無理をせず，安心して過ごすための重要なポイントとなる。

【1】　生活や発達の連続性に考慮した保育

1　子どもの発達

　子どもの発達は早く，とくに，生後1年間の発達はめざましい。一日の多くの時間を眠って過ごしていた新生児が，1歳の誕生日を迎える頃には立って歩いたり，言葉を発したりするようになる。その姿をみて，子どもの周りにいる大人が，成長を感じるのは自然なことであろう。

　長い間，子どもは未熟で未発達の存在であり，発達することは完成態としての大人に近づくことと考えられてきた。つまり，人間の発達は，機能的，あるいは構造的にそれまでよりも高次のことができるようになることと考えられる傾向があるといえるだろう。しかし，子どもは自ら育とうとする力を持った存在である。子どもは自分の興味・関心を持ったことに取り組むことによって，経験を積み重ねながら発達していく。そのため，保育の中では，保育者が子どもの経験していることの内容や，プロセスを理解することが求められる。保育者が，子どもの興味・関心を把握し，必要な経験ができるような環境を作り，援助するためにも，子どもの発達をよく理解しておくことが必要である。

　また，子どもの発達は，右肩上がりに進むものではなく，立ち止まったり，後戻りしたようにみえることもある。保育の中では，早く「できるようになる」ことが大事なのではなく，そこに至るまでのプロセスを理解し，丁寧に見守ることこそ重要である。

2　子どもが主人公の生活

　子どもが日々の生活を送るためには，大人の援助が必要である。年齢が低いほど，子どもが自分でできることは少ないため，大人からのさまざまな援助が不可欠であることは間違いない。

　子どもの年齢が低いと，「援助する」ことは，大人が何かを「してあげる」というイメージを持つかもしれない。しかし，子どもの生活は，子どもが主人公だということを忘れてはならない。保育において，子どもを援助するということは，大人の側から，大人の都合で，子どもに何かを「してあげる」ことではない。子どものニーズが何よりも先にあり，そのニーズに大人が応じていくのだということをよく理解しておくことが求められる。

　たとえば，乳児に授乳するとき，大人は自分の立てたスケジュール通りに与えるわけではなく，乳児の欲求に合わせるだろう。これは一例であり，子どもの生活は，子どものニーズに大人が応じるという形でリズムが作られていくものなのである。

　また，自分が子どもの生活の場に入っていくという意識を持つようにしたい。まずは，子どもが，日々どのような生活をしているのかを理解し，その生活のありようを尊重することを心がけたい。保育者が，「もっとこうしたほうがよい」「これはよくない」などと自

分の価値観で判断し，それを押しつけるような保育は，子どもの混乱と不安を招くことになるので十分気をつけるようにしたい。

3　安心で心地よいと感じられる環境作り

集団での保育では，保育者が個々の子どもにタイミングよく援助することは難しいかもしれない。しかし，この時期の生活のありようは，その後の子どもの生活に大きく影響することを意識したい。保育者同士が，個々の子どもの要求に温かく，応答的に対応することができるように話しあい，工夫することが重要である。

子どもにとって，心地よいと感じられる生活とはどのようなものだろうか。食事をおいしく，楽しく食べるためにはどうしたらよいだろうか。食事を作っているところがみえたり，おいしそうな匂いがしてきたりするといいかもしれないと考えれば，食事の環境を工夫するだろう。おなかが空いたと感じたときに温かいものは温かく，冷たいものは冷たく食べられるとよいのではないかと思えば，小さいグループに分けて時間差で食事をしようなど，さまざまなアイデアが出てくる。このように，大人と同じように子どもの生活を考えるという視点が必要ではないだろうか。そのうえで，子どもの年齢や発達の実態に合わせた工夫を考えることが，子どもが心地よいと感じられる生活につながっていくのである。

2　子どもの遊びと環境

低年齢の子どもの一日は，食べること，眠ること，遊ぶことがその中心である。中でも，遊びは，子どもが科学的知識，社会的知識，他者と関わるためのコミュニケーションの仕方などを学び，想像力を育んでいくために重要な役割を果たす。

【1】　遊びによる総合的な保育

乳幼児期の保育の特徴は，遊びを通して総合的に行われることである。これは，乳幼児期の子どものありようを踏まえた，実態にふさわしい保育である。『保育所保育指針』の第1章　総則　1 保育所保育に関する基本原則 (3) 保育の方法 オには，「子どもが自発的・意欲的に関われるような環境を構成し，子どもの主体的な活動や子ども相互の関わりを大切にすること。特に，乳幼児期にふさわしい体験が得られるように，生活や遊びを通して総合的に保育すること」という記述がある。つまり，保育においては，子どもの主体的な活動による経験が重視され，そのためには遊びが重要とされていることがわかる。

子どもにとって遊びは，自分にとっての面白さや不思議さを追求していく営みである。

遊びに取り組む中で，子どもは充実感や達成感を味わい，新たな発見や気づきを得て，さらに積極的に物事を追求しようとする気持ちを持つようになる。つまり，遊べば遊ぶほど，主体的に物事を探求していく姿勢が育つといえるだろう。このことからも，保育者は，子どもの遊びの重要性を十分に認識しておく必要がある。

1　遊びとは何か

　遊びの定義にはさまざまなものがある。小川（1990）によれば，「自発性（自分からすること）」「自己完結性（満足するまですること）」「自己報酬性（「楽しい」という感覚など自分に報酬を与えること）」の3つに集約されるという。

　また，高橋（1984）によれば，遊びの特質は以下の点にあるという。
・自由で自発的な活動である。
・面白さ，楽しさ，よろこびを追求する活動である。
・身体の鋭敏さを養う，知識を蓄えるなど，ほかの目的のための手段ではなく，その活動自体が目的である。
・遊び手が積極的に関わる活動である。
・現実世界の価値基準に縛られず，自由自在に主観性を駆使し，実際には起こり得ない不合理やナンセンスを創出し，その楽しさを味わう活動である。
・言葉の発達や社会性の発達など，他の行動系の発達と相互的・有機的に関連している。

　ここで重要なのは，遊びは，子どもの自発的・積極的な活動であること，他の目的のための手段ではないということである。保育者は，子ども自身の興味・関心に心を寄せ，子ども自身の主体性が発揮されるような遊びのあり方を考えていかなければならない。

2　子どもの遊びと学び

　子どもは，自分の興味・関心のあることには非常に熱心に取り組み，時間が経つのも忘れて没頭する。子どもの世界では，遊ぶことと学ぶことは密接に関連している。2歳児後半の子どもが園庭でダンゴムシ探しをしている場面を考えてみよう。最初はどこを探したらみつかるのかがわからず，やみくもにいろいろな場所を探しているだろう。「ダンゴムシをみつけたい」という気持ちにかきたてられて，子どもは年長児がダンゴムシをみつけていた場所に行って探してみたり，花壇の草花をかき分けてみたり，石を動かしてみたりする。そうしているうちに，どんな場所を探せばダンゴムシがみつかるのかがわかるようになっていく。さらに，自分がみつけたダンゴムシを飼育箱に入れて世話をしているうちに，「どんな食べ物が好きなんだろう」という疑問を持つようになり，いろいろな食べ物を与えてみたり，保育者が用意した図鑑を見て調べたりするかもしれない。そのようにして，子どもは自分の体験を通してダンゴムシの生態を学んでいくのである。

　このように，子どもは，自分の興味・関心のあることを探求することが面白くて，そこ

に没頭しているうちに，知識が身についたり，技術が向上したりしていく。知識や技術の向上は，夢中になって遊びに没頭し，思考錯誤するうちに起こっていることで，誰かが知識や技術が身につくことを目的として教えたわけではない。興味があるモノ・コトに関わることが学びにつながっていくと考えれば，保育者が，いかに子どもを理解し，魅力的な環境を用意するかが重要であることがわかる。

3 子どもの遊びを理解した環境作り

　子どもの遊びは外からみただけでは理解することが難しい。保育者は，子どもの遊びを，「砂遊びをしている」「ままごとをしている」といったように表面的にみるだけではなく，その内容をさらに深く読みとっていかなければならない。なぜなら，遊びの中で子どもが経験していることを理解する必要があるからである。たとえば，「砂遊びをしている」子どもが何人かいれば，その中には，きれいに型ぬきができるように何度もチャレンジしている子ども，ふるいに入れた砂がサラサラと落ちていくのを楽しんでいる子どもなど，一人ひとり興味を持っているものや，取り組んでいることは異なる。個々の遊びがどのように変化しているのか，子どもの成長にどうつながっているのかを読みとり，次に必要な教材や道具，素材などを計画的に準備するように努めたい。

【2】　遊びを豊かにする保育環境のあり方

　近年では，保育施設が多様化し，保育環境もさまざまである。その中で，保育者が子どもの生活や遊びの充実を工夫することは大変重要なことである。また，年齢が低い時期の子どもは，自分で遊びを考えたり，遊びたいものを準備したりすることはできない。そのため，いっそう保育者の援助が必要となる。

1 発達に即した保育環境

　3歳未満児，とくに0・1歳児の保育では，子どもの身体の発達の状態に合わせたきめ細かい保育環境の見直しが必要となる。0・1歳児は，姿勢の変化が顕著である。子どもにとって，姿勢が変化することは視野が変化することでもある。姿勢が変化したら，子どもの視野を意識して，好きなおもちゃを目に入りやすい場所に置くなど，環境を見直すことが必要である。子どもが，自分が興味を持ったものに近づき，手に取り，触ることは，探究心の充足や満足感のために重要であることはもちろん，興味があるものを手に入れようとする気持ちが動こうとする意欲につながり，子どもの運動機能をさらに発達させることになる。どの年齢にも共通していえることは，子どもが自分で遊びを選べるようにすることが重要だということである。部屋の中を見回して，子どもが，自分が使いたいおもちゃを選んで手に取れるようになっているかを確認しよう。

　子どもが自分のしたい遊びを楽しむためには，安全管理を行うことも非常に重要である。興味を持ったものに手を伸ばそうとしたら「ダメダメ，あぶないから」と注意されたり，取り上げられたりしては，主体的な探索活動を阻むことになりかねない。転落，転倒，誤飲，溺水など，保育の場にも多くの危険が存在している。保育者が子どもの目線になって慎重に安全を確認する必要がある。

2　遊び空間を上手に作る

　地域型保育は，必ずしも保育のために作られた施設を使用するわけではない。部屋が狭くて使いにくかったり，スペースの使い方が限られたりすることもあるだろう。しかし，今ある環境を利用して，年齢構成や興味・関心に沿った遊び空間を作る工夫を考えたい。

　3歳未満児の保育では，同じ空間に子どもが多くいると，自分のやりたい遊びに安全に取り組むことが難しい場合がある。このようなとき，段ボールや紙パックを使ったついたてや間仕切りなどを活用して空間を分けるとよい。保育室に合わせて好きな大きさや形に作ることができ，保育室の中にコーナーを作ったり，それぞれの子どもが邪魔されずに遊ぶスペースを確保したりするために有効である。自分のやりたい遊びに邪魔されずに取り組むことができれば，子どもの満足感や達成感も高まり，嚙みつきやひっかきなども少なくなることが期待できる。

　年齢が上がり子どもの行動範囲が広がると，遊びも保育室の中だけでは完結しなくなる。窓を開けてベランダやテラスと保育室をつなげ，自由に行き来することができるようにしたり，廊下や階段も利用できるようにしたり，遊びの可能性がさらに広がることを意識して環境を考えるようにしたい。また，遊びの継続を考えることも重要である。午睡の後に午前中にしていた遊びの続きをする，翌日に前日していた遊びの続きをするといったことも考えて環境を整えていくことで，子どもの遊びはつながりを持ったものになる。

3　季節を感じ，味わえる遊び環境

　子どもの年齢が低いと，衛生上の問題や誤飲の心配もあるが，乳児期から，屋外の自然にも目を向け，その季節を味わえるような環境を作り，生活するようにしたい。

　たとえば，春には花びらを使ってままごとや色水遊びをする，秋にはどんぐりを拾ってそれを使って製作をする，芋掘りをしてやき芋を作るなどの遊びも楽しい。冬には，霜柱をみつけて踏んだり，氷を作ったりと，その季節でなければできない遊びがたくさんある。自然物に触れることは，不思議さの発見にもつながっていく。

　また，戸外に出て，アスファルト，芝生，草原，砂利道などの上を歩き（時には裸足で），足の裏でその違いを感じ，歩き方のコツをつかむ経験は，子どもの運動機能の発達にも重要な経験となる。

3 人との関係と保育のねらい・内容

　子どもは，人の中で育つ。生まれてからしばらくの間は，家族との関係の中で生活し，成長するにつれ，子ども同士の関係性へと広がっていく。大人と子どもとの関係は，大人の側に，子どもへの配慮や子どもを理解しようとする気持ちが大きく働いている。しかし，子ども同士の関係は対等であり，相手が自分の気持ちを推し量ってくれたり，優先してくれたりするのは難しいだろう。

　友達との関係ができることは，子どもにとって，他者と一緒に過ごす喜びや楽しさを味わわせてくれるものであると同時に，対等であるがゆえの難しさや葛藤があるものだということを理解して，見守りながら援助していきたいものである。

【1】 大人との関係と子どもとの関係

1 大人との関係

　子どもが発達するためには，特定の大人とのアタッチメントが重要な役割を果たす（アタッチメントについては「第3章　乳幼児の発達と心理」を参照）。子どもは，自分に愛情を持って応答的に関わってくれる大人に対してアタッチメントを形成する。家庭では養育者が，保育の場では，保育者がアタッチメントを形成する対象となる。

　保育者とのアタッチメントは，保育の場での子どもの主体的な探索活動の基盤となる。アタッチメント形成には，子どもの要求にタイミングよく応じることや，子どもとの温かく，応答的な関わりが重要である。日々の保育では，なるべく同一の保育者が子どもと関われるようにする担当制を導入するなどの工夫をすることも大切である。

2 子ども同士の関係

　保育の場は，子ども同士が出会い，関係を作っていく場でもある。子どもは，とくに月齢・年齢が近い相手に強い興味を示す。0歳児であっても，他児に興味を持ち，手を伸ばして相手に触れようとしたり，声をかけたりする姿がみられる。保育者が，意識的に子ども同士が互いの存在を意識したり，興味を持ったりするようにしたいものである。

　1歳児になると，友達との関わりがさかんになる。友達の持っているものを取ったり，思うようにならないと相手を噛んだりすることも多くなる。しかし，2歳児になると，相手の気持ちがわかり，おもちゃを貸してあげたり，相手から取ったものを返してあげたりする場面もみられるようになる。これは，遊びの中での自分と相手の気持ちのぶつかりあ

いを通して，自分と他者の思いは異なることを理解できるようになるためである。噛みつきやひっかきなどが多い時期は援助が難しいが，子ども同士の関わりを大切にしたい。ぶつかりあいが起こったとき，保育者がそれぞれの気持ちや思いに共感し，気持ちの橋渡しをするなど，丁寧な対応が求められる。保育者の援助に支えられ，子どもは，友達の気持ちに気づいたり，友達との関わり方を知ったりする。そして，友達と一緒にいることの楽しさや，一緒に遊ぶことの面白さを感じられるようになっていくのである。

【2】　発達過程に応じた保育のねらいと保育内容

　子どもが保育の中で，発達の状態に応じて必要な経験を積み重ねていくためには，保育者の遊びの読み取りから設定されるねらいと，計画性のある保育内容，環境の設定，適切な援助活動が重要である。ここでは，年齢ごとに子どもの遊びを充実させるための保育内容をみていく。

1　0歳児の保育内容と展開

　0歳児は，特定の大人とのアタッチメントを形成することが外の世界への興味・関心の広がりにつながる。保育の中で保育者が，一人ひとりの子どもとゆっくり関わる時間を作ることを心がけたい。

①個々の遊びの保障

　0歳児の保育室は，身体的な発達の状態が異なるため，安全への配慮にはとくに気を配りながら，個々の遊びが保障されるようにしたい。子どもが集中して遊んでいるときには，他児にじゃまされることなくじっくり取り組めるように配慮したい。動く子どもとのスペースを分ければ，安全を確保しながら，それぞれの遊びを十分にすることができる。また，0歳児の遊びは，安心できる大人の存在が確認できたり，一緒に過ごす場所があったりすることで充実する。遊んでいるときに，保育者の姿がみえなくならないように注意しよう。

　運動機能の発達に伴って，子どもの活動スペースは広がる。こまめに室内環境を見直し，誤飲や転倒，転落などの事故には十分に注意することが求められる。0歳児の保育室は，家庭と同じような環境であることが望ましい。玩具以外の生活用品なども置くようにし，家庭的な，くつろげる環境作りを考える必要がある。疲れたと感じたら休むことができる空間があることで，動くことと休むことのバランスをとりながら生活することができる。

②身体を使った遊び

　0歳児にとって，自分の意志で身体を自由に動かすことのできる喜びは大きく，その機能は使うほど発達していく（子どもの発達については，「第3章　乳幼児の発達と心理」を参照）。乳児期の子どもは，自分の身体を使ってよく遊ぶ。いろいろな声を出してみた

り，指やこぶしを口に入れて舐めたり，足をけりあげて動かしてみたりする。身体を使うこと自体が遊びになるのである。

寝返り，お座り，ハイハイなど，全身を使う動きは月齢が上がるにつれてますます活発になる。動くおもちゃや音の出るおもちゃを用意して，子どもの注意をひきつけ，動きをいざなうようにする。子どもが，視界に入ったものに興味を持ち，手を伸ばして触ろうとしたり，近づこうとする気持ちが身体を使うことを促すため，おもちゃを置く場所を工夫したり，大人が誘ってあげたりするようにしたい。

手指の動きも使うほどに発達する。子どもは，手指を使って触れ，感じることによって身の周りのものに親しんでいく。月齢が低い時期から，さまざまな素材に触れる体験や，手指の動きの発達に適したおもちゃを工夫したい。手を伸ばしてものに触ることができるようになったら，振る，叩く，引っ張るなど，自分が働きかけることで反応がみられるようなおもちゃを準備しよう。探索することは，事物の性質や扱い方を知ることにつながっていく。

③保育者と一緒に遊ぶ

目覚めているときや機嫌のよいとき，大人が子どもと顔を合わせて声をかけたり，あやしたりすることは，遊びとしても重要である。「ふれあい遊び」と呼ばれる大人と子どもの歌や語りかけを介したふれあいは，互いの親しさを深める。「ふれあい遊び」は，子どもと大人のアタッチメントの形成やコミュニケーションの発達においても重要な役割を持っているため，言葉がまだ出ない時期から，一対一の時間を大切にし，保育者が子どもに働きかけていくようにしたい。少し大きくなると，「ちょうだい」「どうぞ」などのやりとりや，「どっちに入ってるか」など，保育者と子どもの遊びはますますさかんになる。遊びの中で，保育者と楽しさや面白さを共有することで，遊びの楽しさは何倍にも膨らむのである。

また，子どもの探索活動が活発になるには，保育者の関わり方が重要である。子どもの気づきに敏感に対応し，一緒に喜んだり，励ましたり，認めたりする保育者の存在が，子どもの探索遊びをいっそう楽しいものにしていくのである。遊びに集中していた子どもが，ふと目を上げて保育者のほうを振り返ることがある。そのときに，目を合わせて微笑んだり，うなずいたりして「ちゃんとみているよ」「わかっているよ」と伝えるようにしたい。

2　1歳児の保育内容と展開

1歳児は，歩行が完成し，動きが活発になる。それに伴って，探索活動の範囲が広がっていく。自分で自由に動けることが喜びになり，興味・関心の範囲も大きく広がるが，危険を回避したり，予測したりすることはできないので注意が必要である。

①のびのびと身体を動かす遊び

歩行が完成し，自分で行きたいところに移動できるようになるため，のびのびと動ける

ような環境作りが必要である。

　この頃の子どもは，自分の持っている力を大いに発揮して行動し，チャレンジ精神も旺盛である。傾斜のあるところを歩く，階段の上り下りをする，段差のあるところを歩く，などが思い切り行えるように工夫する必要がある。保育室の中でも，丸めたマットを乗り越える，段ボールで作ったトンネルをくぐるなどの遊びができるように工夫したい。

②手先を使う遊び

　手先が器用になり，親指と人差し指で，小さなものを上手につまむことができるようになる。ストロー落としや，スナップ，ボタンなどの留め外し，パズルボックスや型はめなどのおもちゃが好まれる。指先に力を入れることができるようになるため，回す，重ねる，ねじるなどの動作もできるようになる。また，ペンやクレヨンでなぐり描きも楽しめるようになる。物を叩いたり，投げたりする遊びもさかんに行われる。

　大人にとっては，遊び方が乱暴にみえたり，なぜそのような遊び方をしているのかわからなかったりするかもしれないが，子どもは，探索する中で試したり考えたりすることにより，ものの性質や機能を理解していく。子どもの側からみれば，叩くものによって音が違ったり，投げたものの動きに変化がみられたりすることはとても興味深いことであり，さらに探究心が深まる。遊びの中でみられる子どもの行為に対する大人の理解と見守りが必要となる時期であるといえる。

③感触を味わう遊び

　子どもは，さまざまな感触を味わう遊びをすることで，感覚が豊かになっていく。遊びの中で，「さらさら」「べとべと」「ざらざら」「ねとねと」「すべすべ」など，多様な感触を味わえるようにしたい。水遊びや泥遊びをしたり，粘土や絵の具に触ったり，のりを使って作ったりする遊びを十分にできるような保育の展開を考えたい。初めてのものに触れるときに，躊躇せずにすぐに触れられる子どももいれば，慎重に様子をうかがってからおずおずと近づく子どももいる。無理強いをせず，個々の子どもの様子をみながら誘うようにしたい。

④つもり遊び

　子どもは，大人がすることをよくみて，模倣をするようになる。電話をかけるまねをしたり，赤ちゃんの人形を抱っこしてミルクをあげたりする姿もみられる。部屋の中にコーナーを作り，テーブルを置くなどすると，生活を再現する遊びが展開されるようになる。保育室には，おもちゃだけではなく，シャンプーなどの空き容器，キッチン用品や日用品なども用意してあげたい。段ボールが1つあれば，電車にも，おうちにも，お風呂にもなる。廃品の利用も積極的に考えるとよいだろう。

　この時期は，保育者が子どもの「なったつもり」をいかに理解できるかが重要になる。熊のぬいぐるみを子どもに見立ててお風呂に入れてあげているつもりで，水道で水をかけたりすることもある。そのとき，子どもの「なったつもり」を理解していなければ，ぬい

ぐるみに水をかける行為を頭ごなしに叱ってしまうことになるかもしれない。子どもの遊びの文脈を，保育者がよくみていることが大切なのである。遊びの中で，子どもが何かになったつもりでいたり，何かに見立てていたりするのを，保育者が的確に理解して言葉をかけたり，子ども同士の思いやイメージをつないだりすることが重要な役割となる。

3　2歳以上児の保育内容と展開

①見立て遊びとごっこ遊び

　象徴機能が発達し，見立て遊びやごっこ遊びができるようになる。たとえば，積み木を自動車に見立てる，葉っぱをお皿に見立てるなど，あるものを別のものに見立てることができるようになるのである。

　見立て遊びでは自分だけのイメージで遊んでいた子どもは，2歳を過ぎる頃から，役割を決めて行うごっこ遊びをするようになる。お母さんごっこ，お店屋さんごっこ，お医者さんごっこなど，自分の経験を再現しながらの遊びがさかんになる。保育者は，子どもの役割分担や，場所の使い方を整理しながら見守るようにしたい。異なった場所で，違ったごっこ遊びが展開していることもあるので，保育者がそれぞれの遊びに入り，つなげるようにすると，徐々にストーリーが生まれ，子ども同士のやりとりもみられるようになってくる。

②友達と一緒に遊ぶ

　友達と一緒にいることが楽しく，徐々に遊びの中での関わりが豊かになる。保育者や友達と追いかけっこや鬼ごっこ，簡単なルールのある遊びも少しずつできるようになる。自分の思いを強く主張するが，まだ，自分の思いを相手に伝えたり，相手の思いを理解したりすることは難しいため，引き続き保育者の援助が必要な時期である。

　ケンカやぶつかりあいも多いが，3歳に近づくと，相手の気持ちに気づいて行動する姿もみられるようになってくる。このような姿がみられるのは，保育者の対応によるところが大きい。ケンカやトラブルが起こることを避ける，大人の判断で解決するというのではなく，その都度，丁寧に子どもの思いを受け止め，相手にそれを伝えるようにしたい。

4　子どもの一日の生活の流れと保育者の役割

　子どもの生活は，子どもが成長するにしたがって変化していく。子どもの生活リズムは，デイリープログラムによっておおよそ決められている（デイリープログラムについては，「第7章−1　地域型保育の保育内容」を参照）。しかし，これはあくまでも目安であり，そのとおりに子どもを生活させるためのものではない。保育の場は集団の場ではあるが，

あくまでも，子どもの家庭での生活を尊重しながら，生活リズムを考えて保育していることに注意したい。とくに，入園当初は，家庭との連携をとりながらきめ細やかに対応し，子どもが早く保育の場での生活に慣れ，安心して生活できるようにしたい。個々の子どもの家庭での生活のリズムは大きく異なる。夜，早めに就寝し，朝早く起きる子どもであれば，昼食の後，眠くなるのも早いだろう。就寝時間も起床時間も遅い子どもであれば，午睡に入る時間も遅いと考えられる。そのため，それぞれの子どもに合わせて，柔軟に対応することが求められるのである。

　本章の冒頭で，生活の主人公は子どもであることを述べた。そのためには，保育者の子どもへの援助の方法や環境作りがカギとなる。たとえば，遊んでいる子どもたちに，一斉に片づけの声をかけても，なかなか片づけをしないことはよくある。しかし，遊んでいる子どもの遊びの様子をよくみていて，区切りのよいところで片づけの声をかけて食事に誘えば，子どもは遊びに満足しているため，自分から次の行動に移るだろう。保育者が，子どもが満足した，一区切りついたところを見極めて声をかけることで，子どもは自分から次に気持ちを向けることができるのである。また，遊んでいるところから，調理をしているところがみえる，食事をしている友達がみえる，あるいは，食べていると，保育者に絵本を読んでもらいながら午睡に入ろうとしている友達がみえるといった環境を作ることで，子どもが，自分が次にすることの見通しを持って生活ができるのである。

参考文献

　小川博久（編）『4～5歳児の遊びが育つ──遊びの魅力』フレーベル館，1990
　高橋たまき（著）『乳幼児の遊び──その発達プロセス』新曜社，1984

第3章 乳幼児の発達と心理

講義の目的
①０歳から３歳くらいまでの乳幼児期の発達のポイントを学び，発達に応じた遊びやその安全性について理解する。
②子どもの発達を支える保育者の役割について理解を深める。

1　乳幼児期における発達

　『保育所保育指針』（平成29年告示）には，乳幼児期に育みたい資質・能力について，3つの視点から，以下のようにまとめられている。

○豊かな体験を通じて，感じたり，気付いたり，分かったり，できるようになったりする「知識及び技能の基礎」
○気付いたことや，できるようになったことなどを使い，考えたり，試したり，工夫したり，表現したりする「思考力，判断力，表現力等の基礎」
○心情，意欲，態度が育つ中で，よりよい生活を営もうとする「学びに向かう力，人間性等」

　「知識・技能の基礎」というのは，さまざまな体験を通して，子ども自身が気づく中で知ることを表している。「思考力，判断力，表現力等の基礎」というのは，子ども自身が考えること，工夫することを表している。そして，「学びに向かう力，人間性等」は，「心情，意欲，態度」という気持ちや感情を表している。
　この3つの視点が表している乳幼児期の発達に対する考え方は，一方的に与えられるこ

とで知識（知ること）を増やしたり，できるようになることではなく，子ども自身が気づいたり，考えたり，工夫する経験を大切にしているということである。そして，その過程の中で，何かに興味・関心を持ち，やってみたいと思うこと，何かに挑戦しようとすること，最後まで取り組もうとする気持ちを育てることを大切にしている。本章では，この発達観を踏まえて，3 歳未満児の発達過程や特徴を理解し，発達に応じた遊びや関わり方を考えるためのポイントを学ぶ。そのうえで，どのように保育が実践されていくのかは，第 7 章を参照してほしい。

2　発達時期の区分と特徴

【1】　乳児

1　おおむね 6 カ月未満

・全身運動は，首がすわり，寝返りやピボットターン（腹ばいで，おへそを中心にして方向転換する）ができるようになる。
・手先の操作は，ものに手を触れたり，手を伸ばしてものをつかむようになる。
・表情，体の動き，喃語（なんご）などで表現し，大人とのやりとりを楽しむ。
・応答的な関わりによる身近な大人との間に情緒的な絆が形成される。
・栄養は乳汁，ミルクによる。

2　おおむね 6 カ月から 1 歳未満

・全身運動は，座る，ハイハイ，つかまり立ち，伝い歩き，一人歩きと変化し，自分の力で移動できるようになる。
・手先の操作は，指でつかむ，つまみ上げる，親指と人差し指でつまむと発達し，探索活動が活発になる。
・反復喃語などの発声が頻繁にみられるようになり，大人とのやりとりがさかんになる。
・特定の大人との間にアタッチメント（愛着）が形成され，人見知りや後追いが顕著になる。
・離乳が進む。

年齢の目安		1〜2カ月	3〜4カ月	5〜6カ月	7〜8カ月
発達のポイント	全身運動	・うつ伏せで一瞬頭を上げる	・首がすわる ・足をつかむ	・寝返り ・うつ伏せでおへそを中心に方向転換する ・うつ伏せで，飛行機の姿勢（両腕を横に，両脚をまっすぐ伸ばす）	・腹ばいで前進する
	手・指のはたらきとモノの操作		・ものに手を伸ばそうとする，握る ・手をしゃぶる ・ハンドリガード（手の注視） ・ものへの興味	・みたものを手を伸ばしてつかむ ・両手を叩く	・ものをつかむ，つまみ上げる
	ことばコミュニケーション	・あやす大人の目を注視	・あやすと微笑む ・喃語	・発声が多くなる	・反復喃語
	感情・自己意識対人関係		・自分のからだに気づく ・社会的微笑	・普段世話する人に特別の反応をする（よく笑う，泣きやむ）	・人見知り ・後追い
遊び	保育者と遊ぶ	・あやし遊び ・ガラガラを振る ・いないいないばあ遊び	・支えられて，あやし遊び	・ひざに乗せてゆらし遊び ・「ちょちちょちあわわ」	・まてまて遊び ・いないいないばあ ・かくれ遊び ・ひざ乗せ遊び
	ものと遊ぶ	・つるしメリー ・にぎりおもちゃ	・ガラガラ，おもちゃを持って遊ぶ ・おもちゃを取ろうとする	・一人遊び ・ぬいぐるみで遊ぶ ・手で持ったものを打つ，引っ張る	・転がるおもちゃ ・座って手先を使う遊び ・音の出るおもちゃ
	からだを使って遊ぶ				・トンネルくぐり ・斜面のぼり

9〜10 カ月	11 カ月 〜1 歳 3 カ月	1 歳 3 カ月 〜2 歳未満	2 歳	3 歳
・お座り ・四つんばい	・つかまり立ち ・伝い歩き ・一人歩き	・よく歩く	・走る ・ジャンプする	・三輪車にまたがり，足でけって進む
・指さし ・親指と人差し指でものをつまむ ・手に持ったものを口に入れる	・両手を使える，持ち替える	・スプーンやフォークを持って食べる ・カラのコップで飲むふりをする ・積み木を押しながら「ブーブ」という	・積み木をいくつか重ねる	・円をまねして描く ・顔らしい絵を描く
・模倣動作(チョーダイ，バイバイ，コンニチワなど)	・「ママ」「マンマ」などの有意味語	・友達が持っているものに興味を持つ ・語彙が増す	・二語文 ・「自分で」「イヤ」という	・「なに」「これは」とものの名称をしきりに聞く ・「なぜ」「どうして」と理由を尋ねる
・共同注意	・親や保育者からスプーンを取って自分で食べようとする	・母親，保育者の姿を確認しながら，遊ぶ ・ほかの子どもに関心を示す	・友達とのものの貸し借り ・自分でやりたがる	
・手遊び ・歌遊び	・「たかいたかい」			
・ものを引っ張り出す ・穴に入れる ・もののやりとり遊び	・ボールを投げる	・手押し車で遊ぶ ・クレヨンで線を書く ・積み木を積む ・シール遊び		・ビーズにひもを通す ・クレヨンや鉛筆で丸を描く ・はさみを使う
・階段のぼり ・やまのぼり				・追いかけっこ ・しっぽとり ・ボール遊び ・ブランコをこぐ

【2】　１歳以上３歳未満

1　おおむね１歳から２歳

・全身運動は，歩行が開始されることで，行動範囲が広がり，よく歩くようになる。
・手先の操作は，積み木を積んだり，スプーンで食べたり，クレヨンでなぐり描きをするようになる。
・ことば（初語）が出現し，発達（一語文から二語文へ）がみられる。
・アタッチメント（愛着）の対象を確認しながら遊ぶようになる。
・見立て遊びをするようになり，イメージを膨らませて遊ぶことを楽しむ。
・友達への関心が強くなり，友達の持っているものにも興味を持つ。

2　おおむね２歳から３歳

・全身運動は，歩行が安定し，走ったり，ジャンプするようになる。
・手先の操作は，形の異なるものを積んだり，ものをきれいに並べたり，クレヨンで丸を描くようになる。
・ことばは，二語文を話すようになり，語彙が増える。
・「自分で」「イヤ」など自己主張が強くなる反面，依存したい気持ちも高まる。

3　ことばとコミュニケーション

【1】　泣き

　乳児にとって泣くことは，自分のこころの状態を表すとともに，大人とのコミュニケーションを行う大切な手段でもある。乳児の泣き声を聞くと，大人はことばをかけたり，近づいてあやしたりと，自然にやりとりや関わりが生まれる。

　新生児期では，空腹などの不快で泣くこと（生理的泣き）がほとんどだが，その後，抱っこしてほしいなど何かを訴えるときにも泣くようになる。また，拒絶や不満，甘え欲求を伝えるために泣く（5カ月頃〜），悲しくて泣く（9カ月頃〜）というように泣きの理由がはっきりしてくる。泣く時間は，2カ月頃がピークとなり，4カ月を過ぎると頻度もかなり少なくなるようである。

　保育者は，乳児にとって泣くことが，大人との関わりを引き出す重要な行為だということを理解しておくことが必要である。乳児の泣きにタイミングよく応答し，対応をするこ

とで乳児との信頼関係を築いていくことにもつながる。そして，泣くことで何を訴えようとしているかということを考え，対応することが求められる。泣いている理由がわからないときには，泣き止ませようと焦らないで，普段と違うところはないか様子をしっかり観察することも必要である。また，泣いている場面だけでは，その理由がわからないこともある。とくに，自分で移動するようになると，泣きにいたるまでの文脈を知っておかないと対応に苦慮することが起こる。そのためにも，子どもをよくみておくことが大切である。

【2】　喃語

「アーアー」「ウー」や「マンマン」「ブーブー」などの，ことばを発する前の乳児の声を喃語という。機嫌のよいときに話しかけると，「アー」と声を出したり，自分のからだを触りながら声を出したりするようになる（英語ではクーイングという）。

はじめは「アーアー」「ウー」と出していた声が，「マンマン」「ナンナン」「ブーブー」のような子音を含んだ反復音をリズミカルに声に出すようになる（7カ月頃〜）。これを，反復喃語やバブリングという。この頃には，発声そのものを楽しんでいるようにもみえる。また，要求があるときには，声に出して保育者の注意を引こうとするようにもなる。その際には，手さしや指さしをしながら，声に出して要求することも出てくる（9カ月頃〜）。

喃語は，乳児にとって，保育者とのコミュニケーションの手段の1つでもある。そのため，保育者は，喃語に込められた乳児の思いを察して，その思いを具体的に示したり，ことばにして語りかけたりすることで，乳児の思いに応えようとする姿勢が大切であり，何よりもやりとりを楽しむことが大切である。

思いに応えてくれる大人の存在は，乳児の「人に思いを伝えたい」という気持ちを育てていくことにつながる。したがって，乳児にどのように大人が関わるのかということが，乳児の発達に影響を及ぼすことを十分理解しておかなくてはならない。乳児との関わりに戸惑いがある人は，乳児の発声を模倣して反応を返すことから始めるとよい。声を模倣するだけでも，それがコミュニケーションを図ることになる。

また，乳児期は，声色，表情や身振りなどから大人を判断することが多い時期でもあるため，表情豊かに，動作も含めて対応するように心がけることも大切である。

【3】　手さし・指さしから共同注意，ことばの発達へ

自分ではまだことばにはできなくても，大人からかけられたことばに動作で応えたり，身振りで思いを伝えようとしたりと，コミュニケーションの仕方が多様になり，さかんになる（9カ月頃〜）。この頃には，ほしいものや大人にみてほしいものを手でさしたり，指でさすということがみられるようになる。大人の話すことをよく聞いていて，「ア！」

「アッアッ」などと言いながら，何かを指さすことも出てくる。

　このように，ことばを使えない乳児は，手振りや身振りを使って，大人とのコミュニケーションを繰り返し経験するようになる。また，この時期には，大人がものを指さすと，乳児はそのさされたものをみるということができるようになる（共同注意）。これに伴い，相手の意図を理解し，それに応えるような行動もできるようになる。

　この時期には，よりいっそう丁寧なことばかけや応答が求められる。手さしや指さしには，いろいろな意味や思いが込められているので，その思いを受け止め，ことばにして返すことが重要である。乳児も，大人からのことばかけを期待するようなしぐさがみられるようになる。乳児は，このような自分の思いに応えてくれるという経験をすることで，いっそう保育者との信頼関係が深まるだけでなく，人とやりとりすることの楽しさを味わい，それがことばの育ちにもつながっていく。

　乳児が楽しめる遊びとして，日頃から，動作がまねできるような手遊び歌やリズム遊びを取り入れ，保育者や友達との関わりを深めたり，ことばの育ちにつなげていくことも大切である。

【4】　「わかる」から「言える」へ

　1歳の誕生日を迎える頃になると，「ママ」「マンマ」などの有意味語を言い始める。ママ・パパなどの有意味語を1つ言うのは，10カ月半ば過ぎで約25%，1歳0カ月で約50%，1歳2カ月で約90%であるといわれる。

　ことばについては，「わかる」のは「言える」よりもずっと早い。子どもが最初にわかるようになることばは「バイバイ」「バア」「チョウダイ」など，大人との関わりの中で日常的に聞いているものが多いということにも注目したい。つまり，ことばは周りの人との関係の中で育っていくものなのである。大人が，日頃から子どもの発声にすぐに応じたり，指さしたものの名前を言ってあげたり，遊びの中で語りかけることが非常に重要である。

　2歳に近づくと，ものには名前があるということに気づき，知りたがるようになる。指をさしたり，持ってきたりして名前を言うように求めるようなしぐさをする姿がみられる。この後，個人差はあるが，言えることばの数は2歳半ぐらいまでの間に爆発的に増加していくことになる。

【5】　二語文の登場

　2歳を過ぎる頃には，「ママ，いた」「ジュース，ちょうだい」など，2つの単語を組み合わせた二語文を話すようになる。二語文を話せるようになると，子どもは自分の気持ちや考えていることを相手に伝えられるようになっていく。また，記憶力も発達し，「今」

のことだけではなく，過去に体験したことを思い出して話すこともみられるようになる。これらのことにより，子どものことばの表現は大きく広がっていく。語彙も増え，からだの部位の名前を言えたり，「ちょっと」「いっぱい」などのことばが使えるようにもなる。簡単な会話もできるようになるが，まだ長続きはしない。

　2歳半を過ぎると，自立に向かう気持ちが強くなるにつれて，「片づけをしよう」と言うと「やだ」，「このおもちゃを貸して」には「だめ」など，相手のことばに反対することも増えてくる。

　3歳近くになると，「なぜ？」「どうして？」と，次々にものの名前や理由を尋ねることが多くなってくる。この時期になると，理由をわかりやすく説明すると納得できるようになるので，周囲の大人はだいぶ話が通じるようになったと感じるだろう。

【6】　ことばを豊かに育てるために

　子どものことばの発達は，日常の生活経験や大人との関わりに支えられている。だんだん会話らしきものができるようになってくるとはいっても，まだ長続きはしない。子どもに関わる大人が，ことばを引き出すように関わることが重要である。たとえば，子どもが，散歩中に，「ワンワン」といって犬を指さしたなら，「大きなワンワン，お散歩してるね。かわいいね」と応答するような関わりが求められる。子どものことばをより豊かにするためには，子どもが興味や関心を持ったことに周りの大人がともに注意を向け，ことばをかけていくことが必要である。

　乳児期のことばが話せない時期から，大人との応答的なやりとりを積み重ねるうちに，子どもは大人のことばの一部をまねしたり，自分から声を出して話しかけたりするようになる。それは，何かを伝えたい，気持ちを分かちあいたい存在として大人を理解しているためであろう。

　ことばは，他者に自分の考えを伝えたり，気持ちを通じあわせたりするために使うものである。そのためには，単に語彙の増加やことばの使い方の適切さばかりを気にするのではなく，子どもの周りにいる大人が，自分の気持ちを伝えたい，通じあいたいと思える存在であることが求められる。

4 自分と他者

【1】 アタッチメント（愛着）

　乳児は，大人とコミュニケーションを行うためのさまざまな技を身につけて生まれてくる。新生児にみられる「微笑み」（生理的微笑）は，乳児にとっては意味のないものでも，大人はその表情をみて，笑いかけたり，ことばをかけたくなる。このように，乳児は受け身でいるだけでなく，周囲に自ら働きかけようとする存在なのである。

　微笑はその後，あやしてくれる相手をみて，微笑みを返すようになり（社会的微笑），母親などの特定の相手を意識して微笑むようになる。

　このように，乳児は周囲に働きかけていく過程において，誰にでもではなく，特定の大人に対して関わりを持とうとするようになる。このような特定の大人とのこころの絆のことを「アタッチメント（愛着）」という。

　特定の大人になるのは，母親や父親だけでなく，保育室で多くの時間を過ごす保育者も含まれる。乳児にとって，特定の大人とのこころの絆は，自分が守られているという安心感が得られるだけでなく，それを「安全の基地」として，探索行動を行い，好奇心を育てたり，「自己」を形成していくうえでとても重要である。また，幼児期の人間関係を育てていくうえでの基礎にもなる。

　特定の大人になるためには，乳児からのシグナルや要求を察知し，それにできるだけ速やかに応えていくことが重要である。たとえば，乳児が声を出したときに，そばにいる人が適切なタイミングでことばを返すこともその1つである。このように，笑いかけたり，泣くと，それに応えてくれたり，思いを受け入れてくれるなど，自分が表現すれば相手が対応してくれることを繰り返し経験することで，人に対する基本的な信頼感が育つのである。

【2】 自分を知る

　乳児が「自分を知る（自己認知）」ことは，自分のからだを触って確認することから始まる。その代表的な行動が，指しゃぶりである。指しゃぶりは，胎児期から始まっていることが確認されている。出生後には，2カ月頃から再び指しゃぶりが始まり，5カ月頃にはほとんどすべての子どもが行う。また，自分の手をじっとみつめる（ハンドリガード，3カ月頃〜），自分の足を触る（4カ月頃〜）など，自分のからだを触ったり，自分の行動を自分で確認することを通して，自分自身に対する認識を深めていくのである。

このように，指をしゃぶったり，足を触ったり，舐めたりする行為は，乳児にとって自分を知るという重要な発達のプロセスである。したがって，汚いなどの理由で，乳児が自分のからだを探索する行為を止めずに，見守ることが大事である。このような経験を積み重ねる中で，自分のからだを触る感覚と他者から触られる感覚の違いから，乳児自身のからだと他者のからだが別であることに気づくようになる。この気づきによって，身体的に別の存在として，自分と他者を認識するようになるのである。はっきり自分と他人の区別がつくようになると，「いや」「だめ」の連発が始まるようになる。

【3】　後追いと人見知り

親しい人と初めて会う人とが区別できるようになると，「後追い」や「人見知り」がみられるようになる。このような現象は，特別な人とのアタッチメントが築かれた証拠でもあり，発達の重要なプロセスの1つでもある。後追いは，自分にとって特別な人と離れたくない，一緒にいたいという気持ちの表れであるため，このような気持ちを受け入れ，不安にならないように対応することを心がけることが大切である。

保育室などに知らない人が入ってくると，からだが固まってじっとみつめたり，逃げようとしたり，泣き出したりすることがある（人見知り）。このようなときには，抱き上げたり，ことばをかけ，不安な気持ちを受け止め，落ち着けるように援助することが大切である。

後追いや人見知りの表し方，強さは子どもによってさまざまである。しかし，まったくみられないような場合，保護者や保育者が不安なときに安心の場となる「安全の基地」となっているかどうかを確認したい。

【4】　友達との関わり

1歳前の時期は，子ども同士が同じ場にいても，それぞれに自分のやりたいことに夢中になっていて一緒に遊ぶということはない。それでも，自分で自由に移動できるようになってくると，相手の持っているおもちゃに興味を持って奪い取ろうとしたり，相手に噛みついたり，髪の毛を引っ張ったりするようなことが頻繁に起こる。相手と仲良く遊べるようになるのは，ずっと後のことなのである。

一見すると，これらの行為は乱暴にみえるため誤解されがちだが，このような，ものを媒介とした他児との関わりは，子どもにとって重要である。おもちゃを目指して突進していき，自分のものにしてホッとした瞬間に泣いている相手に気づくというように，他者の存在への気づきにつながっていくからである。

2歳を過ぎてしばらくすると，互いにまねをしあったり，大人に手伝ってもらいながらものの貸し借りをしたり，徐々に相手との関わり方を学んでいく。この時期は，周りの大

人が子どもの気持ちを代弁したり，橋渡しをしてあげたりすることが大切である。

【5】 保護者から離れて遊ぶ

　1歳半頃には，興味があるものには自分の足で歩いて近づき，五感を使ってさかんに探索する姿がみられる。保護者や保育者が視界に入っていれば，離れて行動するようになってくる時期である。これは，生まれてからの保護者・保育者との関わりの中で，相手がいつも自分を見守り，受け止めてくれた経験からの安心感があるためである。

　成長とともに，物理的にも保護者や保育者から離れて行動するようにする。しかし，予期しないことに出会ったり，失敗したりしたときは，保護者や保育者の元に戻る。そこで，慰めや励ましを得ると，また気持ちを立て直して外の世界に出ていく。いつでも戻ることができる「安全基地」として，保護者や保育者を自分の気持ちのよりどころとしているのである。

　周囲の大人は，子どもが何かあればすぐに助けてもらえる，気持ちを受け止めてもらえるという実感を持てるように，抱きしめてあげたり，やさしくことばをかけてあげたりするなどの対応が求められる。それが，次に述べる「基本的信頼感」の獲得につながるのである。

【6】 2つの基本的信頼感

　この時期までに，子どもは2つの基本的な信頼感を身につけている。1つは，ここまで育ってくる過程で，困ったときに必ず助けてもらえる，いつでも受け止めてくれる人がいるという経験を積み重ねることによって得た，保護者や周りの大人への信頼感，つまり「他者への信頼感」である。

　もう1つは，探索活動を繰り返し，自分でいろいろなことに挑戦してやり遂げる経験を積み重ねたことから得た，自分は何でもできるという自分自身への自信と信頼感，つまり「自己への信頼感」である。

　子どもは，他者への信頼感と，自分への信頼感と自信の両方があるからこそ，外の世界を探索し，自分の世界を広げていくことができるのである。

【7】 テリブル・ツー（手がかかる2歳児）

　2歳頃になると日常の生活の仕方を覚え，着替えや食事，排泄も徐々に自立に向かっていく。自分でやりたいという気持ちが強くなり，何でも「自分で！」と主張するようになる。そして，一度やるといったことは，何が何でもやり遂げようとする。しかし，一方で，

日常生活は保護者に依存せずには成り立たないというのが 2 歳児の特徴である。子どもにとって，自分でやりたいのにできない現状に直面する難しい時期だといえる。

　自立に向かうとはいっても，その過程には，自立への欲求と依存への欲求が交代で表われる。たとえば，ある日は，忙しい朝の時間に，自分で洋服を着ると言って頑としてきかず，結局は自分ではできずにかんしゃくを起こしたかと思うと，翌日には，「ママ，やって」と言ってきたりするのである。

　保護者をはじめ周りの大人にとってはストレスの多い時期であり，あまりの頑固さと甘えともとれる行動のギャップに腹をたてることもあるだろう。しかし，ここで，自立に向かっている子どもの姿を温かく見守ることが大事である。

5　手のはたらきと探索

【1】　手の使い方と動き

　4 カ月頃までは，手に持たせてもらったガラガラなどをみたり振り動かして遊んでいるが，5 カ月になると，近くにあるものに手を伸ばして取るようになる。お座りができるようになると（7 カ月頃〜），両手が自由に使えるようになり，手の使い方や動かし方のバリエーションが増える。たとえば，小さなものを指先でつまんだり，音の出るおもちゃを振ったり，吹いたり，叩いたりして音を楽しむようになる。また，積み木などを打ちあわせたり，握っているものを容器に入れたり，引っ張り出したり，わざと落とすことを楽しむようになる。

　このように，手の動きや好奇心の発達に合わせ，子どもがさまざまな質感に触れ，いじって楽しめる，しかも口に入れても安全なおもちゃを，子どもの手の届くところに置いたり，手渡すなどの関わりが大切になる。おもちゃは，市販のものだけでなく，身近な素材（ペットボトル，端切れや毛糸など）を利用して，子どもの興味に合った手作りおもちゃを作るのもよい。また，ものへの興味が深まり，じっくり 1 人で遊ぶことを楽しむ頃には，遊びに夢中になる時間も大切である。遊びを邪魔されず，じっくり遊びを堪能できるような環境を整えることも必要である。しかし，ものに興味を持つようになると，何でも口に入れて確かめようとするので，誤飲には十分気をつけなければならない。口の中に入れてはいけないものは，絶対に子どもの手の届くところには置かないようにする（「第 6 章　小児保健Ⅱ」p.89 を参照）。トイレットペーパーの芯（約 4cm）の穴を通るものは誤飲する可能性がある。誤飲で一番多いのはたばこであるが，ゴミ，薬，化粧品，洗剤など，あらゆるものを子どもは口に入れる可能性があるため，留意が必要である。

【2】 手先の動きが器用になる

　9カ月頃には手先の器用さ（巧緻性）も増す。親指と人差し指を使って小さなものをつまむことや，積み木を重ねることもできるようになる。いずれも，目と手が協応していなければできない動作であり，手先の細かいコントロールが可能になったということである。

　さらに，1歳6カ月を過ぎる頃には，片手で持ったペットボトルの口から，もう片方の手で持ったストローを中に入れることなどもできるようになってくる。シールを台紙からはがしてほかの紙に貼るシール遊びや，クレヨンやクレパスなどを使って線を描いたり，積み木を積み上げたり，またそれを崩したりする遊びなどが好まれる。

【3】 さかんな探索活動──実体験から学ぶ

　あまり転ばずに歩けるようになると，屋外を探索する機会が増える。家の中ではみることのできないものが，外の世界にはたくさん存在している。戸外には，動物や虫，草花などの生き物，車や電車など，子どもの興味や関心をひきつけるものが至るところに存在する。

　子どもは，旺盛な探究心から何にでも近寄って行って触ろうとしたり，口に入れようとしたりする。冷蔵庫や引き出しの中身を全部出してしまう，喜々としてティッシュペーパーを箱から引き出すなどは，この時期よくみられる姿であろう。大人はひやひやさせられることが多く，目を離すことができない時期でもある。

　しかし，この探索活動は，子どもにとっては非常に重要な意味を持っている。口に入れる，触ってみるという行為は，子どもが自分の興味や関心を持ったものを知り，確かめる手段なのである。さらに，自分が興味や関心を持ったことを最後までやり遂げることができると，自分自身に対する自信や自己肯定感が育ち，さらに新しいことにチャレンジしようとする意欲が育つ。危険を伴う行為も多いため，つい「ダメ」と言ったり止めさせようとしたりすることがあるが，子どもにとっては自分の周りの新しい世界を知るために必要な行為なのである。怪我や事故につながらないように危険なものを片づけ，安全な環境の下で思う存分やらせてあげるようにしたい。化粧品や洗剤，刃物などは手が届かない場所に保管するなどの配慮も必要である。

【4】 遊びの発達

　手先がますます器用になり，積み木をいくつも積み重ねることもできるようになると，食事のときに，スプーンやフォークを使って上手に食べられるようにもなる。

　3歳に近づくにつれて，手足の筋力がつくため，走る，片足跳びをする，足を交互に出

して階段を登るなどもできるようになる。ブランコをこいだり，滑り台に登っていって滑り降りたり，鉄棒にぶら下がったりするなど，公園の遊具で活発に遊ぶ姿がみられる。クレヨンや鉛筆で丸を描いたり，はさみを使い始めたりする子どももいる。

　この時期の子どもは，単純な追いかけっこやしっぽとりなどの走って逃げる遊びや，ジャンプをして飛び降りたり，ボールを投げたりするような，十分にからだを動かす遊びを好む。また，手先の動きも器用になるため，ビーズにひもを通す遊びや簡単な手遊びも好まれる。

　水たまりがあれば入りたがったり，高いところに登って飛び降りたがったり，わざとぐらぐらした不安定なところを歩きたがったり，この頃の子どもは，自分の力を試すような行動をする。高いところから飛び降りられるようになると，家の中でもソファから飛び降りて遊んだりする。それは，できたことがうれしくて，何度も試してみたいという気持ちからなのである。時間のある限りつきあってあげたり，工夫をしてやりたいことができるような環境を整えてあげたいものである。

　興味や関心のあるものをみつけると，周りがみえなくなり，急に道路に飛び出したり，友達とぶつかって大きな怪我をしたりすることもあるので，注意が必要である。

6　移動する力

【1】　移動運動

1　発達の概要

　それまでは姿勢を変えたり移動することができなかった乳児は，5カ月から7カ月になると，寝返りやピボットターンなど，自分で動くことができるようになる。その後，おなかを床につけた腹ばいから，手とひざで移動する四つんばいができるようになる（7カ月から9カ月頃）。この時期は，お座りができるようになる時期とも重なる。その後，つかまり立ち，伝い歩きへと進んでいく。そして，12カ月で約50％が，15カ月で90％の子どもが一人歩きを開始する。しかし，運動発達には個人差がみられることも留意してほしい。

　歩く経験を通して，徐々に歩行は安定してくる。2歳頃には走ったりするようになり，2歳半になる頃には，階段を登ったり，両足でジャンプしたりできるようになる。3歳頃には，三輪車など，運動遊具にも乗りたがったりする。

2 関わり方のポイント

ハイハイ（腹ばいや四つんばい）に慣れてくると，転がるボールを追いかけたり，クッションなどを乗り越えたり，トンネルをくぐったり，登る・降りることもできるようになるなど，移動範囲が広がるとともに，活動も活発になる。この頃には，ハイハイを十分行えるように安全な空間を確保したり，傾斜のゆるい坂道を作ったり，つかまれる高さの台やテーブルを置いたり，柵や手すりなどをつけるなど，安全に，楽しく動けるような工夫をすることが大切である。やがて，周りにつかまれるものをみつけると，それにつかまって立ち上がり，得意げな顔をして周囲の大人をみるといった姿がみられるようになる。

このとき，周囲の大人が乳児の気持ちに共感し，応答することが重要である。それが励みになって乳児は立ち上がり，伝い歩きをし，一人立ちをし，初めの一歩を踏み出すのである。

3 事故への注意

探索活動がさかんになると，行動範囲が広がり，行動様式にバリエーションが出てくることで，事故につながる機会が増える。そのため，足元の遊具や段差に注意を払うとともに，転倒や危険防止の配慮を行った保育環境の整備が必要である（「第8章　地域保育の環境整備」「第10章　安全の確保とリスクマネジメント」を参照）。一人歩きができる前に，ハイハイができれば階段を上がったり，ソファーによじ登ったりする。歩行が始まった頃は，足元が安定せずふらつくことも多いので，転倒したり，他児とぶつからないように注意することも必要である。

一人で歩くようになると，興味や関心のあるものに向かって移動しようとして，転倒や転落による事故が多くなる。危ないからといって禁止したり制止したりするよりも，段差があるところにはクッションテープなどをつけたり，転落しそうな場所には柵をつけて近づけないようにするなどの工夫をし，子どもの探究心を十分に満たしてあげることが重要である。また，この頃は水遊びが好きな時期でもあり，浴槽への転落による死亡事故も起きやすいため，十分に注意したい。

7　こころと行動の発達を支える保育者の役割

【1】　乳幼児期の発達を支える保育者の役割

『保育所保育指針』第1章 総則 1 保育所保育に関する基本原則には，「保育の環境」につ

いての節が立てられており，その留意点について記載されている。これは，保育環境が保育を営んでいくうえで重要な基盤であるとともに，保育の質を考えるうえでも重要な事項であるためである。そして，保育環境の中でも，保育者という存在は，最も重要な環境の1つといえる。

　子どもは，生まれたときから環境に働きかけ，自ら育っていこうとする存在である。保育者は，その育ちを支え，促すために必要な環境を柔軟に提供していくことが重要な役割となる。育ちに必要な環境を提供する際に重要なポイントは，それが応答的な環境であるということである。子どもの興味を引き出し，探索，探求が十分にできる工夫がされている，発達段階や個人差に応じて，一人ひとりの子どもに合わせた配慮がなされていることが大切である。そして，このような環境が豊かな環境となるためには，大人の応答があることが重要である。子どもの何らかのシグナルや働きかけをキャッチし，それに対する適切なタイミングで応答があるという，人からの応答性がとくに乳児期には求められる。

【2】　乳児期の遊びを大切に

　先に述べたように，乳児期には保護者や保育者との関係性が最も重要である。保護者や保育者との愛情の絆に支えられて，ことばやからだの発達が促されるのである。関係性を築くためには，保護者や保育者との情緒的な関わりが欠かせない。この時期，保護者や保育者と乳児との間で行われる遊びは，互いにふれあい，楽しさや心地よさを共有することができるため，関係性の構築にも重要な役割を果たしている。

　地域型保育では，集団保育の場ではなかなかできない，一対一のふれあい遊びを十分に行える環境にある。一対一の遊びの特徴の1つは，乳児に向きあって互いの顔がみえる距離で行うことである。「ちょちちょちあわわ」や「おやまのてっぺん」など，月齢が低い時期でも歌いながらふれあう遊びや，「いないいないばあ」や「くすぐりあそび」など，期待感を持たせたり，一緒に笑いあえたりする遊びなどは，保育者との情緒的な関わりが十分に行えるため，乳児期にふさわしい遊びといえるだろう。

　さらに，一対一で行う遊びは，個々の乳児の身体的な発達を促す働きかけも含んでいるものが多いということもあげられる。たとえば，まだ寝返りができない時期から行う「ぞうきんぬったら」の遊びは，乳児の足を持って曲げ伸ばしをしたり，身体をひねったりする動きが入っている。また，お座りができるようになった時期に，足を伸ばして座った保育者のひざの上に乳児を乗せ，歌いながら揺する「おふねにのったよ」や，立つことができるようになった乳児の足を保育者の足の上に乗せ，交互に足を上げて遊ぶ「あしあしあひる」などの遊びも同様である。それぞれの発達の状態に合わせてその時期にふさわしい遊びを行うことによって，身体的な発達を促す一助となる（**資料2**を参照）。

【3】 日常生活が遊びに

　幼児期になると，日常生活での経験を，実際に再現することができるようになる。母親がしているような順番で料理をするまねをしたり，ぬいぐるみを赤ちゃんに見立てて世話をしたりする遊びがさかんになってくる。手順や順番なども理解できるようになってくる。それだけ，日常生活の中での経験が，遊びにつながるということである。

　ままごと遊びやおかあさんごっこ，お店屋さんごっこなど，自分がみて，実際に経験したことは何でも遊びになる時期なので，なるべく子ども自身の体験を豊かにするようにしたいものである。

参考文献

石原栄子・庄司順一・田川悦子・横井茂夫（著）『乳児保育 改訂10版』南山堂，2009
巷野悟郎・植松紀子（著）『赤ちゃんあそぼ！──0～2歳のふれあいあそび』赤ちゃんとママ社，2002

資料2　保育者と子どものふれあい遊び

　乳児期には，保護者や保育者との遊びが関わりを深めるために重要な役割を持っている。ここでは，関わりを深めるために大切な，「スキンシップ」「楽しさや面白さの共有」「（やりとりに）期待感を持つ」という3点に注目して，保育室の中で楽しくできる遊びを紹介する。

　どの遊びも，限定された月齢でないとできないというものではなく，工夫によって，いくらでもバリエーションが生まれていく。一対一（あるいは少人数）で行う遊びならではの，その子とのタイミングや間，動きの大きさで行うことがポイントである。

「ここはとうちゃんにんどころ」

「ここはとうちゃんにんどころ，ここはかあちゃんにんどころ……」人差し指で，右のほっぺ，左のほっぺの順につつく。

「ここはじいちゃんにんどころ，ここはばあちゃん にんどころ……」おでこ，あごの順につつく。

「だいどーだいどー……」顔の周りを手のひらで2回なでて，最後に，くすぐる。

「ぞうきんぬったら」

「針に糸を通して，チクチクチクチクチクチクと……」おなかを指でつつく。

「あらってしぼって……」両足を右・左の順番に交差させる。

「ふきそうじ♪」手のひらでおなかを拭くようにする。

第4章 乳幼児の食事と栄養

講義の目的

①離乳の進め方に関する最近の動向について理解する。

②幼児期の昼食作りに役立つ栄養バランスのポイント，食品衛生の基礎知識について理解する。

③食物アレルギーについて理解する。

④保育者がおさえる食育のポイントについて理解する。

1　離乳の進め方に関する最近の動向

【1】　離乳の支援——基本的な考え方

　授乳や離乳の進め方は，「授乳・離乳の支援ガイド」（2019年改定版）（☞1）をもとに行う。この支援ガイドでは，離乳は，「成長に伴い，母乳又は育児用ミルク等の乳汁だけでは不足してくるエネルギーや栄養素を補完するために，乳汁から幼児食に移行する過程」とされている。

　離乳開始前の子どもにとって，最適な栄養源は乳汁（母乳又は育児用ミルク）であり，離乳の開始前に果汁を与えることの栄養学的な意義は認められていない。また，イオン飲料については，多量摂取による乳幼児のビタミンB_1欠乏を引き起こすこともある。イオン飲料は，授乳期および離乳期を通して基本的に摂取の必要はなく，必要な場合は医師の指示に従うことが大切である。

　離乳の支援にあたっては，子どもの食欲，摂食行動，成長・発達パターン等，子どもにはそれぞれ個性があるので，画一的な進め方にならないよう留意しながら，健康を維持し，成長・発達を促すようにしていく。また，授乳の支援と同様，健やかな母子，親子関係の形成を促し，母親等の気持ちや感情を受け止める寄り添いを重視して，育児に自信が持て

表4－1　離乳の進め方の目安

		離乳の開始　　　　　　　　　　　　　　　　　　　　　　　　　　　離乳の完了			
		以下に示す事項は，あくまでも目安であり，子どもの食欲や成長・発達の状況に応じて調整する。			
		離乳初期 生後5～6カ月頃	離乳中期 生後7～8カ月頃	離乳後期 生後9～11カ月頃	離乳完了期 生後12～18カ月頃
食べ方の目安		・子どもの様子をみながら1日1回1さじずつ始める。 ・母乳や育児用ミルクは飲みたいだけ与える。	・1日2回食で食事のリズムをつけていく。 ・いろいろな味や舌ざわりを楽しめるように食品の種類を増やしていく。	・食事リズムを大切に，1日3回食に進めていく。 ・共食を通じて食の楽しい体験を積み重ねる。	・1日3回の食事リズムを大切に，生活リズムを整える。 ・手づかみ食べにより，自分で食べる楽しみを増やす。
調理形態		なめらかにすりつぶした状態	舌でつぶせる固さ	歯ぐきでつぶせる固さ	歯ぐきで噛める固さ
1回あたりの目安量					
I	穀類（g）	つぶしがゆから始める。すりつぶした野菜等も試してみる。 慣れてきたら，つぶした豆腐・白身魚・卵黄等を試してみる。	全がゆ 50～80	全がゆ 90～軟飯80	軟飯90～ご飯80
II	野菜・果物（g）		20～30	30～40	40～50
III	魚（g）		10～15	15	15～20
	又は肉（g）		10～15	15	15～20
	又は豆腐（g）		30～40	45	50～55
	又は卵（個）		卵黄1～全卵1/3	全卵1/2	全卵1/2～2/3
	又は乳製品(g)		50～70	80	100
歯の萌出の目安			乳歯が生え始める。	1歳前後で前歯が8本生えそろう。 離乳完了期の後半頃に奥歯（第一乳臼歯）が生え始める。	
摂食機能の目安		口を閉じて取り込みや飲み込みができるようになる。	舌と上あごでつぶしていくことができるようになる。	歯ぐきでつぶすことができるようになる。	歯を使うようになる。

※衛生面に十分に配慮して食べやすく調理したものを与える。

出典：厚生労働省「授乳・離乳の支援ガイド」（2019年改定版）

るような支援を基本とする。離乳の進め方の目安を表4－1に示す。食事量の評価は，身長，体重を成長曲線のグラフ上に描き，成長曲線のカーブに沿って増加しているかどうかを確認する。成長曲線のカーブに沿って増加していれば，食事量はその子どもに適切であると考えられる（図4－1）。

【2】　母乳栄養と鉄欠乏

　母乳育児の場合，母乳中の鉄含有量が少ないために，生後6カ月の時点でヘモグロビン濃度が低く，鉄欠乏を生じやすいことが知られている。また，ビタミンD欠乏によるくる病の増加が指摘されている。ビタミンD欠乏は摂取不足のほか，日光照射不足があげ

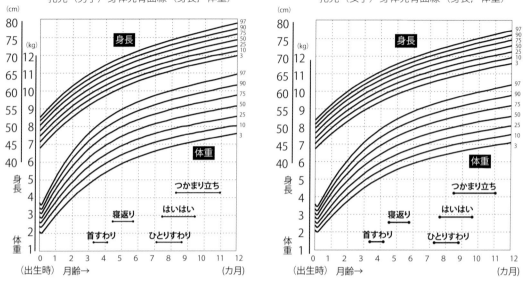

図4－1　乳児身体発育曲線

出典：厚生労働省雇用均等・児童家庭局「平成22年度乳幼児身体発育調査報告書」より作成

られる。そこで，母乳育児を行っている場合は，適切な時期に離乳を開始し，鉄やビタミンＤの供給源となる食品を積極的に摂取するなど，進行を踏まえてそれらの食品を意識的に取り入れることが重要である（☞2）。母乳，育児用ミルク等のエネルギーと主な栄養素含有量を表4－2に，鉄を多く含む食品と常用量中の鉄含有量を表4－3に示す。たとえば鶏レバーは大人の常用量が60gである。1～2歳児の推奨量（4.5mg／日）を摂取するためには50g摂取する必要がある（表4－3）。この量は，離乳期の子どもが摂取するには過大量であり，また，ビタミンＡの耐容上限量600μgRAE／日を超過する。

　そこで，鉄が添加されている育児用ミルクやフォローアップミルクを料理素材として利用することが勧められる。母乳育児をしている母親の中には，母乳中に鉄が少ないことを頭では理解していても，「母乳が不足しているわけではないのに，なぜ，育児用ミルクやフォローアップミルクを飲ませなければいけないのか」と心情的に受け入れ難く思う者がいるかもしれない。また，子どもが哺乳瓶の乳首を嫌ったり，人工乳の味を好まなかったりする場合もある。しかし，料理素材としての利用であれば，母乳育児の母子ともに抵抗は少ないと思われる。育児用ミルク等を製造・販売している会社のホームページには，それらを使用した料理例が掲載されているので参照されたい。

　なお，離乳期はさまざまな味を体験することにより，味覚の幅を広げる重要な時期であることから，いつもミルク味の料理ばかりというのは好ましくない。また，鉄以外の栄養素を含んでいたり，エネルギーも付与されたりするので，過剰摂取には注意が必要である。

そこでこれらのミルクの料理素材としての利用に際しては，総合的な判断のもと，適切な利用が望まれる。

表4－2　母乳，育児用ミルク，フォローアップミルク，牛乳の主な成分の比較

100ml あたり	エネルギー (kcal)	たんぱく質 (g)	脂質 (g)	鉄 (mg)	カルシウム (mg)	ビタミンD (μg)
母乳 [1]	65	1.1	3.5	0.04	27	0.3
育児用ミルク [2] [3]	66.4〜68.3	1.43〜1.60	3.51〜3.61	0.78〜0.99	44〜51	0.85〜1.2
フォローアップミルク [4] [5]	64.4〜66.4	1.96〜2.11	2.52〜2.95	1.1〜1.3	87〜101	0.66〜0.98
牛乳 [1]	67	3.3	3.8	0.02	110	0.3

1) 文部科学省「日本食品標準成分表2020年版（八訂）」より著者作成
2) 母乳の代替品として飲用に供する乳児用調製粉乳および乳児用調製液状乳をいう。
3) 和光堂レーベンスミルクはいはい（アサヒグループ食品），ほほえみ（明治），はぐくみ（森永乳業），赤ちゃんが選ぶアイクレオのバランスミルク（アイクレオ），すこやかM1（雪印ビーンスターク），ぴゅあ（雪印メグミルク），12.7〜13% 調乳液
4) 乳等省令で定められる調製粉乳で，9カ月齢以降の乳児を対象とするもの（いわゆるフォローアップミルク）と1〜3歳の幼児を対象とするものがある。
5) 和光堂フォローアップミルクぐんぐん（アサヒグループ食品），ステップ（明治），チルミル（森永乳業），アイクレオのフォローアップミルク（アイクレオ），つよいこ（雪印ビーンスターク），たっち（雪印メグミルク），13.6〜14% 調乳液

表4－3　鉄を多く含む食品と常用量中の鉄含有量

食品名	常用量 (目安量)	常用量中 鉄含有量	推奨量 [1] を摂取するための 必要量
豚レバー	50g（約小1枚）	6.5mg	35g [2]
鶏レバー	60g（約1羽分）	5.4mg	50g [2]
あさり（水煮缶）	10g（約大さじ1）	3.0mg	15g
牛もも（赤肉）	70g（約1枚）	2.0mg	158g
かき（むき身）	75g（約5個）	1.6mg	211g
めじまぐろ	80g（切り身1切れ）	1.4mg	257g
鶏卵（全卵）	50g（約1個）	0.75mg	300g
豚ロース赤身・もも皮下脂肪なし	70g（約1枚）	0.49mg	643g
小松菜（生）	100g（約1/3束）	2.8mg	161g
ほうれん草（生）	100g（約1/3束）	2.0mg	225g
納豆	50g（約1パック）	1.7mg	132g
凍り豆腐（乾燥）	20g（約1個）	1.5mg	60g
ひじき（鉄窯／ゆで）	20g（約小鉢1杯）	0.54mg	167g
ひじき（ステンレス窯／ゆで）	20g（約小鉢1杯）	0.06mg	1500g

1) 鉄の推奨量：6〜11カ月男児5.0mg／日，女児4.5mg／日，1〜2歳児男女児4.5mg／日，本表では4.5mg／日で算出
2) 推奨量を摂取するための必要量がビタミンAの耐容上限量600μgRAE／日を超えるもの

出典：文部科学省「日本食品標準成分表2020年版（八訂）」より著者作成

2　栄養バランスを考えた幼児期の食事作りのポイント

「家庭的保育事業等の設備及び運営に関する基準」（厚生労働省令第61号，2014年，2022年改正）（☞3）では，地域型保育事業においては，自園調理による給食を提供することが求められている。自園調理では，あらかじめ作成された献立により調理すること，献立は変化に富み，乳幼児の健全な発育に必要な栄養量を含むこと，食品の種類，調理方法も乳幼児の栄養，身体的状況，嗜好を考慮したものでなければならない。さらに，地域型保育の事業者は，乳幼児の健康な生活の基本としての食を営む力の育成に努めなければならないと明記されている。

食事を連携施設から搬入することも，一定の条件を満たす場合には認められるが，その詳細については，上記「家庭的保育事業等の設備及び運営に関する基準」を参照されたい。

栄養バランスを考えた幼児期の食事作りには，幼児期の栄養・食生活の特性を理解することが必要である。以下にその特性を列挙した。

【1】　幼児期の栄養・食生活の特性

・乳児期に続き幼児期も発育期にあるため，十分な栄養補給が必要である。国民の健康の保持・増進，生活習慣病の予防のために参照するエネルギーおよび栄養素の摂取量の基準として，「日本人の食事摂取基準（2020年版）」（☞4）が示されている。その一部を表4－4に示す。1日の推定エネルギー必要量は，体重1kgあたりにすると，1～2歳児では約80kcalで，18～29歳の約40kcalに比べ約2倍多く，体が小さく胃の容積も小さい割には推定エネルギー必要量が多い。また，たんぱく質や鉄も同様に体重1kgあたりの必要量は多い（表4－5）。

・乳児期よりも消化・吸収機能や咀嚼機能は発達するが，まだ，発達途中にあるため，離乳が完了しても，食材や調理形態，調理法などへの配慮が必要である。子どもの反応をみながら少しずつ大人の食事に近づけていく。

・歩行可能になると，周囲の大人の目の届かないところで，さまざまな物を口にする機会も増える。しかし，感染に対する抵抗力はまだ弱いので，衛生面の配慮が欠かせない。なお，食事前や排泄後の手洗いなど，食事や日常生活の中で衛生的な習慣が身につくように働きかける。

・幼児期は自我の発達に伴い，遊び食べ，食欲不振，偏食など，食に関するさまざまな困りごとが起きやすい。これらの行動には適切に対応して，食事がおいしく，楽しいものとなるように導く。

表４－４　日本人の食事摂取基準（2020 年版）（抜粋）

年齢（歳）	推定エネルギー必要量（kcal）	脂肪エネルギー比率（％エネルギー）	たんぱく質推奨量（g）	カルシウム推奨量（mg）
1～2歳男子	950	20～30	20	450
1～2歳女子	900	20～30	20	400
3～5歳男子	1,300	20～30	25	600
3～5歳女子	1,250	20～30	25	550
18～29歳男子	2,650	20～30	65	800
18～29歳女子	2,050	20～30	50	650
30～49歳男子	2,700	20～30	65	750
30～49歳女子	2,050	20～30	50	650
50～64歳男子	2,600	20～30	65	750
50～64歳女子	1,950	20～30	50	650

出典：厚生労働省「日本人の食事摂取基準（2020 年版）」より著者作成

表４－５　体重 1kg あたりのエネルギーおよび栄養素量

	エネルギー（kcal）		たんぱく質（g）		鉄（mg）	
	男	女	男	女	男	女
0～5カ月	87	85	1.6	1.7	0.1	0.1
6～8カ月	77	77	1.8	1.9	0.6	0.6
9～11カ月	77	77	2.7	3.0	0.5	0.5
1～2歳	83	82	1.7	1.8	0.4	0.4
3～5歳	79	78	1.5	1.6	0.3	0.3
18～29歳	41	40	1.0	1.0	0.1	月経無　0.1 月経有　0.2
30～49歳	40	39	1.0	0.9	0.1	月経無　0.1 月経有　0.2

出典：厚生労働省「日本人の食事摂取基準（2020 年版）」より著者作成

・乳児期よりも，食事摂取量や食事に関する行動の発達には個人差が大きい。そこで，一人ひとりに合わせたきめ細かい対応が求められる。

・幼児期は基本的な生活習慣，食習慣を身につける重要な時期である。しかし，幼児自らが食事時間を決めたり，調理したりするわけではなく，家族の生活リズム，食事のリズム，食事内容に大きく影響される。そこで，家族も含めた適切な生活習慣，食習慣の確立を目指すように支援することが重要である。

【２】　幼児期の食事作りで配慮すべき点

1　発育・発達に応じていること

「日本人の食事摂取基準（2020 年版）」（☞ 4）には，エネルギーや各種栄養素量が示さ

れているので，それをもとに献立作成を行う。しかし，子どもは一人ひとりの発育・発達がめざましく，また，個人差も大きい。そこで，月齢や年齢別，性別に一律の対応を行うのではなく，成長曲線などで把握した個々人の発育の状況に応じた栄養補給量にする。

また，材料は子どもの咀嚼・嚥下能力の発達に応じた大きさ，形に切ることにより食べやすくする。9カ月頃からは，手づかみ食べもみられるが，手づかみしやすい形，調理法を選ぶと，自分で食べようとする意欲も増し，食事時間をより楽しむことができる。

2　身体状況，健康状態を考慮していること

食物アレルギーや慢性疾患，障害のある子ども，また，発熱，下痢，便秘などの症状がみられる子どもに対しては，一人ひとりに応じた食事の配慮が必要である。これらの子どもへの対応は，家庭と連携をとりながら，かかりつけ医，嘱託医などの診断をもとに，その指示に従う。

3　食生活への関心が高まるように豊かな食事体験の場を提供すること

多様な食品や味，料理の組み合わせに配慮して，子どもの食生活への関心が高まり，食嗜好や食体験が広がり，かつ深まるように食事の提供を工夫する。子どもに，毎回の食事を通して，食べものをみる，匂いを感じる，手で触る，口中で味わう，それを言葉で周囲の人に表現して伝えるという，一連の「食べる行為」そのものが獲得されるようにすることが必要である。また，それらの「食べる行為」が子どもにとって楽しくなるように，保育者自らも食生活を楽しむ姿勢が重要である。

【3】　幼児期の献立の立て方

1　給与栄養目標量の設定

「日本人の食事摂取基準（2020年版）」（☞4）を用いて，年齢区分ごとに1日の推定エネルギー必要量を求める。保育所での給与比率は，1日に必要なエネルギーや栄養素量のうち，昼食では1日全体の約3分の1を目安とし，おやつでは1日全体の10～20%程度の量を給与する配分を考える（厚生労働省「給与栄養目標量設定上の留意点に関する通知」）。これを基本に，成長・発育状況，活動量，日常の食生活の状況などを勘案して給与量を設定し，実施する。なお，より適切な食事の提供を目指すために，実施しながらも，それが適切であるのか，常に評価，改善をしていくことが必要である。

献立により，日々の給与栄養量には幅があるので，一定期間の平均的給与量が上記の値に近似するように配慮すればよい。

2　主菜の決定を最初に

　主菜は，肉，魚，卵，豆腐などの大豆製品など，たんぱく質の多い食品中から選ぶ。1日3食の主菜となる食品が異なる方が献立に変化をつけやすい。肉は種類（牛，豚，鶏など），部位（もも，ひれ，肩など），形状（塊肉，薄切り肉，ひき肉など）により，変化をつける。魚は，赤身魚，白身魚，青皮魚と種類を変えたり，貝，えび，いか，小魚などの食材も，食物アレルギーに配慮しつつ，咀嚼・嚥下力に合わせて多種類を選択することが望ましい。主菜決定後に，それに合わせて副菜，汁物，主食などを考えていく。

3　調理法に変化を

　調理法には，生，ゆでる，和える，蒸す，煮る，焼く，炒める，揚げるなどがある。いろいろな調理法を用いることで，献立に変化をつけやすい。そのほかにも，麺料理や季節によっては鍋料理も加えて，さまざまな調理法により作られた料理に親しむ機会を提供することは，子どもの食経験を増やすことにつながる。

4　料理の組み合わせは対照的に

　薄味のものと濃い味のもの，生のものと加熱したもの，淡白なものと油っこいものなど，味付けや調味料を工夫する。また，形が大きいものと小さいもの，固いものとやわらかいものなど，食材の切り方，調理法，味付けを対照的に組み合わせていくと，喫食する際に変化があり，食べる楽しさが増す。

5　和風，洋風，中華風と変化に富ませて

　和風，洋風，中華風といろいろな献立を組み合わせて，変化をつけることが望ましい。一般的に和風の献立は，塩分が多く，乳製品が不足する傾向がある。洋風の献立では，脂肪が多く，大豆製品や海藻類が少ない傾向がある。そこで，それらを意識して食材や調理法を工夫することが望まれる。

6　盛り付けた料理の彩り（いろど）が豊かになるように

　赤，黄，緑，白，黒などの多種類の色の食材を組み合わせると，彩りがよく，食欲も増す。また，多種類の食材の組み合わせにより，栄養バランスもとりやすい。緑，黄，赤は緑黄色野菜，白はご飯，芋，パスタなど，黒はきのこや海藻などである。

7　季節感（旬）や行事食を取り入れて

　四季折々の旬の食べものを味わう体験により，季節の食べもののおいしさを知り，自然の恵みに感謝する心を育むことができる。また，正月のおせち料理，七草の七草粥，鏡開

きのお汁粉，節分の鬼打ち豆や太巻き寿司，桃の節句のひなあられやちらし寿司，春分の
ぼたもち，端午の節句のちまきや柏餅，七夕のそうめん，土用のうなぎ，十五夜の月見団
子，秋のお彼岸のおはぎ，七五三の千歳飴，冬至のかぼちゃ，小豆粥などの行事食により，
日本の食文化を知り，伝承していくことも大切である。行事食を，時には子どもと一緒に
作ることで，子どもは行事食を身近なものと感じ，食文化の伝承にも役立つ。

【4】 衛生管理

　食中毒の予防には，食中毒の原因菌を「つけない」「増やさない」「やっつける（殺菌す
る）」ことが重要である。調理前の手洗い，調理器具を清潔にする，おにぎりは素手で握
らずラップや使い捨てビニール手袋などを利用する，ミニトマトはへたを取る，肉，魚，
卵料理の加熱は中心部まで十分にする，出来上がった料理はなるべく早く食べる，食べ残
しは与えないことなどに気をつける。弁当など容器に詰める場合には，乾いた箸で盛りつ
ける，熱いうちに蓋をしないで，ドライヤーの冷風をあてるなどして粗熱をとることなど
も重要である（図4－2）。

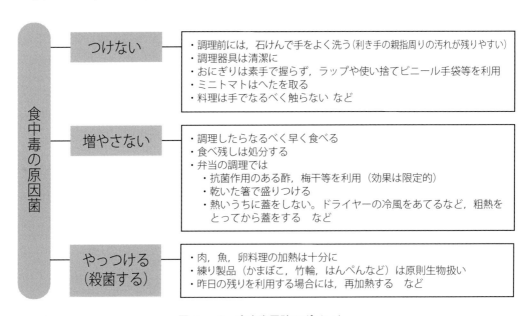

図4－2　食中毒予防のポイント

出典：著者作成

58

3　食物アレルギーについて

　食物アレルギーとは，「食物によって引き起こされる抗原特異的な免疫学的機序を介して生体にとって不利益な症状が惹起される現象」と定義される。ある特定の食物を摂取したり，触れたりすることによりアレルギー反応が起こる疾患である。食物アレルギーの診断には，食物摂取により症状が繰り返し誘発されることと，血液検査や皮膚テストなどによる免疫の関与の証明の両方が必要である。牛乳を飲んで下痢を起こす乳糖不耐症や，傷んだ食品中の細菌による食中毒は，免疫が関与しないため食物アレルギーとはいわない。

【1】　食物アレルギーの原因

　食物アレルギーの原因物質は，主に食物中のたんぱく質である。原因物質は年齢により特徴があり，乳児期は鶏卵が一番多く，牛乳，小麦と続く。1歳を過ぎると魚卵や木の実類が新規発症の原因となる。学童期は果物，甲殻類などが新たにみられる。近年は木の実類の割合が増加している。

【2】　食物アレルギー児への栄養指導

　食物アレルギーは，「正しい診断に基づいた必要最小限の食物除去」が治療の基本となる。症状が誘発されたものだけを除去することが推奨されている。

　食物アレルギーのある子どもの割合は，乳幼児では5〜10%であるが，成長とともに自然に治ることが多いために，学童期には1〜3%になると言われている。乳児期に頻度が高い鶏卵，牛乳，小麦アレルギーは，3歳頃までに約半数が，就学前に約8割が耐性を獲得して食べられるようになる。そこで，2歳頃までは半年ごとに，3歳以降では1年ごとを目安に食物アレルギーが治っているか再評価することが勧められる（☞ 5）。

【3】　緊急時の対応

　原因食物の除去に細心の注意を払っていても，調理，配膳の際の混入や誤食により症状が出る場合がある。そのため，普段から緊急時の対応に備えておく必要がある。軽症の場合は，抗ヒスタミン薬の内服，あるいは自然経過で症状は改善することが多い。しかし，強いアレルギー症状が複数の臓器に起きるアナフィラキシー，さらに血圧低下，意識障害など，急激に全身の症状が進行するアナフィラキシーショックの場合には命に危険が及ぶ

場合もある。アナフィラキシーの場合には，エピペン®の筋肉注射などの対応が必要になる。エピペン®は，注射針一体型の注射器にアドレナリンがあらかじめ充填されたもので，医師から処方される。エピペン®は，医師の治療を受けるまでの間，アナフィラキシー症状の進行を一時的に緩和し，ショックを防ぐための緊急避難用である。医療機関での治療に代わり得るものではないため，エピペン®使用後に症状が回復しても，必ず医療機関を受診し，適切な治療を受ける必要がある。

【4】 保育所，地域型保育などの給食における対応

保育所，地域型保育などで食物アレルギー児を受け入れる場合には，診断書，指示書と保護者の調査票より，食物アレルギーの症状と除去する食物を正確に把握する。入所を希望する食物アレルギー児について，給食対応が可能か，食事環境，緊急時対応について，職員間で個別に手順を確認，協議する。その後，保護者と面談し，施設側で提供できる内容を示して了解を得る。

食物アレルギー対応では，安全面が最優先される。同じ原因物質であっても，食べられる量や調理法などが異なるので，個別対応では作業が複雑化して，事故が発生する可能性が高まることもある。そこで給食では「完全除去」あるいは「解除」の対応とすることで食事準備の作業を単純化して，安全性の担保に努める必要がある。

また，初めて食べる食材は，アレルギーが起こることもあるため，給食が初回摂取にならないように，保護者に献立を確認してもらい，未摂取の食材は，事前に家庭で安全に食べられることを確認してもらうようにする。

さらに保育所，地域型保育などでは，食事場面以外でも注意が必要な場合がある。たとえば牛乳パックや小麦粘土などを使って制作活動をする際に，牛乳や小麦にアレルギーがある子どもは，それらとの接触を回避する必要がある（☞5）。

保育所におけるアレルギー対応については，「保育所におけるアレルギー対応ガイドライン」（☞6）に「保育所におけるアレルギー疾患生活管理指導表」の書式例などが掲載されているので参照することが勧められる。

4 保育者がおさえる食育のポイント

【1】 食育の目標と内容

食べることは生きることの源であり，心と体の発達に密接な関係を持つ。乳幼児期から

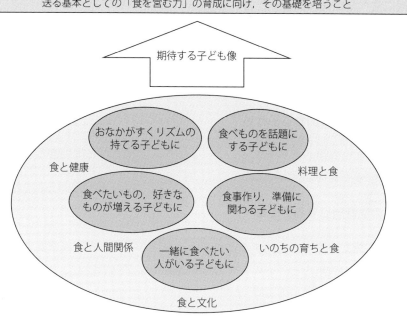

現在を最もよく生き，かつ生涯にわたって健康で質の高い生活を
送る基本としての「食を営む力」の育成に向け，その基礎を培うこと

期待する子ども像

おなかがすくリズムの
持てる子どもに

食べものを話題に
する子どもに

食と健康

料理と食

食べたいもの，好きな
ものが増える子どもに

食事作り，準備に
関わる子どもに

食と人間関係

いのちの育ちと食

一緒に食べたい
人がいる子どもに

食と文化

図4-3　「保育所における食育に関する指針」の目標と内容
出典：「楽しく食べる子どもに——保育所における食育に関する指針」厚生労働省

発達段階に応じて豊かな食の体験を積み重ねながら，乳幼児期は安心と安らぎの中で，
「食べる意欲」作りの支援を行う。

　「保育所における食育に関する指針」の目標として，「楽しく食べる子どもに——保育所
における食育に関する指針」（厚生労働省，2004 年）は「現在を最もよく生き，かつ生涯
にわたって健康で質の高い生活を送る基本としての『食を営む力』の育成に向け，その基
礎を培うこと」をあげている（☞7）。具体的には，以下の5つの子ども像の実現を目指
すこととされているが，これらは，地域型保育に共通した内容でもある（図4-3）。

1　おなかがすくリズムが持てる子ども

　子ども自身が「おなかがすいた」という感覚が持てる生活を送れることが必要である。
そのためには，一日の生活リズムの基本的な流れを確立し，その中で十分に遊び，充実し
た生活を送れるように支援する。

2　食べたいもの，好きなものが増える子ども

　子どもが意欲的に新しい食べものに興味や関心を持ち，食べてみようと試みることがで
きる環境を整えることが重要である。さまざまな体験を通して，いろいろな食べものに親

しみ，興味・関心を育てる支援が必要である。

3　一緒に食べたい人がいる子ども

人との関わりの中で人に対する愛情や信頼感が育つことで，食べるときも「誰かと一緒に食べたい」と思う子どもに育っていく。周囲の大人と一緒に食事を食べ，楽しむという雰囲気作りに努める。

4　食事作り，準備に関わる子ども

食事を作ることや食事の準備をすることによって，食べることは生きる喜びにつながっていることの自覚を促す。

5　食べものを話題にする子ども

食べものを媒介として，人と話すことができる環境が多くあることが望ましい。また，食べる行為が食材の栽培など，いのちを育む営みとつながっているという事実を子どもたちに体験させることも大切である。

『保育所保育指針』（平成29年告示）（☞8）の中に，食育の推進として，「乳幼児期にふさわしい食生活が展開され，適切な援助が行われるよう，食事の提供を含む食育計画を全体的な計画に基づいて作成し，その評価及び改善に努めること」とある。地域型保育においても，一人ひとりの状況に合わせやすい少人数のよさを十分に生かして，食育を推進していくことが望まれる。

【2】　手づかみ食べについて

離乳の進行に伴い，手づかみ食べをする子どもも現れる。手づかみ食べは，食べものを目で確かめて，指でつかんで運び，口に入れるという目と手と口の協働運動で，これらは摂食機能の発達のうえで重要な役割を担っている。まず，子どもは目で食べものの位置，大きさ，形などを確かめる。次に手でつかむことによって，食べものの固さや温度などを確かめるとともに，どの程度の力で握れば適当であるか，という感覚の体験を重ねていく。口まで運ぶ段階では，指しゃぶりやおもちゃを舐めるなどの手と口を協調させる経験が生かされる。手づかみ食べの上達により，目と手と口の協働がスムーズに行えるようになると，食器や食具が次第に適切に使えるようになっていく。

また，手づかみ食べは，「自分で食べたいという意欲」「自分で食べる楽しみ」を育てることにもつながるので，子どもには手づかみ食べを十分にさせたいものである。これもこの時期の食育の1つである。

【3】　乳幼児期の食育の目指すもの

1　乳幼児期は「楽しく食べる子ども」を目指す食育を

　「食べること」は食欲を満たすこと，これは本来心地よいことである。「楽しく食べる子ども」にするためには，食事時間が空腹で迎えられるようにすること，すなわち，睡眠，食事，遊び，排泄などの生活リズムを整えることが大切である。

　しかし，何より子どもは親や周囲の大人の生活リズム，食事のリズムに影響されやすいので，親や周囲の大人が食を楽しみながら，日々の大人の食事を改善していくように支援することも重要である。

2　食育は普段の生活を丁寧にすることから

　食育は，何か特別なことをしなければできないものではない。普段の生活を丁寧にすることによっても行える。たとえば，「いただきます」「ごちそうさま」に込められた感謝の意味を，子どもが理解できるように話し，自然に言えるようにすることも食育の1つである。

【4】　食育の実例

　地域型保育においては，食を通して親子や家族，友達との関わりを深め，一人ひとりの子どもの「食べる力」を豊かに育むための支援をしていく。地域型保育においては，保育室の食環境はさまざまであることから，食育には各保育室独自の工夫が求められる。クッキング保育などは，時には火や刃物を使うこともあるが「危険だからやらない」ではなく，自分の身を守ることを教えるよい機会でもあるので，事前の準備を万全にして子どもに調理体験させることも望まれる。以下に食育の実例を示す。

1　みんなで囲む食卓

写真4－1　楽しい食卓の風景　　　　　　　写真4－2　給食

地域型保育における食事の良さは比較的少人数で食卓を囲めることである。食事の準備を子どもが手伝ったり，保育者が一緒に食事をすることで，楽しい食卓の風景になる。

2　食べる環境の変化を楽しむ食卓

写真４－３　屋外で食べる食事　　　写真４－４　連携保育所で一緒に給食

　食育の視点を取り入れた保育の工夫として，いつもと違う雰囲気作りも大切である。

3　食べることへの関心を育てる保育（栽培活動，クッキング保育）

写真４－５　種まき　　　　　　　写真４－６　近所の畑で芋掘り

写真４－７　大根でクッキング　　　写真４－８　餅つき

☞引用文献

1　厚生労働省雇用均等・児童家庭局母子保健課「授乳・離乳の支援ガイド」（2019 年改定版），2019

2　五十嵐隆（監修）『授乳・離乳の支援ガイド（2019 年改定版）実践の手引き』，第 2 版，財団法人母子衛生研究会，pp.99~101，2021

3　「家庭的保育事業等の設備及び運営に関する基準」（平成二十六年厚生労働省令第六十一号）（令和四年厚生労働省令第百五十九号による改正）

4　厚生労働省健康局健康課「日本人の食事摂取基準（2020 年版）」2019

5　川原亜友美・成田雅美「4．食物アレルギーについて知る」堤ちはる（編著）『イラスト BOOK たのしい保育　「食」をとおして育つもの・育てたいもの』pp.54 ~ 60，ぎょうせい，2021

6　厚生労働省雇用均等・児童家庭局保育課「保育所におけるアレルギー対応ガイドライン」（2019 年改定版），2019

7　厚生労働省雇用均等・児童家庭局『楽しく食べる子どもに――食からはじまる健やかガイド』「食を通じた子どもの健全育成（――いわゆる「食育」の視点から――）のあり方に関する検討会報告書」2004

8　厚生労働省雇用均等・児童家庭局保育課『保育所保育指針』（平成 29 年告示），2017年

参考文献

・堤ちはる・土井正子（編著）『子育て・子育ちを支援する　子どもの食と栄養（第 10 版）』萌文書林，2021

・平岩幹男（監修）大矢幸弘・堤ちはる・渡部茂（編）『食と栄養相談 Q&A 改訂第 2 版』，診断と治療社，2022

・海老澤元宏・伊藤浩明・藤澤隆夫（監修）日本小児アレルギー学会食物アレルギー委員会（作成）『食物アレルギー診療ガイドライン 2021』協和企画，2021

第5章
小児保健Ⅰ
—— 地域型保育における健康管理と衛生

・・・

講義の目的

①保育を行ううえで必要となる健康管理のポイントや疾病の予防と感染防止への対応，保育中の発症への対応などの基礎知識について理解する。

②現場に生かせる，より具体的な対応について理解する。

1　乳幼児の健康観察のポイント

　子どもは，胎内でもらった免疫が半年くらいでなくなり感染症にかかりやすくなる。その後は，病気にかかりながら免疫力を高め丈夫になっていく。子どもは，心身ともに未発達でもあり身体の調子の悪さを言葉で訴えることができない。身近にいる保育者が「いつもと違う」変化にすばやく気づき適切に対応する必要がある。少しの変化も見逃さないためには，「いつもの様子」をしっかりと把握しておかなければならない。また，全身状態の変化や異常の早期発見には，バイタルサイン（体温，脈拍，呼吸，血圧）の測定が欠かせない。

【1】バイタルサインの観察

　乳幼児の生理機能は未熟なため，外界の刺激を受けやすくバイタルサインは変動しやすい。とくに体温は，乳児では着せ過ぎや室温が高い場合にも高体温になるため注意が必要である。また，子どもに最も多い症状は発熱であり，そのため子どもの平熱を知ることは，病気の前兆を把握するうえでとても大事である。

　「1日1回，同じ部位，同じ体温計で，同じ時間」に約1週間程度体温を測定し，その

表5-1　バイタルサインの正常値

	乳児（1歳未満）	幼児（1歳〜5歳）	大人
体温	36.8〜37.3℃	36.6〜37.0℃	36.0〜37.0℃
脈拍	120〜130/分	100〜110/分	60〜80/分
呼吸	30〜40/分	20〜30/分	16〜20/分

　平均体温を平熱として，観察のポイントとする。一般的に発熱と判断するのはその子ども の平熱より1℃以上高いときであり，この時点で保護者に連絡し，上昇時の対応策を確認 しあう必要がある。その他，呼吸や脈拍についても，体調の異常の早期発見にとって大き な手がかりとなる（表5-1）。とくに睡眠中は寝息，腹部の上下運動などにより呼吸の 有無を確認する。脈拍測定は，手首の付け根部分，下顎の角ばった部分の下部あたりが測 定しやすい。また，乳幼児は成人に比べ，状態によって値が変動しやすいので安静時の測 定が基本である。

＊発熱から予測される疾病
突発性発疹・RSウイルス感染症・急性中耳炎・肺炎・インフルエンザ・麻疹・風 疹・ヘルパンギーナ・手足口病・咽頭結膜炎・川崎病・感冒・尿路感染症など。

【2】　子どもは，大人をちいさくしたものではない

　子どもは，大人をちいさくしたものではない。心身ともに発育過程にあるため，日々の ちょっとした変化も見逃してはならない。ポイントは以下のとおり。
・言葉や表現の仕方が未発達なため，痛みや体の不具合がわかりにくいことがある。
・症状の変化が早く，また，回復も早い。
・免疫力が未熟なため，重症化しやすい。
・防御力が未発達なため，子ども特有の感染症にかかりやすい。また，感染しながら免疫 を獲得していく。
・先天的な病気や，年齢層によりかかりやすい病気がある。
・こころの問題は大人以上に体で表現される。

【3】　日々の観察

1　保育中の観察

・受け入れ時に体温を測る（または，保護者に確認する）。高めの場合は，ほかに変わっ た様子はないか，また保育が可能かを検討し，最も子どもに負担のない方法を保護者と

表5−2　受け入れ時の子どもの症状をみるポイントと医療機関への受診の判断

部位	観察ポイント	受診のめやす	部位	観察ポイント	受診のめやす
顔	・顔色が悪い ・ぼんやりしている ・目の動きに元気がない	・睡眠，食欲あり他の症状がなければ様子をみる（熱・下痢など）	のど	・痛がる ・赤くなっている ・声がかれている ・咳が出る	・睡眠，食欲あり他の症状がなければ様子をみる（熱・下痢など）
眼	・目やにがある ・目が赤い ・まぶたが腫れぼったい ・まぶしがる ・なみだ目である	・基本的には保護者に受診後の登園をお願いする	皮膚	・赤く腫れている ・ポツポツと発疹がある ・カサカサしている ・水泡，化膿，出血している ・虫刺されで赤く腫れている ・打撲の痣や紫斑がある ・傷がある	・基本的には保護者に受診後の登園をお願いする
鼻	・鼻水 ・鼻づまりがある ・くしゃみがでる ・息づかいが荒い	・睡眠，食欲あり他の症状がなければ様子をみる（熱など）	お腹	・張っていて触ると痛がる ・足の付け根が腫れている	・顔色，吐気，嘔吐，発熱等の有無を確認し保護者に受診を促す
耳	・耳だれがある ・痛がる ・耳をさわる	・基本的には保護者に受診後の登園をお願いする	食欲	・普段より食欲がない	・睡眠，食欲あり他の症状がなければ様子をみる
口	・唇の色が悪い ・唇，口の中を痛がる ・荒れている ・舌が赤い	・睡眠，食欲あり他の症状がなければ様子をみる（熱・咳・発疹・いちご舌など）	便	・回数，量，色，匂い，固さがいつもと違う ・下痢，便秘，血便，白色便等	・睡眠，食欲あり他の症状がなければ様子をみる ・左記症状は保護者に受診を促す
胸	・呼吸が苦しそう ・咳，喘鳴（ゼイゼイ，ヒューヒュー）がある ・咳で吐く	・バイタルをチェックし保護者に受診を促す ・保育中では水分補給しなるべく早く保護者に受診を促す	尿	・回数，量，色，匂いがいつもと違う	・睡眠，食欲あり他の症状がなければ様子をみる ・発熱・血尿などがあるときは保護者に受診を促す

※入室時の保護者の負担を防ぐために，日頃より医療機関受診のめやすを伝えておくこと

出典：厚生労働省「保育所における感染症対策ガイドライン（2018年改訂版）」を参照し，筆者が作成

・受け入れ時や保育中の一般状態（**表5−2**）──機嫌・泣き声・泣き方・顔色・身体の動かし方・眼・耳・鼻・皮膚の状態・便・尿の様子（回数・性状・量など）を観察し「いつもと違う」状態の有無を観察し，医療機関受診のタイミングを見逃さないこと。
・常に感染症の流行状況（とくに，近隣地域の感染症）など疾病情報を把握しておく。
・個々の子どもの体質的特徴を知り（アレルギー，けいれんなど）緊急対応に備えておく。
・保育室での遊び，食事，睡眠中（呼吸数，リズム，深さ，喘鳴の有無，体位，顔色など）の様子を観察する。

2　睡眠中の観察について

乳児期の呼吸機能は未成熟なため，睡眠中はとくにゆっくりとなる。無呼吸が15〜20

秒に及ぶ場合は瞬時に足先などの刺激により呼吸回復の処置が必要である。その処置が遅れた場合は，死に至る危険もある。

眠る前まで何ごともなく，元気だった子どもが睡眠中に突然死亡する症状を乳幼児突然死症候群というが，今なお，根本的な原因は解明されていない。できるかぎり早く発見するには睡眠中の呼吸状態を観察する健康観察チェックが欠かせない（**資料 1** 参照）。

発生のピークが生後 1 〜 4 カ月の間で，9 割が 1 歳未満といわれている。原因が不明ではあるが，発生率を高める要因から次の点を注意する必要がある。

＊乳幼児突然死症候群（Sudden Infant Death Syndrome：SIDS）とは

それまでの健康状態及び既往歴からその死亡が予測できず，しかも死亡状況調査及び解剖検査によってもその原因が同定されない，原則として 1 歳未満の児に突然の死をもたらした症候群。

厚生労働省「乳幼児突然死症候群（SIDS）診断ガイドライン（第 2 版）」より

---

①危険因子

男児，早産児，低出生体重児，冬季，早朝から午前中に多いことやうつぶせ寝，両親の喫煙，人工栄養児，などがあげられている（田中，1998）。

＊うつぶせ寝については厚生労働省「乳幼児突然死症候群（SIDS）診断ガイドライン（第 2 版）」では問診チェックリストにおいて詳細チェックを求めている。

②発生頻度を下げるための配慮

・妊婦や乳児の周囲でたばこを吸わない。

・うつぶせ寝は止める。

　＊十分に睡眠が確保できるよう安全なベッドや敷布団を用意すること。

・必要以上の厚着をさせたり，暖房を効かせ過ぎない。布団の掛け過ぎに注意する。

・睡眠中の子どもの頭の周りの安全に気をつける。

・できるだけ母乳栄養にする。

③保育中の留意点

・朝の受け入れ時に，いつもと違う様子がある場合は，とくに遊びの様子や食欲，元気さなどの一般状態を注意深く観察する（本項　1「保育中の観察」pp.67 〜 68 を参照）。

・睡眠中，呼吸状態，顔色，睡眠中の体位，掛布団の様子，室温，湿度などを定期的に観察し，必要事項を記録する（乳児は 5 分毎，1 〜 3 歳未満児は 10 分毎）。

・心肺蘇生法をマスターするとともに，常に異常時の対応を保育者全員で確認する。

④異変に気づいたら

・直ちに足先などの末梢部を刺激し，氏名を呼ぶなど意識の確認をする。

　＊発見時の体位を確認し，気道閉塞の様子はないか観察する。

出典：NPO法人家庭的保育全国連絡協議会『家庭的保育の安全ガイドライン改訂版』

健康観察チェック表（適切な温度・湿度）　冬 20℃～23℃　夏 26℃～28℃　外気温との差 2℃～5℃　湿度 50%～60%

項目 名前	検温	機嫌	鼻汁	目やに	皮膚	咳	便性(時間)	備考	仮眠・午睡チェック時間	室温 ℃ 記録者名	湿度 %
歳	：：　：：	良・悪	無・有	無・有	無・有	無・有			：：　：：　：：	5 10 15 20 25 30	35 40 45 50 55
歳	：：　：：	良・悪	無・有	無・有	無・有	無・有			：：　：：	5 10 15 20 25 30	35 40 45 50 55
歳	：：　：：	良・悪	無・有	無・有	無・有	無・有			：：　：：	5 10 15 20 25 30	35 40 45 50 55
歳	：：　：：	良・悪	無・有	無・有	無・有	無・有			：：　：：	5 10 15 20 25 30	35 40 45 50 55
歳	：：　：：	良・悪	無・有	無・有	無・有	無・有			：：　：：	5 10 15 20 25 30	35 40 45 50 55

年　月　日（　）　天気

子どもの睡眠時には5分ごとに観察し、呼吸確認後にチェックを入れておきます。年齢の低い子ども、預かり始めの時期、体調が悪いときはとくによく観察しましょう。

項目 名前	検温	機嫌	鼻汁	目やに	皮膚	咳	便性(時間)	備考	仮眠・午睡チェック時間	室温 ℃ 記録者名	湿度 %
歳	：：　：：	良・悪	無・有	無・有	無・有	無・有			：：　：：　：：	5 10 15 20 25 30	35 40 45 50 55
歳	：：　：：	良・悪	無・有	無・有	無・有	無・有			：：　：：	5 10 15 20 25 30	35 40 45 50 55
歳	：：　：：	良・悪	無・有	無・有	無・有	無・有			：：　：：	5 10 15 20 25 30	35 40 45 50 55
歳	：：　：：	良・悪	無・有	無・有	無・有	無・有			：：　：：	5 10 15 20 25 30	35 40 45 50 55
歳	：：　：：	良・悪	無・有	無・有	無・有	無・有			：：　：：	5 10 15 20 25 30	35 40 45 50 55

年　月　日（　）　天気

・反応がなければ，直ちに心肺蘇生を試みると同時に 119 番通報による救急搬送の要請をし，到着までの具体的処置について確認し指示を受ける。

2　発育と発達について

　乳幼児期は心身の発育・発達が著しく，また，一人ひとりの子どもの個人差が大きいため，発達の過程や育児環境などを把握し，適正な発育，発達が保持されていることを確認する必要がある。そのためには次のような点を確認していく。

①子どもの健康状態

・入所面接時，保護者とともに子どもの健康状態を把握し育児支援の方法を確認していく。母子健康手帳からの情報によりこれまでの心身の健康状態を把握する。

　　⇒出生時の状況・パーセンタイル値による発育状況の把握

　　　健康診断の受診の有無（3 ～ 4 カ月・1 歳半・その他）の把握

　　　疾病罹患状況・予防接種状況・感染症罹患状況の把握

　　　体質的特徴の有無：アレルギー（食物・環境・薬品・その他）＊両親の既往の有無

　　　　　　　　　　　　熱性けいれんの有無・肘内障既往の有無

　　　　　　　　　　　　治療中の疾病の有無と経過，治療の内容など

・主治医の有無を把握し，健康相談などの連携ができていることを確認する。

・定期的に身長，体重，頭囲，胸囲を測定し，成長度合いを保護者とともに確認しあう。

・定期健康診断（年 2 回）では，日常の健康状態を嘱託医に伝え，必要があれば保護者に連絡するとともに保育の一助とする。

②関係機関との連携

　子どもの健康や安全のために，嘱託医や近隣の関連機関と連携していく。

・嘱託医により受託児童の健康管理を定期的に把握し，必要時，近隣の医療機関との連携をとる（とくに，アレルギー児へのエピペン処方がある場合は大事である）。

・保健所・保健センター

・療育センター・児童福祉施設・リハビリテーションセンターなど

・児童相談機関

3 衛生管理・消毒について

　「家庭的保育事業等の設備及び運営に関する基準」（厚生労働省令第61号，2014年）には衛生管理等（第14条）について以下のような規定がある。そのため，それらを踏まえて衛生管理を行う必要がある。

・利用乳幼児の使用する設備，食器等又は飲用に供する水について，衛生的な管理に努め，又は衛生上必要な措置を講じなければならない。

・家庭的保育事業所等において感染症又は食中毒が発生し，又はまん延しないように必要な措置を講ずるよう努めなければならない。

・家庭的保育事業所等には，必要な医薬品その他の医療品を備えるとともに，それらの管理を適正に行わなければならない。

　また，『保育所保育指針』（平成29年告示）第3章 健康及び安全において，環境および衛生管理並びに安全管理の必要性が明記されている。十分に養護の行き届いた環境でこそ生命の保持や情緒の安定が保障されるのである。

【1】 保育室の環境整備

　保育室の環境整備は子どもが健康的で安全に心地よく過ごすために不可欠である。とくに感染症のまん延防止のためにも下記のような配慮をする必要がある。

①気温に応じた室温・湿度の調節

　　快適温度：夏　26℃～28℃

　　　　　　　冬　20℃～23℃

　　　　　　　外気温との差2℃～5℃

　　　湿度：50%～60%

②換気を行う

　　1時間に2回程度大きく窓を開け換気する（2方向の窓開けなど）。

③採光，照明，音などの環境整備

　　自然な光で全体が均一な明るさとなるようにし，子どもが落ち着いて過ごせる音環境を保つ。また，保育室内外の設備や用具の衛生管理に努める。

④午睡中の室温，湿度，採光

　　十分に気をつけ，十分な安静が取れるよう配慮する。とくに睡眠中のSIDSなどの異常を早期に発見していくには，顔色，呼吸状態の見落としがないよう一定の明るさを確保する。

【2】　施設設備の衛生管理

・子どもたちが生活の多くの時間を過ごす環境を安全に保つために，施設設備の衛生管理は下記の**表5－3**を参考に的確に行う必要がある。

・消毒薬は，それぞれの用途に応じた正しい使い方をしなければ，その効果は得られない。そのため，製品の特徴や使用方法をよく理解して使用する必要がある（**表5－4**）。

【3】　手指の衛生

　手洗いは，感染を防ぐうえで非常に重要である。保育者の汚染された手指や物，周囲環境の表面から手を介して接触感染していく。基本的には石けんと流水下で石けん液を泡立てながらもみ洗いをする。また，子どもたちにも手洗いの大事さを日頃から徹底していく。

*石けん，流水がない場合はアルコール系の速乾性手指消毒剤もよい。手洗い手順は厚生労働省「保育所における感染症対策ガイドライン」を参照する。

表5－3　施設設備の衛生管理の方法

保育室	床，棚，寝具 おむつ交換用マット	・清潔な雑巾でこまめに洗い乾燥させておく。また適宜日光消毒をする。
	歯ブラシ，コップ，調乳器具，哺乳瓶	・熱湯消毒後乾燥し，消毒した容器に入れておく。
	玩具，ぬいぐるみ	・洗えるものは流水下でよく洗い，日光消毒する。洗えないものは70％アルコールなどで消毒する。
トイレ，その他	便器，汚物槽，ドアノブ，シャワー，沐浴	・よく洗い流し，消毒薬で消毒する。おむつ交換場所は一定にし，その都度消毒をする。 ・シャワーや沐浴後も十分に洗い，消毒し乾燥させる。
掃除用具，その他	雑巾，モップ，バケツなど	・使用後十分に水洗いし乾燥させておく。 ・清掃薬品や消毒薬の取扱いには気をつける。
プール	ビニールプール，簡易プールなど	・プール使用中はため水状態にしない（流れ水）。 ・排泄が自立していない乳幼児は個別プールにする。また，水遊び用オムツを使うのも一法である。 ・複数の児を入れる場合は塩素消毒により残留塩素濃度を0.4 mg /L ～ 1.0mg /L に保持する。 ・プール遊び前に身体を十分に洗う（とくにお尻洗い）。
調乳，調理コーナー	室内清掃，調理コーナー	・清潔な雑巾でこまめに流れ水の下で濯ぎながら，よく拭く。 ・調理コーナーでは専用のマスク・白衣を着用し，室内外の出入り時は清潔，不潔を明確にする。 ・出入り時の白衣の着脱。 *厚生労働省「大量調理施設衛生管理マニュアル」（平成29年6月16日付）を参照
吐物，汚物	尿，便，嘔吐物	・汚物はしっかり拭き取り，次亜塩素酸ナトリウム液で消毒する。汚れた場所により熱湯消毒，高温でアイロンをかけるのもよい。

出典：厚生労働省「保育所における感染症対策ガイドライン（2018 年改訂版）」

表5−4　消毒薬の種類と用途

薬品名	塩素系消毒薬（次亜塩素酸ナトリウム，亜塩素酸水等）		第4級アンモニウム塩（塩化ベンザルコニウム等）※1 逆性石けん又は陽イオン界面活性剤ともいう。	アルコール類（消毒用エタノール等）
	次亜塩素酸ナトリウム	亜塩素酸水等		
消毒をする場所・もの	・調理及び食事に関する用具（調理器具，歯ブラシ，哺乳瓶等） ・室内環境（トイレの便座，ドアノブ等） ・衣類，シーツ類，遊具等 ・嘔吐物や排泄物が付着した箇所	・調理及び食事に関する用具（調理器具，歯ブラシ，哺乳瓶等） ・室内環境（トイレの便座，ドアノブ等） ・衣類，シーツ類，遊具等・嘔吐物や排泄物が付着した箇所	・手指 ・室内環境，家具等（浴槽，沐浴槽，トイレのドアノブ等） ・用具類（足浴バケツ等）	・手指 ・遊具 ・室内環境，家具等（便座，トイレのドアノブ等）
消毒の濃度	・0.02％（200ppm）液での拭き取りや浸け置き ・嘔吐物や排泄物が付着した箇所：0.1％（1000ppm）液での拭き取りや浸け置き	・遊離塩素濃度25ppm（含量亜塩素酸として0.05％≒500ppm以上）液での拭き取りや浸け置き ・嘔吐物や排泄物が付着した箇所：遊離塩素濃度100ppm（含量 亜塩素酸として0.2％≒2000ppm以上）液での拭き取りや浸け置き	・0.1％（1000ppm）液での拭き取り ・食器の漬け置き：0.02％（200ppm）液	・原液（製品濃度70〜80％の場合）
留意点	・酸性物質（トイレ用洗剤等）と混合すると有毒な塩素ガスが発生するので注意する。 ・吸引、目や皮膚に付着すると有害であり噴霧は行わない。 ・金属腐食性が強く，錆びが発生しやすいので，金属には使えない。 ・嘔吐物等を十分拭き取った後に消毒する。また，哺乳瓶は十分な洗浄後に消毒を行う。 ・脱色（漂白）作用がある。	・酸性物質（トイレ用洗剤等）と混合すると有毒な塩素ガスが発生するので注意する。 ・吸引、目や皮膚に付着すると有害であり噴霧は行わない。 ・ステンレス以外の金属に対して腐食性があるので注意する。 ・嘔吐物等を十分拭き取った後に消毒する。また，哺乳瓶は十分な洗浄後に消毒を行う。 ・衣類の脱色，変色に注意。	・経口毒性が高いので誤飲に注意する。 ・一般の石けんと同時に使うと効果がなくなる。	・刺激性があるので，傷や手荒れがある手指には用いない。 ・引火性に注意する。 ・ゴム製品，合成樹脂等は，変質するので長時間浸さない。 ・手洗い後，アルコールを含ませた脱脂綿やウエットティッシュで拭き自然乾燥させる。
新型コロナウイルスに対する有効性	○（ただし手指には使用不可）※2	○（ただし手指への使用上の効果は確認されていない）※2	○（ただし手指への使用上の効果は確認されていない）※2	○※2
ノロウイルスに対する有効性	○※3	○※3	×	×
その他	・直射日光の当たらない涼しいところに保管。	・直射日光の当たらない涼しいところに保管。	・希釈液は毎日作りかえる。	

※1　通常の衛生管理における消毒については，消毒をする場所等に応じ，医薬品・医薬部外品として販売されている製品を用法・用量に従って使い分ける。ただし，嘔吐物や排泄物，血液を拭き取る場合等については，消毒用エタノール等を用いて消毒を行うことは適当でなく，塩素系消毒薬を用いる。

※2　新型コロナウイルスの消毒，除菌に関する，上記の消毒薬の使用方法の詳細については，「新型コロナウイルスの消毒・除菌方法について（厚生労働省・経済産業省・消費者庁特設ページ）https://www.mhlw.go.jp/stf/seisakunitsuite/bunya/syoudoku_00001.html を参照してください。

※3　ノロウイルスの消毒，除菌方法に関する，上記の塩素系消毒薬の使用方法の詳細については，「ノロウイルスに関するQ＆A（厚生労働省）」https://www.mhlw.go.jp/content/11130500/000856719.pdf を参照してください。

出典：厚生労働省「保育所における感染症対策ガイドライン（2018年改訂版／2022年10月一部改訂）」

表5−5　次亜塩素酸ナトリウムの使用用途に応じた濃度と作り方

	消毒対象	濃度（希釈倍率）	希釈方法
次亜塩素酸ナトリウム	・嘔吐物や排泄物が付着した床・物 ※衣類等に嘔吐物や排泄物が付着した場合はこちらの濃度で使用	0.1%　（1000ppm）	水1 Lに対して約20mL （めやすとしては，500mLペットボトルにキャップ2杯弱）
	・衣類等の浸け置き ・食器等の浸け置き ・トイレの便座，ドアノブ，手すり，床等	0.02% （200ppm）	水1 Lに対して約4 mL （めやすとしては，500mLペットボトルにキャップ0.5杯弱）
亜塩素酸水	・嘔吐物や排泄物が付着した床・物 ※衣類等に嘔吐物や排泄物が付着した場合はこちらの濃度で使用	遊離塩素濃度100ppm 含量 亜塩素酸として 0.2%（2000ppm）	水1 Lに対して約1 L （2倍希釈）
	・衣類等の浸け置き ・食器等の浸け置き ・トイレの便座，ドアノブ，手すり，床等	遊離塩素濃度25ppm 含量 亜塩素酸として 0.05%（500ppm）	水1 Lに対して約143mL （8倍希釈）

・熱湯での希釈は行わない。
・塩素系消毒薬の希釈液は，時間が経つにつれ有効濃度が減少することに留意する。
・製品によっては，冷暗所に保管するよう指示があるものがあり，指示に従い適切に保管することが必要となる。

出典：厚生労働省「保育所における感染症対策ガイドライン（2018年改訂版／2022年10月一部改訂）」

【4】　その他の衛生管理

1　下痢，嘔吐物の処置

　人の血液，汗を除く体液（痰，尿，糞便）など湿性生体物質のすべては，感染性があるとみなして対応する（標準予防策）ことから，下痢，嘔吐の対応には必ず，使い捨て手袋，エプロン，マスクを着用し，汚物に触れたすべてのものは焼却する。また，吐物で汚染された床，おもちゃ，食器などは拭き取った後に次亜塩素酸ナトリウムで消毒する（表5−5）。処置をした人は汚物処置の後，十分に手洗いをする。

2　咳，鼻汁などの症状に対して

・保育者は，症状があるときはマスクをする。
・子どもの鼻水，痰などを拭き取ったティッシュペーパーは蓋付きのゴミ箱にすぐに捨て，エプロンのポケットなどには入れない。鼻水を拭き取った後の手洗いも必ず行う。

4　薬の預かりについて

　保育施設では，基本的には与薬はしない。しかし，医師がやむをえないと認めた場合な

どは預かる。その場合，必ず医師の処方であること。保育施設で安全に確実に行うため，与薬にあたっては医師からの注意事項などを指示書や保護者が記載する連絡票（**資料2参照**）により確認し，十分な情報を得たうえで指示に従う。その他，食物アレルギー児の処方（食前30分前に服用など）で特別な配慮の必要な場合もあり，注意しなければならない。

【1】　与薬に際しての注意点

　基本的には与薬はしないが，やむを得ず預かる場合は，以下の点に留意する。
・1回分のみ預かり，保管場所は施錠し安全管理を徹底し，保管場所は職員は誰でもが知っている。
・与薬児名，薬の名称，量および効能を把握する（声を出して読みながら確認する）。
・与薬時間および飲ませ方を確認する（1日あたりの与薬回数も把握する）。
・服用後の注意点，観察点などを確認し，与薬した場合は十分に観察する。
・与薬実施者，与薬時間を依頼された保護者の薬連絡票に明記しておく。

【2】　緊急に使う薬（坐剤や内服薬）について

・使用についての判断は，最大限保護者が行うよう確認しておく。
・坐剤挿入法，外用薬，点眼薬，アレルギー児の吸入薬など与薬にあたっては，必ず，主治医，嘱託医などの指示を受けること。

【3】　誤食に伴う「エピペン®」の使用について

「第6章　小児保健Ⅱ」p.86参照。

資料 2　薬連絡票（保護者記載用）

薬連絡票（保護者記載用）

依頼先　　＿＿＿＿＿＿＿＿保育室　　　　　　　　　　　　　　　年　　　月　　　日

依頼者氏名		病院名	
子ども氏名		病　名	
薬	持参した薬は　　　　　年　　　月　　　日に処方された　　　日分のうち本日分 保管　　　　　室温　　　冷蔵庫　　　その他（　　　　　　　　　　　） 薬の種類　　　内服（粉末　錠剤　シロップ）外用薬（　　　　　　　） 薬の内容　　　（　　　　　　　　　　　　　　　　　　　　　　　） 使用する時刻　　食前・食後・食間・その他（　　　　　　　　　　） 外用薬などの使い方（　　　　　　　　　　　　　　　　　　　　　）		
保育室 記載欄	保管開始時間　　　　月　　日　　　時　　分　　受領者名 投与時刻　　　　　月　　日　　　時　　分　　投与者名		

参考文献

NPO 法人家庭的保育全国連絡協議会『家庭的保育の安全ガイドライン』2012

厚生労働省「保育所における感染症対策ガイドライン（2018 年改訂版／ 2022 年 10 月
　一部改訂）」2022

佐藤益子（編著）『子どもの保健 I』ななみ書房，2011

田中哲郎（主任研究者）「厚生省心身障害研究乳幼児死亡の防止に関する研究：平成 9
　年度研究報告書」，1988

平山宗宏（編）『子どもの保健と支援』日本小児医事出版社，2014

安井良則（監修）『保育園における感染症対策』（DVD）一般社団法人全国保育園保健
　師看護師連絡会，2012

第6章
小児保健Ⅱ
── 子どもに多い病気と事故，その対応

講義の目的
　①子どもに多い症状・病気を学び，その対応について理解する。
　②子どもに多い事故を学び，その予防と対応について理解する。
　③異物除去法，心肺蘇生法を学び，緊急時の対応について理解する。

1　子どもに多い症状とその対応

【1】　発熱

　発熱は子どもに最も多い症状の1つである。発熱とは普段の体温（平熱）より高い場合をさすが，体温は，環境温，着ている洋服，食事，授乳，入浴，運動などに影響を受ける。そのため，何度以上といった絶対的な温度によって発熱が病的なものなのか，生理的なものかを決めることは難しい。ただ，一般的に37.5℃あるいは38℃を超えるものを病的発熱と便宜的に決めて運営している保育施設も多い。また，鼻水，咳など，他の症状がある場合には，少しでも普段より高い体温であった場合は，病的発熱ととらえて対応するほうが安全である。

　発熱と判断されたならば，まず，本人の表情，機嫌の良し悪しといった全身状態を，次いで咳，鼻水，下痢，嘔吐などの他の症状の有無を確認し，症状が悪化するようならば，速やかに規定に従って嘱託医，家族などに連絡を行う。発熱に対しては，本人が嫌がらないようであれば，氷枕，冷却シートなどを使用しても構わない。また，発熱とともに手足も火照って熱くなっているようなときは，衣服は若干薄着にし，布団などで体を包み過ぎないように気をつける。一方，手足が冷たく寒がるようなときには，無理して薄着にした

り，冷やしたりすべきではなく，逆に，状態によっては保温が必要な場合もある。なお，解熱剤（熱さましの薬）は，あくまでも対症療法であり，医師の指示がなければ基本的には使用しない。

【2】　けいれん

　けいれんとは，一般に，体を硬直させ，手足をピクつかせる，視線が合わない，白眼をむく，口から泡をふく，応答がなくなるなどを呈する状態をさす。けいれんの前後に発熱を伴う「熱性けいれん」，激しく泣いた後に起きる「憤怒けいれん（泣き入りひきつけ）」，脳の病気である「てんかん」などがその原因としてあげられる。これらの中で最も多くみられる熱性けいれんは，ほとんどが数分でおさまるとはいえ，その症状の異様さから冷静に対応するのは難しい。けいれんを起こしている子どもをみたら，まず，広い安全な場所に子どもを横に寝かせ，吐物などが口を塞がないように顔を横に向けて，けいれんが止まるまで状況を見守る。この間には，子どもから目を離すことなく，同僚にまず救急車の手配，嘱託医，家族などへの連絡を，また，ほかの子どもの保育を依頼する。子どもの姿勢を確保した後には，手足の動き（硬直しているか，ガクガクしているか，曲がっているか，伸ばしているか，左右差がないかなど），目つき（どの方向をみているか，白目になっているかなど），呼吸をしているか，顔色はどうかなどを観察しながら指示を待つ。この際，けいれんが始まった時刻，止まるまでの時間をみておくことも大切である。もし，保育中にけいれんを来した場合には，すぐにおさまった場合でも，基本的には医療機関への受診を考慮する。

【3】　腹痛・嘔吐・下痢

　腹痛は，子どもに多く認められる訴えの1つである。しかし，食事の後，激しい運動の後，便秘のときなど，病気ではなくても腹痛を訴える場合は多く，逆に，年少の子どもたちの場合は腹痛を言葉で訴えることができないことから，不機嫌，ぐったりしているなどの原因が実は腹痛である場合など，腹痛に関しての対応は難しい。

1　腹痛，あるいは腹痛が考えられる場合

　まず，嘔気，嘔吐，下痢，発熱，頭痛など，他の症状の有無を確認し，それぞれの症状に従い対応する。もし，腹痛が間欠的でかなり激しく痛がる場合には，緊急の処置が必要となる腸重積症（p.87を参照）も考えて対応しなくてはならない。ほかに目立った症状がない場合は，食欲・食事内容，排便状況，衣服の締め付けなど腹痛を来しやすい他の状況の有無を確認し，排便を促す，衣服を緩めるなどの対応を行いながら経過をみる。

2　嘔吐を認める場合

　まず，下痢，発熱，頭痛，腹痛などの他の症状の有無を確認する。もし，間欠的腹痛に加え，嘔吐，粘血便を認めた場合には前述した腸重積症が，発熱，下痢を伴えば感染性胃腸炎などが考えられ，いずれの場合も，嘱託医，家族などへの連絡を直ちに行う。嘔吐をした子どもに対しては，嘔吐後の状況を観察し，嘔気が続く場合には，楽な姿勢をとらせ背中をさするなどで落ち着くまで時間を待つ。もし嘔気がおさまりすっきりした状態なら水で口をゆすぐなどの対応をする。いずれの場合も，嘔吐直後に水分を口から無理にとらせることは，再び嘔吐を引き起こしかねないので避けるべきである。吐物内容を確認することを忘れてはいけないが，その際には手洗いは当然のこと，手袋の使用も考慮し，汚物をすぐにビニール袋に入れるなど感染には十分気をつける。また，嘔吐に対する薬物療法としていわゆる「吐き気止め坐薬」があるが，保育の中では原則使用しない。なお，頭部打撲後の繰り返す嘔吐は緊急を要する状態と考えて対応する。

3　下痢を認める場合

　まず，嘔気，嘔吐，発熱，頭痛，腹痛など，他の症状の有無を確認する。感染性胃腸炎など，病的と考えられれば嘱託医，家族などへの連絡を考慮する。乳児においては，もともと便が柔らかいことが多く病的の判断が難しいため，便の性状そのものだけでなく，普段の便性と比較することで判断することが大切である。下痢をしている子どもに対しては，楽な姿勢をとらせ，便をした後，とくに小さい子どもは陰部を清潔に保つようにする。下痢便を扱う場合には手洗いは当然のこと手袋の使用も考慮し，汚物をすぐにビニール袋に入れるなど感染には十分気をつける。もし，子どもに頻回の下痢を認める場合には，脱水の予防として水分の補給を考慮する。

【4】　脱水

　体内の水分が，必要以上に減ってしまう状態を脱水という。夏の暑さの中，汗をかき，水分摂取が不足すれば脱水状態となるし，嘔吐あるいは下痢が続き，水分摂取ができなければ，やはり脱水状態となる。子どもの脱水症状には，排尿回数が減る，排尿間隔が長い，尿が濃い，何となく元気がない，唇が渇いている，目が落ちくぼんでくる，応答が悪いなどがあげられるが，もし，普段よりも動きが少なくなる，声を出さないなどの症状を認めた場合は，脱水が重症と考えられるため，病院受診を考慮するなど注意が必要である。脱水状態と考えられた場合の対応は，水分摂取がその中心となるが，汗をたくさんかくような気候のときには，まずは脱水にならないように適宜水分補給を行い，予防することが大切である。もし脱水と考えられた場合には，子ども用イオン飲料（できれば脱水時使用を

目的とした経口補水液）を十分補充する。この水分補給の際にお茶，水など，塩分・糖分のまったく入っていないものだけを繰り返し使用すると，体内の塩分バランスが悪くなる，糖分が不足するなどの問題を引き起こすこともあるので注意しなくてはならない。また，嘔気が続くときに無理に水分摂取を行おうとしても，嘔吐を誘発することが多いこと，下痢の際に水分などを口に入れることによって腹痛を引き起こす場合があることなどにも注意を要する。このようなときに水分摂取を行う場合には，舐める程度のごく少量ずつ，何回にも分けて時間をかけて行うことが大切である。

2　子どもに多い病気とその対応

【1】　主な感染症に関して

　子どもたちが感染症に罹患することを完全に防ぐことは不可能である。しかし，保育を行っていくうえで，感染症を発症してしまった子どもからほかの子どもたちへの感染を最小限に止める努力を怠ってはいけない。ここでは，感染の基本，それぞれの病気の特徴，予防方法を述べる。

1　感染の基本

　感染症は何らかの病原体（細菌，ウイルスなど）が体内に入ることで始まり，体の防御機構が病原体によって破られることで成立する。感染経路には，気道（口，鼻，喉など），消化管など外界に通じている粘膜面，刺し傷，切り傷などの創傷部位があげられ，病原体が体内に入る感染様式は次の 3 つに分けられる。

飛沫感染：咳やくしゃみにより飛沫核（病原体）が拡散して感染する様式で，感染する範囲は約 90cm 以内。
空気感染：病原体を含む小さな飛沫核が空気の流れに乗り約 90cm 以上拡散する感染様式で，病原体が広く散布される。
接触感染：病原体を含んだ飛沫や便などを触ることで感染する様式で，消化器や皮膚の感染症に加え，空気感染や飛沫感染を引き起こす病原体の落下物によって接触感染する場合もある。

2 流行性疾患（予防接種のあるもの）

麻疹

潜伏期間は11日前後。麻疹ウイルス感染により3〜4日間の発熱・咳・鼻汁の後，顔・胴体から手足に向かって発疹が広がり，約1週間から10日間，発熱，咳などの症状が持続する。（空気感染，飛沫感染，接触感染）

風疹

潜伏期間は2〜3週間。風疹ウイルス感染により発熱と発疹がほぼ同時に出現する。咳・鼻汁はあっても軽く，耳の後ろのリンパ節が腫れるのが特徴。通常3〜4日で軽快する。（飛沫感染）

流行性耳下腺炎

「おたふくかぜ」のこと。潜伏期間は2〜3週間。おたふくかぜウイルスの感染により耳介下部，顎下部が痛みとともに腫れ始め，発熱を認める場合も多い。多くは片側から始まり，徐々に両側の腫脹となるが，腫れ自体は4〜5日で軽快傾向となり約1週間で軽快する。合併症に聴力障害，髄膜炎，睾丸炎などがある。（飛沫感染）

水痘

「水ぼうそう」のこと。潜伏期間は約2週間。水痘ウイルス感染により全身に水疱を伴う丘疹が出現し，丘疹→小水疱→痂皮（かさぶた）の順に変化する。発熱を伴うことも多く，水痘疹が頭髪内にも出現するのが特徴。抗ウイルス薬もあるが，服用しなくても通常1週間で軽快する。（空気感染）

百日咳

潜伏期間は約1週間。百日咳菌感染により咳が続き，咳き込み時の息を吸い込むときにヒューヒューという音のする咳が特徴。乳児早期に罹患すると無呼吸を引き起こすこともあり注意を要する。（飛沫感染）

インフルエンザ

潜伏期間は2〜3日。突然の高い熱，関節痛，筋肉痛，倦怠，咳，鼻水などの症状を認める。5日から1週間症状は持続する。抗ウイルス薬もあり，服用により発熱期間をやや短くできる。（飛沫感染）

インフルエンザ桿菌（かんきん）・肺炎球菌

この2種類の細菌は，どちらも乳幼児に，気管支炎，肺炎，中耳炎，そして，髄膜炎，敗血症などの重症細菌感染症を引き起こすことがある病原体で，たとえ早期治療を行っても生命に関わる事態を引き起こすことがある。（接触感染）

ロタウイルス

潜伏期間は1〜2日間。冬に多い感染症。突然始まる嘔気，嘔吐に引き続き下痢を認める。発熱を認める場合も多く，便が白くなることも特徴。症状は5日から1週間程度持

続することもある。乳児期に罹患すると重症になる場合もあり，予防接種が有効である。（接触感染）

3　予防接種のない感染症

溶連菌感染症

　猩紅熱（しょうこうねつ）ともほぼ同義。通常，A群β溶血連鎖球菌の感染によるものをいう。潜伏期間は2〜5日間。突然の発熱と全身倦怠感，咽頭痛によって発症し，しばしば嘔吐を伴う。体幹を中心とした淡い発疹，軟口蓋の発赤と小点状出血，苺舌などがみられる。10日から2週間の服薬を必要とする。（飛沫感染と接触感染）

伝染性紅斑

　「リンゴ病」のこと。潜伏期間は5〜6日間。ウイルス感染により数日の発熱，咳などを認めた後（子どもの場合は症状がない場合も多い），1週間ぐらいの無症状期間を経て，顔面（主に頬）の紅斑と，腕・足にレース状の紅斑が出現する。発疹は1〜2週間持続することもある。（飛沫感染）

手足口病

　潜伏期間は3〜5日間。夏に多いウイルス感染により，手のひら，足の裏，口の中に小さな水疱を伴う発疹ができる。発熱を伴うこともあるが，約1週間で軽快する。原因ウイルスはその後2〜3週間便に排泄されるといわれている。（飛沫感染，接触感染）

ヘルパンギーナ

　潜伏期間は3〜5日間。夏に多いウイルス感染により，口の奥の粘膜に水疱を伴う潰瘍ができるとともに発熱を認める。発熱，口の中の潰瘍は2〜3日から約1週間で軽快する。原因ウイルスはその後2〜3週間便に排泄されるといわれている。（飛沫感染，接触感染）

RSウイルス感染症

　潜伏期間は2〜8日間。秋から冬にかけて多い感染症。RSウイルス感染により，初感染の場合，発熱，鼻水，咳などのうえ気道炎症状を認め，中には引き続き，咳，喘鳴（ぜんめい）（ヒューヒュー，ゼイゼイ）による呼吸障害を来すことがある。とくに乳児早期には注意を要する。（接触感染）

＊小さく生まれた子ども，心疾患を持つ子どもには予防処置がある。

ノロウイルス

　潜伏期間は1〜2日間。突然始まる吐気，嘔吐に引き続き下痢を認める。発熱を認める場合もあるが，症状は通常1〜3日間程度で軽快する。（接触感染）

流行性角結膜炎

　「はやり目」のこと。潜伏期間は数日以上。アデノウイルス感染により，まぶたの腫れ，結膜の充血，流涙を認め，発熱を認める場合もある。（接触感染）

伝染性膿痂疹
のうかしん

「とびひ」のこと。虫刺され，湿疹などをかきこわすことによって，手についていた細
しっしん
菌が入り込み，体のいろいろな部分に広がる皮膚感染症（p.87を参照）。（接触感染）

伝染性軟属腫

「水イボ」のこと。ウイルスの接触感染によって起こる皮膚病で，比較的硬めの小隆起
病変が徐々に増加していく（p.87を参照）。（接触感染）

アタマジラミ

気づかれるまでの期間は数カ月。アタマジラミの寄生によって，頭髪内に反応性の湿疹，
紅斑を認め，かゆみを伴うこともある。（接触感染）

4　登園（保育）許可について

登園（保育）許可は学童に対する学校保健法にならって判断されるが，それぞれの保育
施設で独自の判断基準を設けている場合もある。一般的な登園許可基準を表6−1に示す。

5　感染予防

感染源，すなわち感染様式によって感染予防方法は変わってくる。麻疹，水痘のような
空気感染の場合はその感染力が非常に強く，同じ保育室にいただけでも感染の危険がある
が，ノロウイルス，ロタウイルスのように接触感染が主体である場合，ウイルスが排泄さ
れる便，体液などの扱いに気をつけることでかなり予防効果がある。いずれにしろ，保育
する側の感染予防の基本は，感染した子どもの早期発見，保育者自身の健康管理，そして，
手洗い，うがいであり，子どもたち自身の予防としても，手洗い，うがいの習慣づけなど，
同様である。マスクの着用も感染予防に効果はあるが，表情がわかりにくいなど，子ども
と接するにあたって難しい面もある。また，予防接種で防げる感染症に関しては接種励行
とともに，子どもたちの接種歴の把握をしたうえでの対応が大切である。

＊感染予防等に関しては，厚生労働省による「保育所における感染症対策ガイドライン」（2018年改訂版
　／2022年10月一部改訂）を参照のこと。コロナウイルスに関する一部改訂あり。

【2】　アレルギーについて

1　アナフィラキシーとは

アナフィラキシーとは，以下にあげる症状が同時にみられた状況のことをいう。すなわ
ち，蕁麻疹，赤み，かゆみなどの「皮膚症状」，くしゃみ，咳，ゼーゼー，息苦しさなどの
じんましん
「呼吸器症状」，目のかゆみやむくみ，口唇の腫れなどの「粘膜症状」，腹痛や嘔吐などの
「消化器症状」，元気がない，横になりたがる，血圧低下などの「循環器（全身）症状」が

表 6 － 1　学校保健法に準じた登園停止期間

◆医師が記入した意見書が望ましい感染症

感染症名	感染しやすい期間	登園の目安
麻疹（はしか）	発症 1 日前から発疹出現後の 4 日後まで	解熱後 3 日を経過してから
インフルエンザ	症状がある期間（発症前 24 時間から発病後 3 日程度までが最も感染力が強い）	発症した後 5 日を経過し，かつ解熱した後 2 日を経過するまで（乳児〔乳幼児〕にあっては，3 日を経過するまで）
風疹	発疹出現の前 7 日から後 7 日間くらい	発疹が消失してから
水痘（水ぼうそう）	発疹出現 1 ～ 2 日前から痂皮形成まで	すべての発疹が痂皮（かさぶた）化してから
流行性耳下腺炎（おたふくかぜ）	発症 3 日前から耳下腺腫脹後 4 日	耳下腺，顎下腺，舌下腺の腫脹が発現してから 5 日を経過するまで，かつ全身状態が良好になるまで
結核	－	医師により感染の恐れがないと認めるまで
咽頭結膜熱（プール熱）	発熱，充血等症状が出現した数日間	主な症状が消え 2 日経過してから
流行性角結膜炎	充血，目やに等症状が出現した数日間	感染力が非常に強いため結膜炎の症状が消失してから
百日咳	抗菌薬を服用しない場合，咳出現後 3 週間を経過するまで	特有の咳が消失するまで又は 5 日間の適正な抗菌性物質製剤による治療を終了するまで
腸管出血性大腸菌感染症（O157，O26，O111 等）		症状が治まり，かつ，抗菌薬による治療が終了し，48 時間をあけて連続 2 回の検便によって，いずれも菌陰性が確認されたもの
急性出血性結膜炎	ウイルスが呼吸器から 1 ～ 2 週間，便から数週間～数カ月排出されるまで	医師により感染の恐れがないと認めるまで
髄膜炎菌性髄膜炎	－	医師により感染の恐れがないと認めるまで

◆医師の診断を受け，保護者が記入する登園届が望ましい感染症

病名	感染しやすい期間	登園の目安
溶連菌感染症	適切な抗菌薬治療を開始する前と開始後 1 日間	抗菌薬内服後 24 ～ 48 時間経過していること
マイコプラズマ肺炎	適切な抗菌薬治療を開始する前と開始後数日間	発熱や激しい咳が治まっていること
手足口病	手足や口腔内に水疱・潰瘍（かいよう）が発症した数日間	発熱や口腔内の水疱・潰瘍の影響がなく，普段の食事がとれること
伝染性紅斑（リンゴ病）	発疹出現前の 1 週間	全身状態が良いこと
ウイルス性胃腸炎（ノロ，ロタ，アデノウイルス等）	症状のある間と，症状消失後 1 週間（量は減少していくが数週間ウイルスを排泄しているので注意が必要）	嘔吐，下痢等の症状が治まり，普段の食事がとれること
ヘルパンギーナ	急性期の数日間（便の中に 1 カ月程度ウイルスを排泄しているので注意が必要）	発熱や口腔内の水疱・潰瘍の影響がなく，普段の食事がとれること
RS ウイルス感染症	呼吸器症状のある間	呼吸器症状が消失し，全身状態が良いこと
帯状疱疹	水疱を形成している間	すべての発疹が痂皮（かさぶた）化してから
突発性発疹	－	解熱し機嫌が良く全身状態が良いこと

複数の臓器にわたり全身性に急速に現れた状況がアナフィラキシーである。急速な血圧低下で意識を失うなどの「ショック症状」も1割程度にみられ，これは「アナフィラキシーショック」といい，とても危険な状態を意味し，心肺蘇生など，迅速な対応が必要となる。

エピペン®について

エピペン®とは，アナフィラキシーが起こったときの救急処置の1つである注射薬のことで，アナフィラキシーの既往のある子どもたちが，生活の場に携帯している自己注射薬である。本来は，本人もしくは保護者が自己注射する目的で作られたものだが，保育現場においては，緊急時に保育者によるこの注射薬の使用が必要となる場合もある。いざというときに備え，使用法の講習会受講・説明動画視聴などの準備をするとともに，保育者が注射をすることも想定のうえ，保護者，嘱託医との十分な協議を行ったうえで，連携体制を整えておくことが重要である。

2　アトピー性皮膚炎

「アトピー」とは生まれつき過敏な体質のことで，この体質によって皮膚炎を起こした場合をアトピー性皮膚炎という。卵，大豆，牛乳などの食品やダニやホコリなどの環境が原因の場合もある。アトピー性皮膚炎に対する普段の対応は，皮膚を清潔にし，その子どもに合ったクリームやローションなどでのスキンケアが基本となる。それでも炎症やかゆみが強いときには，医師から処方されているステロイド剤を含む外用薬や抗ヒスタミン剤などの内服薬を使用する場合があるが，いずれにしても基本はスキンケアであり，夏の汗や冬の乾燥など，常に皮膚に対する刺激の影響を考えて，適切な対応をしなければならない。

3　食物アレルギー

特定の食物を摂取することによってアレルギー症状を起こす場合をいう。日本における食物アレルギーは，乳児に約10%，3歳児に約5%程度認められると考えられている。特定の食物には魚類，肉類，牛乳，鶏卵，貝類，エビ，カニ，大豆，穀類，そば，チョコレートなどがあり，原因となる食物が多種類にわたることもある。食物アレルギーの主な症状として腹痛，下痢，湿疹，蕁麻疹，咳，鼻汁，喘息発作などがあるが，これらの症状は原因食を食べるたびに必ず現れるとは限らない。保育における食物アレルギー対策は，医師の診断に基づくアレルギー食の提供となるが，きめ細かい調理が可能な場合を除き，完全除去食の提供を基本とする。また，食物アレルギーショックの既往がある児に関してはショック時の具体的対処法を確認しておくことも大切である。

4　気管支喘息

気管支喘息は，呼吸をするとき（主に呼気のとき）に喘鳴（ヒューヒュー，ゼイゼイ）を伴う呼吸困難（気管支喘息発作）を繰り返す病気である。乳幼児期には，カゼをひいた

ときに咳が長引いたり，喘鳴が聞こえたりすることも多く，カゼの後にこのような症状を繰り返す子どもたちも多い。こういった気管支喘息と診断されていない子どもたちも，その対応は同様に考えてよい。

　気管支喘息発作を誘発する増悪因子には，吸入アレルゲンとして，ダニ，ネコ，イヌ，ハムスター，モルモット，カビ，花粉などがあげられる。そのほかにも，ウイルスなどの呼吸器感染症，屋外大気汚染（オゾン，二酸化窒素など），室内大気汚染（ホルムアルデヒド，窒素酸化物など），運動誘発（食後の運動など）などが増悪因子として知られている。保育中の発作時に適切に対応するためには，発作程度の把握，普段の治療（定期薬など）の把握，発作時治療（頓服で使用する薬，使用のタイミング）の把握が重要となる。中でも，発作程度の判断は治療に直結するため，一般的判断に加え子ども個々の特徴を知る必要もあり，家族からの情報収集が大切となる。発作時には楽な姿勢をとらせ，頓服指示のあった薬の服薬あるいは吸入を行う。そして，その後も軽快傾向がなければ医療機関の受診を考慮する。気管支喘息は死につながる場合もある怖い病気であることを忘れずに，慎重に対応しなければならない。

＊アレルギーに関しては，厚生労働省による「保育所におけるアレルギー対応ガイドライン」（2019 年改訂版）を参照のこと。

【3】　その他の病気について

1　皮膚の病気

とびひ（伝染性膿痂疹）

　細菌感染によって起こる皮膚の化膿症である。肌には目にみえない無数の傷があり細菌が感染するとその部分が赤くなり，やがて水疱から膿疱になる。そこをひっかいた手で他の部分を触れることで，手について膿が他の部分に付着し，またそこが化膿する。このようにして体中に広がるので「とびひ」といい，虫刺されや，汗をかいたりする季節に多くみられる。

水イボ（伝染性軟属腫）

　ウイルス感染によって起こる皮膚の病気である。直径 1 〜 3mm くらいの表面が滑らかなイボ状の皮膚病変が，胸，わきの下，肘，ひざなどにでき，大きいものではえんどう豆大になる。このイボ状の病変の中にウイルスが入っており，かきこわすことによって病変が広がる。3 カ月から 1 年くらいの経過で自然に治癒するが，中にはピンセットで除去する場合もある。子どもがかきこわすことがないように見守ることが大切である。

2　忘れてはいけない病気

腸重積症

　忘れてはいけない病気の中で，代表的なものが腸重積症である。この病気は，何らかの

原因で腸の一部が自分の腸と重なりあってしまうことで起こる。腸の動きとともに，重なった腸の部分が締め付けられ痛みが強くなり，突然強く泣いたり，うずくまったりし，中には嘔吐や経過とともに血便を認めることがある。この痛みは15分くらい経つと一時的におさまり，またしばらくすると痛みが始まるというように繰り返すことが特徴で，「間欠的腹痛」と表現される。症状がおさまると再び遊び始めたりするが，再び痛みの発作を繰り返す。発症年齢は生後半年から1年半頃までに多く，この年齢の場合は，言葉でまだ表現できないので，「腹痛」ではなく「繰り返す不機嫌」という症状と考えられる。突然にこのような症状が現れたときは，「腸重積症」という病名を思い出し，その後に繰り返す不機嫌（腹痛）を認めた場合には，保護者に連絡し，同時に小児科または小児外科を受診することを考慮する。早く診断がつけば治療は容易だが，気づかずに長い時間が経過してしまうと手術が必要になったり，命に関わる状態になったりする必要があるので注意を要する。なお，特別な状況として，ロタウイルスワクチン接種後に，副作用の1つとしてこの腸重積症が発症することがわかっており，頻度は非常に少ないものの注意を要する。とくに1回目接種後1週以内の発症が多いことから，月齢も低く症状に乏しいこの時期，普段と違うと感じたら腸重積症のことを考慮すべきである。

3　事故予防と対応，一次救命処置について

【1】　子どもに多い事故

　1歳以上の子どもの死亡原因の多くは不慮の事故である。子どもは発達段階で，いろいろな事故を引き起こすが，どんな事故を起こすのかをまず知ることが予防を考えるうえで不可欠である。子どもの事故として多いものは転落，転倒，誤飲，誤嚥，気道異物，窒息，やけど，溺水などがあげられる。

【2】　事故予防と対応

1　転倒，転落

　動きが活発になる乳児期後半頃から多く認められる事故で，結果として，打撲，切傷などを来す。椅子などに登れるけれど降りられないで転落する，気持ちが急ぎちょっとした段差に躓いて転倒する，などが実例である。
　転倒，転落の危険が高い階段，ベランダ，段差のある場所で，とくに9カ月頃から1歳

半頃までの乳幼児を 1 人で遊ばせないなどの対策が必要である。打撲の際に，症状がわかりにくく，かつ時に生命にも関わるものは頭部打撲と腹部打撲である。打撲後に意識消失，顔色不良を認めた場合は躊躇せず救急車を呼び，医療機関の受診を考慮すべきである。すぐに泣き出し，大きな外傷もない場合には，注意深く経過をみるが，受傷後 1 日以内に何となく元気がない，嘔吐する，応答が悪いなどの症状が出現した場合には，医療機関を受診すべきである。

2　誤飲，誤嚥

　乳児期後半になると子どもは手に取ったものを何でも口に入れるようになる。そして，ちょっとした拍子に，飲み込んでしまったり，気管に吸い込んでしまったりする。これが誤飲，誤嚥事故である。誤飲の中で最も頻度の高いものはたばこであり，そのほかに医薬品，化粧品，洗浄剤，殺虫剤と続く。固形物では約 4cm 以下の大きさのものは誤飲，誤嚥の可能性があることから，このようなサイズのものを小さい子どもたちの周りに置かないことが一番の予防策である。化粧水，洗剤などの液体の場合も，手の届かないところに置くことはもちろんだが，蓋が簡単に開かない容器であるか確認しておくことも大切である。

　もし，何かを誤飲してしまったと考えられる場合，一般に子どもに吐かせる対応をとるといわれているが，すぐに医療機関受診が可能であれば時間をかけて無理して嘔吐させるよりは医療機関の受診を優先する。誤飲物内容によっては，吐かせることで症状を悪化させ危険が増大することもある。吐かせてはいけない場合を表 6-2 に示す。なお，医療機関受診の際には，誤飲，誤嚥したと思われるものと同じもの，類似のもの，残ったものなど関係するものを持参することが大切である。急にむせて咳き込んでいる，喉に何かが詰まって呼吸が苦しそう，声が出ないなど，気道異物，窒息が考えられる場合には，後の項に述べる異物除去を試みる。

　何かを誤飲・誤嚥したと考えられる場合の対応に困ったときには，公益財団法人日本中

表 6-2　吐かせてはいけない場合

1. 6 カ月未満の乳児の場合
2. 意識混濁（応答が悪い，反応しないなど）がある場合
3. けいれんを起こしている場合
4. 強酸や強アルカリの液体などを誤飲した場合
5. 石油製品を誤飲した場合
6. 鋭利なものを飲み込んだ場合
7. 嘔吐したものに，血が混ざっている場合

表 6-3　中毒 110 番　電話サービス

大阪中毒 110 番 　　　　（365 日 24 時間対応） 　　　　　072－727－2499 つくば中毒 110 番 　　　　（365 日 9～21 時対応） 　　　　　029－852－9999

毒情報センターで行っている電話サービス（**表6－3**）も利用できる。

3　やけど

　やけどは子どもの体に一生残る傷を作ってしまう可能性もある事故であり，保育の現場では絶対に避けたい事故の1つである。やけどは通常「熱いもの」が存在しなければ起こらない。すなわち，予防は熱を発生するものを子どもたちの手の届くところに置かないことが必要不可欠なのである。最近の統計でやけどの原因として圧倒的に多いのは，飲食に関係するものである。

4　溺水

　国際的に日本は風呂の習慣が他国と違うことから溺水が多い国といわれている。しかし，溺水は水のないところでは起こりえない事故であることから，その予防は整備された保育場（室）では比較的容易である。ただし，溺水は洗面器に入った水のようにごくわずかでも起こりえることを忘れずに，洗面所などのわずかな残り水の扱いにも気をつけなければならない。

【3】　救急処置

1　異物除去法

　気道異物は保育者の目の前で起こるとは限らない。乳幼児の場合，突然に咳き込む，むせるなどが気道異物のサインとなり，幼児以降の場合には，**図6－1**のように両手を首に合わせる「ユニバーサルチョークサイン」が気道異物のサインとなる。こういったサインをみた際の対応が異物除去法である。

①異物除去の実際

　乳児に対しては，背部叩打と胸部圧迫を5回ずつ交互に異物が除去されるまであるいは意識がなくなるまで繰り返し行う（**図6－2，6－3**）。

図6－1　チョークサイン

　幼児に対しては背部叩打法で，小学生以上には腹部突き上げ法（ハイムリッヒ法）で，異物が除去されるまであるいは意識がなくなるまで，回数，順序を問わず併用する。どちらの場合も，意識がなくなったら，次に述べる心肺蘇生法へ移行するが，気道確保の度に口の中を覗き込み異物がみえれば取り除く。ただし，やみくもに指を入れて探してはいけない。

図6-2　乳児の異物の
取り出し方（背部叩打）

図6-3　乳児の異物の取り
出し方（胸部圧迫）

2　一次救命処置

　1歳以上の小児の死亡原因の多くを占める「不慮の事故」はある程度予防が可能であることから，事故による心肺停止を未然に防ぐことが最も大切であるが，たとえ，心肺停止を来しても的確に対応すること，すなわち一次救命処置が確実に行われれば，多くの子どもたちの命を救うことができる。ここでは一次救命処置を図6-4の小児一次救命処置（Pediatric Basic Life Support：PBLS）のアルゴリズムに従って解説する。

＊小児一次救命処置（Pediatric Basic Life Support：PBLS）は市民のうち，子どもに関わることが多い人，すなわち保護者，保育者，教員などに学ぶことが奨励されている蘇生法。アルゴリズムは医療用になる。

①異常の発見と反応の確認

　子どもの心停止はその多くが呼吸停止に引き続いて起こる。いったん心停止になってしまった子どもの転帰は不良であっても，呼吸停止だけの状態で発見され，心停止に至る前に的確な治療が開始された場合の救命率は70％以上ともいわれている。大切なのは小児の異常に早く気づき，早く対応することである。異常の発見は，大人が子どもをみて「何か変！」と思ったときに始まる。子どもの反応の確認は，子どもの肩をやさしく叩きながら大声で呼びかけ，それに対する子どもの，声を出す，視線を合わせる，応答のために手足を動かすなどの反応の有無で行い，もし動きがなければ「反応なし」と判断する。乳児の場合には，足底刺激に対する反応で判断してもよい。

②周囲に異常を知らせる

　「反応なし」と判断した場合には，その場を離れることなく一次救命処置を開始するが，同時に大声で叫ぶなどで周囲に異常を知らせ，人員を確保する。もし，AEDが近くにあれば手配を依頼する。ここで重要なことは，異常を発見した者はその場を離れることなく，まず救命処置を開始することである。そして，2分間の心肺蘇生を行っても，まだ応援者がいない場合には，いったん現場を離れて応援要請を行う。

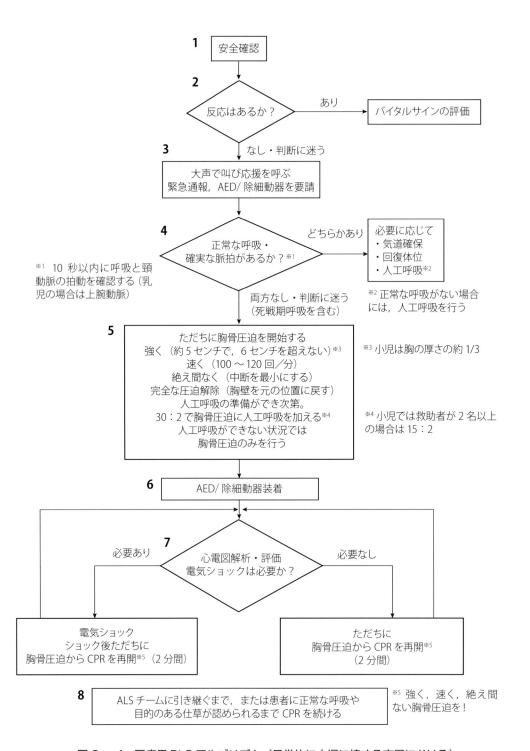

1 安全確認

2 反応はあるか？ → あり → バイタルサインの評価

なし・判断に迷う

3 大声で叫び応援を呼ぶ
緊急通報，AED/除細動器を要請

4 正常な呼吸・
確実な脈拍があるか？※1 → どちらかあり → 必要に応じて
・気道確保
・回復体位
・人工呼吸※2

※1 10秒以内に呼吸と頸動脈の拍動を確認する（乳児の場合は上腕動脈）

※2 正常な呼吸がない場合には，人工呼吸を行う

両方なし・判断に迷う
（死戦期呼吸を含む）

5 ただちに胸骨圧迫を開始する
強く（約5センチで，6センチを超えない）※3
速く（100～120回／分）
絶え間なく（中断を最小にする）
完全な圧迫解除（胸壁を元の位置に戻す）
人工呼吸の準備ができ次第。
30：2で胸骨圧迫に人工呼吸を加える※4
人工呼吸ができない状況では
胸骨圧迫のみを行う

※3 小児は胸の厚さの約1/3

※4 小児では救助者が2名以上の場合は15：2

6 AED/除細動器装着

7 心電図解析・評価
電気ショックは必要か？

必要あり

必要なし

電気ショック
ショック後ただちに
胸骨圧迫からCPRを再開※5（2分間）

ただちに
胸骨圧迫からCPRを再開※5
（2分間）

8 ALSチームに引き継ぐまで，または患者に正常な呼吸や
目的のある仕草が認められるまでCPRを続ける

※5 強く，速く，絶え間ない胸骨圧迫を！

図6－4　医療用BLSアルゴリズム（日常的に小児に接する市民における）

出典：『JRC蘇生ガイドライン2020オンライン版』ⓒ一般社団法人 日本蘇生協議会，2020

③心肺蘇生（Cardio-Pulmonary Resuscitation　以下，CPR）の開始

「反応なし」と判断し，かつ呼吸がない，あるいはあえぎ呼吸のような異常な呼吸（死戦期呼吸：gasping）であれば「呼吸なし」と判断して，ただちにCPRを開始する。呼吸の確認に10秒以上かけないようにする。あえぎ呼吸（死戦期呼吸）は「呼吸なし」と同じ扱いとなる。医療用アルゴリズムでは，循環の確認があるが，省略して構わない。

④CPRの実際

（1）胸骨圧迫

CPRが必要と判断されたら，ただちに胸骨圧迫を開始する。胸骨圧迫部位は胸骨の下半分とし，その目安としては「胸の真ん中」である。胸骨圧迫の深さは，胸の厚さの約3分の1とし，圧迫の回数は1分間当たり100～120回で行う。圧迫の後には胸が元の状態に戻るまでしっかりと圧迫を解除する。ただし，この解除の際に，胸骨圧迫を行っている手が胸部から離れてしまわないように気をつける。胸骨圧迫の際，乳児の場合は二本指法で，2人で行うときは胸郭包み込み両母指圧迫法で，1歳以上の場合は片手手掌，あるいは両手手掌で行う（図6－5）。

（2）人工呼吸

CPRを開始した後，人工呼吸の準備ができ次第，ただちに2回の人工呼吸を行う。人工呼吸は約1秒かけ，子どもの胸が上がることが確認できる程度の吸気量を送り込む。気道確保法としては，頭部後屈－あご先挙上法を用いる。子どもの心肺停止では呼吸原性である可能性が高いので，できるだけ速やかに気道確保と人工呼吸を開始することが望まれる（図6－6）。

（3）胸骨圧迫と人工呼吸

胸骨圧迫と人工呼吸の回数の比は基本的に30：2となる。ただし，2人の救助者がCPRを行う場合は15：2とする。この際，胸骨圧迫の中断を最小限にすることが重要である。

（4）CPRの継続，中断

CPRを行いながらも大声で人を呼び続けるが，約2分間のCPRが終わっても助けがいない場合には，この時点で子どもから離れてでも人を呼びに行く。もし助けが来た場合には，2分間のCPR毎に胸骨圧迫と人工呼吸の役割を交代することが，よりよいCPRには

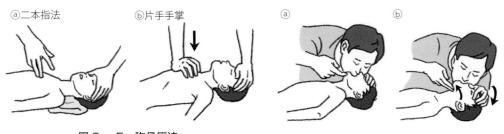

図6－5　胸骨圧迫　　　　　　　　　図6－6　人工呼吸

図6－7　回復体位

図6－8　AED

必要であるが，交代は5秒以内に速やかに行う。この時点で，AEDがあればその使用を考慮する。CPRは通常，循環が十分に回復する，あるいは，二次救命処置が行える救助者に引き継ぐまで継続する。CPRによって呼吸，循環が回復した際には，回復体位をとらせ医療機関への搬送を待つ（図6－7）。

⑤自動体外式除細動器（Automated External Defibrillator　以下，AED）

　CPRを約2分間行っても反応がないとき，救助者が1人の場合には，応援の人員を呼びに行き，もし可能ならAEDを持ってきて使用することが推奨されている。AEDはCPRの成功をより確実にするために開発された図6－8のような機器で，最近では，駅，空港，学校，スポーツ施設など広く公共施設に設置されるようになっているので，もし，保育を行っている周囲に設置施設があるようなら使用を考慮する。この際，AEDに小児用パッドがあればもちろんそれを用いるべきだが，もし，なかった場合には成人用パッドをパッド同士が接触しないように気をつけながら使用する。

3　まとめ

　一次救命処置の有無は子どもたちの予後に大きく関わってくる。子どもたちの異常に気づき，CPRが必要と判断した場合には，躊躇することなく開始することが重要である。

第7章－1
地域型保育の保育内容

講義の目的

①地域型保育における基本的な一日の流れや保育内容について理解する。

②少人数の異年齢児を保育する際の方法，工夫，留意事項などについて理解する。

③新しく子どもを受け入れる際の留意点について理解する。

④計画や記録の必要性を学び，子どもの育ちの見通しをもって保育することの重要性について理解する。

1　地域型保育における保育内容

【1】　地域型保育の特徴

　地域型保育は，0歳児から3歳未満児という発達の著しい年齢の乳幼児を対象とする異年齢保育である。定員は，最も小規模な家庭的保育事業（以下，家庭的保育）は子ども5人まで，小規模保育事業や事業所内保育事業（以下，小規模保育等）は6人から19人までと保育する子どもの人数にかなり幅がある。しかも年度途中の入退所などが比較的多く，メンバー構成が流動的である。以上のような特徴から想像に難くないが，実際の地域型保育の個々の保育施設は定員規模や年齢構成の違いがあり，保育のありようも異なっている。

　たとえば，家庭的保育のように定員が最大5名であれば，全員を一体的に保育することも可能であり，0歳児が含まれても安全を確保しながら，ほぼ一体的な保育を展開している例が多い。しかし0歳から3歳未満という異年齢の乳幼児が10人以上ともなると，年齢別等，2ないし3グループに分けて保育する場合が多くなる。さらに歩行の確立していない0歳児を含む保育の場合は，1歳以上の子どもたちとは生活リズムが異なるため，担当者を配置し，愛着形成も合わせて個別的配慮に努力する例もある。

地域型保育は，年齢構成や定員規模に加えて保育の環境面においても保育施設間に著しい差異がある。現状の保育環境はさまざまである。集合住宅，一軒家，店舗，施設の空き室，幼稚園や小学校等，保育専用の建物ではない場所を保育環境に必要な改装を施して使用する例や，改装までは施さず，家具や備品などを工夫した例などもある。

地域型保育の基準には子ども1人当たりの広さや保育者の配置，必要な設備としてトイレなどの設置が定めてあるが，部屋数などの定めはなく，実際にはワンルームの保育施設も存在する。しかし，保育の実施には子どもたちの生活や遊びの空間だけではなく，体調の悪くなった子どもの休む場所，感染症の疑いなどがあれば隔離できる場所，保育者が事務作業をする場所，収納場所などが必要である。地域型保育は現状では認可保育所に比べると環境面での条件整備は不十分であり，それぞれの保育施設が相当の苦労をしながら不足を補っているのが実情である。

地域型保育の保育内容は以上のような子どもの年齢や人数の組み合わせ，環境条件等を考慮しながら組み立てていくことになる。

【2】 地域型保育と『保育所保育指針』

1 『保育所保育指針』に準じる保育が求められている

子どもがどの形態の保育事業で保育を受けても，同じ質の保育が担保されるべきであり，地域型保育も『保育所保育指針』（平成29年告示）に準じた保育を行うこととされている。したがって地域型保育においても，あらかじめ『保育所保育指針』やその解説書を読み，内容をよく理解しておくことが求められる。

2 『保育所保育指針』改定と3歳未満児の保育内容

学習する認知能力の土台となる好奇心，興味，探求心，意欲などいわゆる非認知能力は就学前の乳幼児期にこそ培われることが世界的に注目されている。『保育所保育指針』は，この学びの芽生えが乳幼児期の遊びや生活を通して始まっているという認識のもとに改定された。

3歳未満児の保育の内容を考えるうえでとくに留意したいことは，探索活動である。探索活動は非認知能力の獲得にとって重要な活動である。子どもは能動的，主体的に自分の体を使って遊びながら周囲の環境との関わりを通して，感じたり，考えたり，工夫したりする。この探索活動がその後の認知能力の獲得のための重要な土台となる。

また，乳幼児期における身近な他者との愛着関係や信頼関係の形成は人格形成にとって非常に重要であり，それは保育者による受容的，応答的関わりによって促進される。

子どもたちは地域型保育を経て，保育所や幼稚園，認定こども園などに移行していく。

その発達の連続性を考慮し，3歳未満児の保育内容を考える。

3　乳児保育と1歳以上3歳未満児の保育内容

　乳児期は発達上未分化であり，保育内容を5領域のように明確に分けられない。『保育所保育指針』の乳児保育については，5領域に重なる3つの視点から保育のねらいと内容が示されている。第一は身体的発達に関する視点「健やかに伸び伸びと育つ」，第二は社会的発達に関する視点「身近な人と気持ちが通じ合う」，第三は精神的発達に関する視点「身近なものと関わり感性が育つ」である。

　1歳から3歳未満児の保育については，従来の保育5領域に沿った保育のねらいと内容が示されている。地域型保育においても，これらの視点を踏まえつつ地域型保育の特性を生かした保育を心がけたい。

【3】　地域型保育における乳児の保育

　『保育所保育指針』の乳児保育に関する3つの視点を基本に，地域型保育における乳児保育のポイントをあげておく。0歳児については，食事，睡眠，排泄等，一人ひとりの生活リズムに合わせた個別的配慮が必要であり，また特定の保育者との間に愛着が形成されるよう担当者を置く。

1　健やかに伸び伸びと育つために

・乳児の睡眠と授乳は個人差に応じて個別的に対応する。
・乳児は気ままにすぐ眠る。担当者を置き，睡眠中もそばで見守る。
・ベッドに寝かせ切りにせず，首がすわってきたら時々は腹ばいにして背筋を鍛える。
・安全にハイハイができるスペースを確保する。
・お座り，ハイハイ，つかまり立ち，伝い歩きなど歩行の確立に向けて援助する。
・食事は子どもの喫食のペースを尊重しながら介助し，食べることに意欲を持てるよう援助する。

2　身近な人と気持ちが通じ合うために

・乳児のまねする力を引き出しながら，あやし遊びでコミュニケーションをとり，愛着形成を促進する。（「第13章　特別に配慮を要する子どもへの対応」6節を参照）
・手足や口を動かしたり，声を出すなど，乳児の反応を見逃さずに応答し，何かを伝えようとする意欲を引き出すように援助する。
・乳児からの発信を丁寧に受け止め，「受け入れられている」「愛されている」という自分を肯定する気持ちを育む。

写真 7.1 - 1

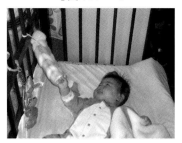

握らせてあげると振って遊ぶ乳児

写真 7.1 - 2

腹ばいに慣れてきた乳児

3　身近なものと関わり感性が育つために

　ものとの関わりも大切である。乳児期はまだ自分で移動できないため，身近な環境に左右されやすい。五感（みる，聞く，嗅ぐ，味わう，触る）を刺激し，五感を使う遊びを十分に取り入れて，好奇心を引き出し，感性を育てていく環境を用意する。

4　探索活動の保障と事故予防

　ハイハイは 0 歳児の重要な探索活動である。お座りからハイハイを促すために，手を思いっ切り伸ばせば触れそうなところに玩具を置くなど工夫する。ハイハイが始まった子どもはどこへでも出かけていく。スロープを置くと，バランスをとりながらさまざまな姿勢で登っていき，だんだんといろいろなことをするようになる。体を使った探索活動は柔軟性やバランス感覚を養い，反射神経を鍛え，とっさのときに手が出て，自分の体を自分で守ることにもつながる。時間帯により 1，2 歳児と一緒に過ごす場合は，保育者がそばに付き添い，目を離さないこと。活発な活動の場合は，ベッドやベビーラックに避難させることや抱っこで安全を確保することもある。どうしたら安全に遊ばせられるか職員間でよく話しあい，立ち位置や役割を決めるなど職員同士の連携も大切になる。

　歩き始めると行動範囲が広がり，1，2 歳児と一緒に活動できる時間が増える。ハイハイの時期と同じような探索活動を十分保障する。階段や段差がある道具も取り入れるなど体をたくさん動かすようにしていく。

【4】　地域型保育における 1 歳以上 3 歳未満児の保育

　3 歳未満であっても子どもは遊びながら学んでいる。3 歳未満児の保育内容を考えるうえで大切なことは，この段階は学びの基礎（土台）を培う「学びの芽生え」の時期であって，目にみえて何かができるようになること（学びの成果）を目指しているわけではないという点である。このことに十分留意する。養護における「生命の保持」および「情緒の

安定」に関わる保育の内容と一体的に展開していくことが重要である。

1　全身を使った遊び，探索活動の保障

　1歳以上になると歩行の確立をはじめ多面的で著しい発達を遂げ，探索活動が活発になる。走る，跳ぶ，登る，押す，引っ張るなど全身を使う遊びを楽しむようになり，いっそう安全への配慮が必要になる。一人ひとりの発達の過程に合わせた活動内容と援助を行う。

2　自分でやり遂げたい意欲を尊重して「待つ」

　食事，排泄，睡眠，衣類の着脱，身の回りを清潔にすることなど，生活に必要な基本的な生活習慣については，自分でしようとする気持ちが旺盛になる時期である。「早く！　早く！」と子どもを急がせることなく「待つ」ことが大切で，子どもが自分でしようとする気持ちを尊重し，最後まで温かく見守る。

3　自己主張と子ども同士のぶつかりあいへの対応

　自分の思い通りにやりたいという欲求が強くなり，他児をひっかく，叩く，押す，嚙みつくなどで自己主張し，ぶつかりあいになることもあるが，自我の順調な育ちとして見守り，保育者が仲立ちして，双方の気持ちを聞き，自分の気持ちを相手に伝えることや相手

写真 7.1 - 3

玩具を取りに行こうとする乳児

写真 7.1 - 4

満足するまでじっくり一人遊びをする（1歳半）

写真 7.1 - 5

2歳になると手指などの微細な
活動が活発になる

写真 7.1 - 6

腕力もついて鉄棒で遊ぶ2歳児

の気持ちに気づくことを経験させる。

少人数保育は子ども同士のぶつかりあいに丁寧に対応することができる。

4　多彩な遊び環境を整え，主体的な遊びを保障する

・水，砂，紙，土，粘土等，さまざまな素材に触れる中で，さまざまなものに興味や関心を持つようにする。保育者主導の遊び方ではなく，一人ひとりの子どもが主体的に選んだ遊びを尊重し援助することを大切にしていく。

・子どもの手の届く所にいろいろな種類の玩具や道具を配置し，子どもが自分で選び，取り出して遊べるようにし，子どもの自発的な活動を引き出す。

・ちょっと難しいけれど「自分でできた！」という達成感を得るためには，諦めずに粘り強くやり抜く力をつけることが大切であり，一人ひとり自分で選んだ遊びでじっくり遊ぶ経験を蓄積していく。

5　言葉をはじめ表現する力や感性を育む

・子どもが指さした方向を保育者も一緒にみて，何を言いたいのかを理解して，言葉にすることで，子どもが少しずつ言葉を学べるようにしていく。

・子どもが作り出すさまざまなごっこ遊びを通じて，言葉のやりとりや，豊かな感性や表現する力を養い，創造性を豊かにしていく。

・玩具や絵本などに親しみ，それらを使った遊びを楽しむ。さらに，一人ひとりの発達の違いを受け止めて，その子その子に合った玩具や絵本を準備する。

・身近な自然や身の回りの事物に関わる中で，発見や心が動く経験が得られるように，地域資源を活用して保育施設内では得られない体験を取り入れる。

2　地域型保育の一日の流れ

【1】　地域型保育のデイリープログラム

　一日の基本的な流れを作ることにより，子どもには生活の見通しができ，安心して過ごすことができる。デイリープログラムを基本としながら子どもの興味や体調，その日の天候などに応じて柔軟に変更を加える。地域型保育の一日の流れを表7.1－1 に示した。このデイリープログラムは，おおむね1〜3 歳を対象としたときの標準的なプログラムである。子どもの年齢構成や保護者の就労状況により異なる。それぞれの家庭の事情に合わせて，子どもの24 時間の生活を視野に入れた流れを組み立てる。

表7.1-1　デイリープログラム（例）

時間	
8：00	順に登園・受入①
	健康観察
	自由遊び②
9：00	検温③
9：15	朝の会④
9：30	おやつ・水分補給⑤
	（おむつ換え）オマルに座るかトイレに行く
10：00	散歩・外遊び⑥
	帰園
	手洗い・うがい⑦
11：30	昼食⑧
12：00	午睡準備，おむつ換え，トイレ
	歯磨き⑨
12：30	午睡⑩
	★5分おきに睡眠中の呼吸を確認する
14：30	目覚め・検温⑪
15：00	おやつ⑫
	自由遊びまたは散歩⑬
16：00	降園の準備⑭
	★降園時の身体，衣服の清潔や身支度の個人点検をする
	お迎えの順に降園
	★保護者への連絡・報告

0歳児の午睡は2回，子どもによっては3回になる。この場合，子ども一人ひとりの睡眠パターンを尊重するが，徐々に年齢の高い子どもの睡眠時間と重なり，長く寝るようになる（おおよその目安として7カ月〜1歳くらい）。そうなると，0歳児も1〜3歳と同じような生活時間で過ごすことが可能となる。子どもの年齢構成に幅がある場合（たとえば0歳児と2歳児など）は，ある年齢の子どもに合わせて皆が同じ生活をするのではなく，一人ひとりの子どもの発達にふさわしい生活リズムで一日を過ごせるようにする。

基本的な生活習慣について『保育所保育指針』には，「一人一人の状態に応じ，落ち着いた雰囲気の中で行うようにし，子どもが自分でしようとする気持ちを尊重すること。また，基本的な生活習慣の形成に当たっては，家庭での生活経験に配慮し，家庭との適切な連携の下で行うようにすること」とある。地域型保育においても，少人数という条件を生かし，子どもの意欲や願いを尊重して個別的な対応や援助を行う。

遊ぶ時間は，子どもが主体的に選んだ遊びを自由に展開できるよう十分保障する。豊かな遊びが展開できるようさまざまな体験を織り交ぜて計画する。乳児は月齢が1カ月上がるごとに，興味・関心・反応・理解度が違ってくる。一人ひとりの発達の特徴をよく観察して，個々の発達過程に応じた遊びや環境を用意する。異年齢児が同じ保育室内でぶつかりあわずに遊ぶには配慮が必要になる。そのことについては後述する（pp.106〜110参照）。

散歩や外遊びには地域の資源を活用する。自然とのふれあい，体力作り，交通ルールの理解，地域交流など，戸外での活動を充実する。

伝統的な季節の行事（ひな祭り，こどもの日，七夕祭り，節分など）や，誕生日会などのイベント，園外保育など，さまざまな体験や楽しさを味わえるようにする。

【2】 地域型保育の一日の流れ

1 子どもを迎え入れるまでの準備

・一日の保育が気持ちよくスタートするように保育者は身支度をし，気持ちを整える。
・施設，入り口周辺の清掃をしながら，施設の内外に危険な物がないか安全点検する。
・保育室の温湿度計などで室内の環境を確認し，冬場は保育室の暖房，換気に気をつける。
・玩具の種類，清潔，安全など，子どもが安心して遊び，生活できる環境を整える。

2 子どもの登園・受入（デイリープログラム①）

・登園してくる保護者や子ども一人ひとりと言葉をかわし笑顔で受け入れる。
・健康観察では視診（機嫌，鼻汁，目やに，皮膚，咳など）を行い，検温をする。
・健康状態について，連絡帳や保護者からの情報を確認し，保育中の留意事項がないかチェックする。

・送迎者への連絡事項があれば，伝える。

3　自由遊び（デイリープログラム②）

・一人ひとりの遊びを大切にし，みんなで楽しく遊べるよう温かい言葉をかけながら見守る。
・子どもが自分で遊びを選べるように玩具は手に取れるところに置く。
・子どもの自分でしようとする気持ちを大切にしながら，一つひとつの遊びに丁寧に関わっていく。

4　検温（デイリープログラム③）

・一日のうち，午前と午後に時間を決めて検温をする。
・一日を通して健康状態を注意深く観察し，保育にあたる。乳幼児突然死症候群（SIDS）への対応を常に意識し，保育を進めていく（SIDS については「第5章　小児保健 I」p.69 を参照）。

5　朝の会（デイリープログラム④）

・挨拶や名前を呼ぶなどを取り入れる。自分の名前や友達の名前がわかるようになる。強制せず発達段階に応じて習慣化を促していく。

6　おやつ・水分補給（デイリープログラム⑤）

・簡単なおやつと水分補給をする。
・子どもによっては朝食をとらずに登園する日もあるので，おやつの量を配慮する。
・おむつ替え，オマルに座るかトイレに行く。排泄は生活の切り替え時（散歩前，食事前，食事後など）を一応の目安とする。

7　散歩・外遊び（デイリープログラム⑥）

・服装が外遊びにふさわしいか，靴がちゃんとはけているか確認してから外に出る。
・安全の確保された散歩道を歩き，公園等に行く。外遊びを十分にする。
・運動機能の発達に伴い，子どもは活動的になり，予測できない行為，衝動的な行為が多くなるため，常に子どもの行動から目を離さないようにする。
・季節の変化に気づき，葉っぱ集めやどんぐりなどの木の実拾いなど自然物の遊びを取り入れる。
・地域の子どもとも仲良く遊べるように保育者が言葉がけをし，仲立ちとなって，一緒に遊ぶ。
・水分補給を行う。夏場は散歩時間を短くし，日陰を中心に活動する。
・0歳児は年齢の高い子どもたちの散歩に合わせて戸外に行くと，ベビーカーで寝ること

もあるので，防寒や水分補給の準備をしていく。

8　手洗い・うがい（デイリープログラム⑦）

・外遊びから戻ったときは，手洗い・うがいをする習慣を身につける。
・自分でできるように，必要な物はわかりやすい所に置く（タオル，ハンドソープ，コップ）。
・手を清潔にするよう，自分でしようとする姿を温かく見守り，認める。
・洗った後，手をよく拭くことを教える。
・上手にうがいができなくて飲んでしまっても，習慣づけすることを大事にする。

9　昼食（デイリープログラム⑧）

・3歳未満児はみんなが揃うまで待たせずに，各自の状況に合わせて食べ始める。
・テーブル拭きやおしぼり運びなど，子どもにできるお手伝いを頼む。
・一人ひとりのその日の体調に気をつけながら食事を進め，摂食の様子を観察する（食欲，食べ方，摂取量，咀嚼，眠気など）。味つけや刻み方などの調理状態が同じにもかかわらず，好き嫌い，食欲不振，機嫌など，いつもと様子が違う場合は，検温をし，健康状態の変化をみる。
・嫌いな物でも，少しずつ繰り返して食べる経験を重ねるよう，一口でも食べるように励ます。自分から食べる場面をみたら十分褒める。
・食事時間が長引く，残すなどの経過は，よく観察すると調理の参考になることもある。

10　歯磨き（デイリープログラム⑨）

・食事の後に虫歯予防のため歯を磨く習慣をつけることが望ましい。
・歯磨きをするときは保育者が傍らにいて，座って歯磨きさせる。
・「気持ちがいいね」「さっぱりしたね」と歯磨きすることで，口の中がきれいになる気持ちよさを伝える。
・歯ブラシの衛生と安全に配慮する。歯ブラシは血液がつくものなので，1本1本別々に管理し，一緒に持ち歩かない。

11　午睡（デイリープログラム⑩）

・オマルに座るかトイレへ行くなど，排泄をすませ，寝る支度をする。
・カーテンは直射日光をさえぎる程度にし，子どもたちの睡眠の状態が観察しやすい明るさにする。
・子どもの体調を把握し，個々の状態に合わせて睡眠へと誘う。
・静かに絵本を読み聞かせたり，子守歌を歌ったりする。

・保育者は睡眠時の呼吸，顔色などの状態を 5 分おきに観察し，記録する。

12　目覚め・検温（デイリープログラム⑪）

・目を覚ました順に，着替え，検温する。
・オマルに座るかトイレへ行く。
・子どもの午睡の時間は，年齢や個人差により異なるが，夜の就寝に支障がないように，ある程度の目安をたてて，目覚めに導く。
・前の晩遅くまで起きていた，朝早く目覚めた，疲れ気味，体調不良などがある場合は，自然に目覚めるに任せる。

13　おやつ（デイリープログラム⑫）

・補食としてのおやつの目的を大事に考え，おやつを用意する。
・甘味はすぐエネルギーになるので大切であるが，与え過ぎに留意する。
・食事とは異なる，さまざまな食感や食べ方を楽しめるようにする。

14　自由遊びまたは散歩（デイリープログラム⑬）

・午前中のデイリープログラム②と⑥と同様。
・午前中理由があって外遊びができなかった場合は，1 日 1 回は散歩程度でもよいので戸外へ出るよう心がける。

15　降園の準備（デイリープログラム⑭）

・降園時の身体，衣服の清潔を点検し，身支度を整える。忘れ物がないか確認する。
・連絡事項は連絡帳に書き，口頭でも確認をする。
・保護者に連絡帳を渡し，小さい怪我も含め，一日の子どもの様子を伝える。
・お迎えの順に降園。

16　保育終了後

・保育日誌の記入，出席簿の確認，各種の計画に目を通し，翌日の準備をする。
・玩具の片づけ漏れを点検し，玩具の清拭をする。
・室内外の清掃，汚れ物の洗濯をする。

3　異年齢保育

　『保育所保育指針』では，「異年齢で構成される組やグループでの保育においては，一人一人の子どもの生活や経験，発達過程などを把握し，適切な援助や環境構成ができるよう配慮すること」(第1章 総則　3保育の計画及び評価　(2) 指導計画の作成　(ウ))とある。

　地域型保育においては，家庭的保育のように子どもが3人から5人という少人数の場合と小規模保育等のように6人から19人という幅のある人数の保育が実施される。しかも0歳児から3歳未満児という著しく発達する異年齢児を同時に保育する。当然のことながら，子どもの年齢ごとの人数や総数によって保育室の環境整備や遊びの工夫が異なってくる。

　それぞれの年齢の発達過程の特徴を十分に理解したうえで，異年齢で遊ぶ場合の配慮や工夫が必要になる。以下に例を示すが，もちろんこれがすべてではなく，それぞれの保育施設で適切な方法を創造していただきたい。

【1】　家庭的保育等少人数の一体的遊びの工夫

1　乳児がいる保育

〈工夫1〉保育者が仕切りになって遊ぶ

　動きが少ない6カ月児くらいまでは，保育者が間に座り，子どもを振り分けて遊ばせることができる。保育者は乳児の安全を確保しつつ，目をやり，声をかけ，乳児の声に応答しながら，2歳児が好きな積み木積みやミニカーつなぎ，レールつなぎなどで一緒に遊ぶことができる。

　乳児がベッドで過ごすほうがよいのか，年齢の高い子どもたちが遊んでいる近くで保育者の見守りの中で遊ぶほうがよいのか，どちらか心地よいほうに連れていく。

〈工夫2〉仕切りを使って振り分ける

　0歳児は，ハイハイや伝い歩きで移動できるようになり探索活動が始まると，同じ場所で一緒に遊びたがるようになる。手や指を使って，つまむ，叩く，ひっくり返す，引っぱる，落とす，投げる

写真7.1－7

年齢の高い子どもと低い子どもの間に保育者が座る

写真7.1－8

(平行遊び) 同じ場所で異年齢の子どもたちの主体的な遊びが展開されていく

などを繰り返すので2歳児と同じ遊びはできない。しかし，乳児の思いを受け止めて，テーブルで振り分けて，互いの存在が感じられる場所で遊べるように工夫する。写真7.1−8のように互いの存在がみえていれば，乳児は安心して自分の遊びに興じる。

〈工夫3〉児童文化財を活用してみんな一緒に楽しむ

　リズム遊び，手遊び，ペープサート，人形劇，パネルシアター等は，みんなで歌ったり，踊ったり，笑いあえる遊びである。保育者の歌声や語りかけは，幼い子どもたちの心に直に届く。保育者は子ども一人ひとりの感情や気持ちを把握しやすく，保育室に一体感が生まれる。さまざまな児童文化的な遊びを取り入れて，繰り返し遊べば，乳児も身体をゆすり，リズムをとって遊ぶなど，それぞれの発達過程に合わせた楽しみ方ができる。

写真7.1−9

児童文化財を活用（パネルシアター）

写真7.1−10

歩行が確立すると，リズム遊びも一緒にできるようになる

2　乳児がいないときの1，2歳児の保育

　粘土などの感触遊びや紙，シール，のり等を使った造形遊びは部屋分けせずにできるようになる。造形遊びは年齢差や個人差もあるが，一人ひとりの発達の違いを受け止めて個別に援助すれば，楽しく取り組める遊びになる。

写真7.1−11

1歳児の粘土遊び風景

写真7.1−12

1，2歳児の構成遊び

【2】 小規模保育等の工夫

　小規模保育等においては，保育する子どもは6人から19人と幅がある。『保育所保育指針』に沿って保育の基本である「養護」と「教育」を行うが，人数が多くなればなるほど，個別的な配慮が行き届きにくくなる。また，歩行が確立していない0歳児を含む保育の場合は，担当者を置くことや環境に適切な配慮を必要とする。環境や人数規模等の条件によっては，落ち着いて過ごせるよう0歳児のみのグループ構成で保育を行う。保育内容については年齢別のグループ活動を取り入れるなど，異年齢グループだけではなく，多様な組み合わせを工夫することができる。小集団の異年齢保育の特徴を生かした保育には，以下のような進め方が考えられる。

1　生活面での環境作りと配慮

・0歳児は，首がすわる，寝返りする，座る，はう，立つ，伝い歩きなど個人差が大きい発達過程を考慮し，広さや安全が確保された専用保育室やスペースの確保と同時に担当者を決める必要がある。

　　また，0歳児は疾病に対する抵抗力が弱く感染症にかかりやすいため，ワンルームの場合は，採光・通風への配慮も求められる。確保できない場合は，乳児の受け入れ月齢をたとえば10カ月以降にするなど，対策も必要になる。

・1歳以上3歳未満児は年齢が1歳違えば，興味，関心，反応，理解度が異なってくるので，基本的生活習慣（食事，衣服の着脱，睡眠，排泄，清潔）の獲得には，一人ひとりきめ細やかな対応が必要になる。

・感染症の疑いのある子どもが出た場合は個別的な対応を心がけ，保護者のお迎えまで隔離する必要がある。

・健康と安全を考えた環境を構築し，全員が健康なときには0歳児を含めた異年齢保育で相互に関わりあえる機会を持つようにし，小規模な保育ならではのメリットを生かす。

・年度途中で子どもが入れ替わる場合，その都度環境構成を入れ替えるなど，柔軟に対応する必要がある。

2　遊びの工夫と配慮

・0歳児については，起きているときは，あやし遊びなどで向きあい，保育者とのコミュニケーションを楽しむことで，人への愛着や信頼感を築く。腹ばいができるようになれば，目の前でおもちゃを動かしてみせるなど，月齢ごとの工夫をしながら一緒に遊ぶ（「第2章　乳幼児の生活と遊び」pp.27〜30を参照）。

・1歳以上になれば，年齢の高い子どもたちの遊びをまねする力や，観察する力も育ち，子ども同士で遊べるようになる。

・３歳未満であっても，子どもたちが主体的に環境に働きかけて遊びながら学ぶ環境を用意することが重要である。そのためには複数の遊びのコーナーを用意し，子どもが自ら遊びを選択できるようにする。

3　子どもの総数がおおむね 10 人以上の場合

①保育体制と配慮事項

　食事や排泄，衣服の着脱，睡眠などの基本的な生活習慣の獲得につながる個別的配慮と援助が必要な場合には発達過程に合わせた保育を行い，遊びの場面では一人ひとり主体的な活動を保障しつつ，コーナー遊び等で保育者の仲立ちによる異年齢活動を行い，異年齢保育の良さを生かしていくことも可能である。

　安全が確保された保育を行うためには０歳児への配慮は必須である。０歳児は，身体が小さく座って遊ぶことが多いため，子どもの人数が多くなればなるほど年齢の高い子どもたちの中に埋もれ，保育者の目が行き届かなくなりがちである。

②適切な援助と環境構成

　人数が多い異年齢保育では安全に配慮し，子どもたちの好奇心を満足させ，一緒に遊べる広さの確保と発達過程に合わせた環境作りが必要である。

　１歳児と２歳児では興味，関心，反応，理解度が異なることや，０歳児は誤飲にも気をつけることが必要である。段ボールで作ったお家，トンネル，室内用滑り台などは誤飲の心配もなく遊べる遊びである。０歳児が安全に遊べるサイズのおもちゃを配置したコーナー，１，２歳児が好きなブロックマットなどを使ったダイナミックな遊び，ままごとや絵本など静的な遊び，動きたい子どものためには車やボールなど動的な遊び，小さな敷物とテーブルを置いた場所など，これらをすべて用意するのは不可能なことであるが，在籍している子どもの様子をみながら臨機応変に環境の再構築をしていく。

　また，１歳半から２歳にかけては物の取りあいが多くなるため，子どもたちのお気に入り玩具は複数用意しておくなどの工夫が求められる。

　身体を使って動くことが心地よさや喜びをもたらすような活動や環境が大切である。

写真 7.1 － 13

多彩なコーナーで遊ぶ

写真 7.1 － 14

砂や泥遊びは年齢を問わず楽しめる

異年齢遊びでは，保育者は担当している子どもの安全を見守りながら，それぞれの子どもたちの仲立ちをし，子ども同士をつなげ異年齢保育の良さを生かすことができる（「第2章　乳幼児の生活と遊び」参照）。

【3】　異年齢保育による効果

異年齢保育は年齢の高い子どもにとっても低い子どもにとっても，互いの存在や行動がそれぞれの発達に影響する。たとえば年齢の高い子どもの行動をモデルに，年齢の低い子どもの発達が促されたりする。また，互いに邪魔したり，邪魔されたり，思うようにいかない気持ち（葛藤体験）の落ち着かせ方も，同年齢同士とは異なる。年齢差を意識して，許したり，我慢したりする姿もみられる。地域型保育では，乳児から3歳未満という幼い時期から，異年齢同士の体験を通して多様な人間関係を学ぶ機会を提供することができる。

ひとりっ子などきょうだいが少なくなった現状を顧みると，このような経験は子どもたちの人格形成にとって貴重な機会といえよう。

4　新しく子どもを受け入れる際の留意点

【1】　初めて保育を受ける場合の進め方

初めて保護者と離れて保育を受ける子どもや保護者は，多かれ少なかれ不安を抱えている。無理なく保育者や保育環境に慣れ，保育に対する安心感が得られるように援助する。

保育開始当初のスケジュールは，子どもの状況を共有したうえで保護者の就労条件も考慮して計画する。保護者も一緒に過ごす保育（親子登園）からスタートし，徐々に子どもだけで過ごす時間を長くする。保護者には，保育がどのように行われるかを知ってもらう機会とする。保育者は一緒に遊びながら保護者から子どもの好きな遊びや過ごし方，好きな食べ物，睡眠儀式など，家庭での生活状況を十分に把握し，これから保育をするうえでの必要な情報を得る。子どもは保護者と親しい大人に安心するので，保護者も保育者も双方で努力する。

子どもに不安がる様子がみられたときやスケジュールの途中で休日が入る場合は無理をして進めず，不安なく過ごせた前日や前々日のスケジュールを繰り返すように配慮し，子どもがゆっくりと保育者や保育環境に慣れるよう丁寧な流れにすることが望ましい。

【2】　乳児の配慮事項

　それまで家庭で育てられた乳児にとって，初めてまったく違う環境での生活は心身ともに大きなストレスがかかるため健康管理には十分注意する。

　また，月齢が低ければ低いほど乳児の心身の機能は未熟であり，体調が急変し悪化することもある。疾病の発症率も高い。乳児はとくに乳幼児突然死症候群（SIDS）の発症に注意した保育を行わなければならない。「第5章　小児保健Ⅰ」を参照し，十分な配慮を怠らないようにする。母乳で眠る習慣の乳児は，母乳なしで眠れるようになるまで日数がかかるが，抱っこで寝かせる，おんぶで寝かせる，ベビーカーで散歩するなど試みながら，その子その子の心地よい眠り方をみつける。

【3】　1，2歳児の配慮事項

　2歳までの乳幼児にとって，愛着関係が形成された保護者と離れて生活することは大きな不安を伴う。保護者が一緒のときは楽しく過ごせるが，保護者の付き添いが終わり1人で過ごすことになると，保護者がいない環境に置かれていることに不安を感じ，泣き出したり，離れにくくなる子どもが多い。

　そのような場合は，玩具で一緒に遊ぶ，抱っこで外をみる，在籍児が遊んでいる様子をやさしく語りかけながら一緒にみるなど，子どもに寄り添って過ごす。子どもと相互的，応答的な関わりを何度も繰り返して信頼関係の構築に努めると，子どもは保育者に対して安心感を持てるようになる。

　子どもはとくにいつもと違う場所で"寝る"ことに不安を感じている。睡眠中は死亡事故につながるリスクが高いので十分配慮する。

　特定の人が担当になるのがベストだが，複数の保育者が担当する場合には子どものそれまでの経験や発達過程に留意し，職員間で協力して対応する。個人の玩具等の持ち込みは禁止することが多いが，子どもによっては心の拠り所になることもあるので相談に応じる。

【4】　保育開始準備期間の在籍児の保育

　開始準備期間中は，必要な保育者数を確保するようにし，在籍児への保育がいつも通りに，支障なく行われるように配慮する必要がある。楽しそうに遊ぶ子どもの姿は，準備期間中の子どもの慣れを促す効果もある。

　また，開業時にいっせいに保育を開始することになった場合は，育休中等で時間に余裕のある保護者には登園の時間をずらしたり，準備期間の開始をずらしてもらうなど，保護者にも協力を求め，保護者と話をする時間を少しでも長くとれるようにする。

5　地域の社会資源の活用

　地域型保育の質を高めるために，いかに地域の社会資源を活用するかも大切なポイントである。保育室の中だけで保育を行うのではなく，地域のさまざまな資源を活用して豊かな保育を心がける。

【1】　連携施設の活用

　保育所などの園庭開放，行事への参加ができる。また，交流保育などを通じて，子どもたちがより大きい集団での活動を体験し，園庭，大型遊具などの利用，さまざまな保育士との関わりなど地域型保育の保育室ではできない体験を積む機会となる。とくに2歳児は，いずれ保育所や幼稚園等の3歳児クラスに移行することを念頭において交流することが望ましい。2, 3歳児が年長児の姿をみたり，ふれあったりすることの必要性や効果も大きい。

　このほか，連携施設は栄養士，看護師などの専門職から新しい情報を得たり，保育や子どもの発達等に関する相談をするなど，支援を得ることができる。

　保育所や幼稚園などで地域の親子に園庭開放をしているところは多いので，連携施設でなくても，近隣に行きやすい場所があれば，そこも活用するとよい。

【2】　さまざまな社会資源の活用

　公園をはじめとし，地域にあるさまざまな社会資源を保育に取り込むことができる。たとえば，雨の日の児童館や商店の利用，図書館での絵本や紙芝居の貸し出しの利用，高齢者施設との交流，公園等で行われる地域の子育て支援活動への参加や，地域の方の畑を借りて行う芋掘り体験などは，地域の方と交流する機会にもなる。日頃から活用できる社会資源を見出す努力をする。

　また，保育施設単位で行う夕涼み会，クリスマス会，遠足など，年間行事のいくつかを保護者と一緒に行うこともできる。さらには，同じ地域の保育事業者等と合同で企画する親子参加の運動会や，3月の「修了と進級を祝う会」など，単独の保育施設では行えない行事も楽しむことができる。

写真7.1 - 15

人形劇観賞

写真7.1 - 16

園庭での遊び

写真7.1 - 17

保育施設合同で運動会

写真7.1 - 18

保育施設合同で修了と進級を祝う会

6　保育の計画と記録

　一人ひとりに応じたきめ細やかな保育を行うためには，子どもをよくみて，その姿を通じて，保育のねらいや計画を立てることが大切である。『保育所保育指針』にもあるように，地域型保育においても保育の基本となる「全体的な計画」を編成し，それに基づいた保育計画を立てることが原則である。計画を実行し，振り返り，次の計画に生かすという基本的な過程も同様である。

【1】　記録の種類

　今日の保育を振り返り，明日の保育を計画するうえで，保育の記録は欠かせない作業である。記録には，連絡帳，保育日誌，健康観察チェック表，年間行事等の記録など保育実践の記録以外に運営上必要な記録もある（「第9章　地域型保育の運営」p.163，表9 - 2 さまざまな記録の種類を参照）。保育の実際を振り返りながら記録し，記録をもとに子どもの姿や保育者の関わりについての省察を深める。またその記録を蓄積し，時間をおいて

振り返ることで，子どもをより深く理解することができる。そのような過程を丁寧に行うことで，保育のねらいや計画をきめ細やかなものにすることができる。地域型保育においても保育実践を丁寧に振り返り，子どもの発達や気持ちに細やかに寄り添った保育計画を練り，質の高い保育を実践していきたい。詳細は「第7章−2　地域型保育における計画」で学ぶ。

　記録は明日の保育のためにだけではなく，保育を客観的に記述し，保育の実際を第三者に公開する手段の1つでもある。とりわけ保護者は日常の保育を直接目でみることがかなわない。保育室の子どもたちの様子は家庭でみせる姿とはかなり異なることもある。保護者をはじめ第三者への情報公開はICT化の進んだ現在では，映像や写真などの手段も著しく普及しているが，個人情報保護の配慮を怠らないようにする。さらに映像や写真を通じて，どのようなことを伝えたいか，コメントや解説をつければよりわかりやすくなる。

　また，記録を通して一人ひとりが今どのようなことに興味を持っているのかなど，子どもの今の育ちの姿を把握しやすくなる。そして，それらは保育者同士の情報共有を可能にし，また，こうした気づきや思いについて，日常のさまざまな場面をとらえながら保護者に伝え，成長をともに喜び，保護者の子育てを励ましていくことができる。

【2】　連絡帳等の書き方

　家庭と保育の場を振り子のように行き来して育っている子どもの24時間を通してみている大人はいない。しかも家庭での子どもと保育室での子どもの行動は同じではない。子どもの様子をどのように伝えるか，毎日やりとりする連絡帳等は保育者と保護者を結ぶコミュニケーションツールである。従来の紙ベースの連絡帳だけではなく，写真や動画，メールなど多様な方法を駆使できるようになり，紙ベースの連絡帳を廃止する例もある。ただ画像だけではなく，必ずどういう意味のある場面かなどの解説を付加することが大切である。保育者の感情や思いはあまり過度にならないようにし，事実を客観的に伝えるよう心がける。

　連絡帳等は保育室で子どもが1日をどのように過ごしたか，保護者の最も知りたいことを具体的に伝え，そこから保護者がわが子の成長を感じ，保育者を信頼する関係を育てる。そのためには，同じ状況を伝えるにしても，書き方で相手に伝わる印象は大きく違ってくるため，保護者の気持ちに共感した伝え方が必要となる。

　書かれた記録として後々まで残る連絡帳等には，まず子どもができなかったことの指摘ではなく，新たにできたこと，やろうとしてがんばっていた姿をとらえて伝えるようにする。また，保育者の子ども理解，褒め方，叱り方などは，保護者の子育ての具体的なモデルやヒントとなる。

　ときには，連絡帳等に記入して伝えるだけでなく，保護者と直接会って話す必要がある

場合もある（「第12章　地域型保育における保護者への対応」を参照）。

7　保育の体制

【1】　安全，安心，充実した保育の体制作り

①安全確保のために

　毎日の散歩・外遊びなどや連携施設等での行事，交流保育などに参加するための移動時に保育者同士で連携し，移動時の安全を確保する。

　また，睡眠中の健康観察を確実に，丁寧に実施する体制をとる。

②保育の充実のために

　折り紙やはさみを使った製作遊びやおやつ作りなどは，子どもたちが喜んで取り組む活動であるが，保育者が安全を確保したり，発達過程に応じて個別に援助をすることによって成り立つものもある。少人数の異年齢保育の中で，それぞれ年齢や発達過程に応じた遊びを保障することが可能となる。

　また，それぞれの保育者の経験やアイデアを生かして，豊かな保育を展開する。

③"待っててね"を少なくするために

　きめ細やかな対応が小規模な地域型保育の特長であるが，異年齢の子どもを対象とする保育では，低年齢の子どもに手がかかり，年齢の高い子どもを待たせる必要が生じることがある。とくに，午前中の散歩から戻り，手洗い，うがい，昼食の支度など個別対応が必要な時間帯には，保育者が連携することで，空腹の子どもを待たせないようにテンポよく保育することが可能となる。

④保育者の休憩時間の確保やストレスマネジメントのために

　保育は子どもの生命を預かる緊張感の高い仕事であり，保育者の休憩時間の確保は安全，安心の保育にとって必須条件である。休憩時間を確実に保障するには，効率的な仕事分担も必要であるが，時間帯によっては人員配置を厚くする必要がある。

【2】　多様な保育者同士の関係性

　保育所保育にも複数担任があるが，互いに保育士として同じ身分であり，先輩，後輩ではあっても対等な関係である。地域型保育の場合，保育者間には資格条件の差異がある。子育て支援員や保育補助者などが保育補助に携わる場合もある。しかし，その役割や位置づけには明確な決まりはないといってよい。常勤の保育者として，毎日，終日保育に携わ

る場合もあれば，週何日か，交替制で短時間など，さまざまな就労形態がある。しかしながら，子どもや保護者の立場からみるとみんな同じ「保育者」である。

　保育に関わる全員が保育施設の保育方針を理解し，協働して役割を担うことによって充実した保育が可能になる。そのためには日常的に意思疎通を図り，立場の違いを超えて保育について対等に意見交換ができる関係を築くことや，それぞれの保育者の力量向上への適切な援助も欠かせない。また，保育の質の向上を図るためには，外部の研修等にも参加するなど，キャリアアップへの努力も重要である。

【3】　複数保育体制のチームワーク

　複数の保育者がいれば，各自の役割分担，引き継ぎ，連携協力，意思疎通など，保育はチームワークの仕事になってくる。

　小規模保育等の場合は，保育責任者以外に保育者が複数必要で，シフト制をとりながら保育を行うことが多い。複数の保育者がそれぞれの役割を果たしながら安全で安心な保育を心がける。小規模ではあっても，保育施設全体の責任者と複数の保育者の配置や各自の役割など，組織としての責任体制，役割分担を明確にする必要がある。大規模な組織とは異なり，一人ひとりの存在は大きく１人欠けると穴埋めは簡単ではないことにも留意する。

　地域型保育では自園調理が原則となり，搬入でない場合，定員３名までの家庭的保育以外では調理員を雇用する必要がある。単に食事作りをする人ではなく，「食育」という重要な保育内容に関わる人として位置づけたい。

　円滑な保育を実施するためには，役割分担はもちろん，引き継ぎの方法，連絡方法，意思疎通の方法，保育に関する話しあい，一人ひとりの子どもについての共通理解など，文書で，口頭で，電話で，いろいろ工夫して，強固なチームワークを築く必要がある。シフト制で毎日顔を合わせない保育者同士は，コミュニケーションの機会がほとんどないということもある。全員が顔を合わせて，互いに知りあい，保育を語りあう場も職場内研修の一環としてぜひ設定したいものである。

　職員一人ひとりが保育施設の一員としての役割を自覚し，子どものこと，保護者のこと，保育内容のことなど，一緒に話しあい，質の高い保育を目指して保育施設全体が前進できれば，保育施設は子どもたちや保護者にとってのみではなく，そこで働く一人ひとりにとっても明るく前向きで居心地のよい職場になるに違いない。また，職場作りのリーダー的な立場にある場合には，何でも１人で抱え込まず，職員を信頼して育て，チームワーク形成に力を尽くすことによって，保育施設全体のレベルアップを図ることが可能になるだろう。

参考文献

遠藤利彦（著）『赤ちゃんの発達とアタッチメント——乳児保育で大切にしたいこと』
　ひとなる書房，2017

厚生労働省告示第 117 号『保育所保育指針』2017 年 3 月 31 日

厚生労働省『保育所保育指針解説』2018 年 2 月

汐見稔幸・無藤隆（監修）ミネルヴァ書房編集部（編集）『平成 30 年施行　保育所保
　育指針　幼稚園教育要領　幼保連携型認定子ども園教育・保育要領　解説とポイン
　ト』ミネルヴァ書房，2018

『0・1・2 歳児の保育』2018 春号——新 乳児と保育増刊，小学館，2018

永田陽子（著）『0 歳児支援・保育革命 1——0 歳児の家庭支援・保育を問い直す』な
　なみ書房，2017

永田陽子（著）『0 歳児支援・保育革命 2——ビデオで学ぶ「人育ち唄」での愛着
　形成』ななみ書房，2020

乳児保育研究会（編）『改訂 5 版　資料でわかる乳児の保育新時代』ひとなる書房，
　2018

第7章－2
地域型保育における計画

講義の目的
①計画的な保育の意義について学ぶ。
②保育計画の種類と計画の立て方を学ぶ。
③保育の記録を計画に生かす。
④地域型保育の特徴に合わせた計画作成のポイントを学ぶ。

1　保育における計画

　保育には，さまざまな種類の計画がある。保育者が保育を計画し，それに基づいて実践が行われている。『保育所保育指針』（平成29年告示）の第1章　総則　3 保育の計画及び評価には，保育所が保育を行う際には保育所保育の全体像を包括的に示す「全体的な計画」を作成すること，これに基づく指導計画，保健計画，食育計画などを作成することが記されている。保育所は保育の計画を作成し，それに基づいた保育を行わなければならないのである。「家庭的保育事業等の設備及び運営に関する基準」（厚生労働省令第61条）には，地域型保育は『保育所保育指針』に則った保育を提供しなければならないことが示されている。つまり，保育を実践するにあたっては計画を立てることが不可欠であり，保育の場での子どもたちの生活や遊びは，「計画」によって支えられているのである。

【1】　保育における計画の考え方

　計画とは，一般的に，何らかの目標があり，それを達成するために何をどのような手順で進めたらよいかを考えることをさす。そして，計画通りに実行できたかどうかが評価される。私たちはどこかで，計画はそのとおりに実行すべきものという意識を持っているか

もしれない。

　ここでは，私たちが計画を実行していく過程を細かくみていきたい。たとえば，旅行に行くとき，時期や予算，交通手段やルートなどを考えて計画を立てる。しかし，出かけてみると，飛行機の到着が遅れて予定していたバスに乗ることができず，目的地まで電車で行くことになった，天気が悪く，観光を早めに切り上げたなど，予定外の事態が起き，計画通りに行動できなかった経験があるのではないだろうか。

　サッチマン（Suchman, 1987）は，プラン（計画）について，私たちの行為は本質的に状況に依存したものであり，完全に予想することは不可能だと指摘している。つまり，私たちは，計画を立てるとき，その時点での状況を踏まえたうえで目的を達成するために最もよいと思われる筋道を考える。しかし，実際に直面する状況はその時々で変化するため，変化する状況に応じて，その都度やるべき行為を決めて対応していくものだというのである。

　保育の計画も同様に考えることができる。ある目標に向かって，どんなに詳細に計画を立てたとしても，子どもたちが生み出す状況がそのとおりになるわけではない。子どもの実態を把握し，その都度対応をしながらゴールを目指すことになるだろう。つまり，保育者が自分の立てた計画通りに保育を進めようとして躍起になるのではなく，計画は大枠の予定であることを踏まえて，刻々と変わる状況の中で，どう動くかをその都度判断し，対応しながら進めることが求められるのである。柔軟で余裕のある対応をするためには，個々の子どもの姿を理解しておくことが必要となる。そのためには，日々の記録をとり，子どもの実態を把握するように努めなければならない。

【2】　保育における計画の意義

　保育の場で，子どもが遊んでいる姿を想像してみよう。1人で泥遊びをしている子どももいれば，友達と一緒にままごとをしている子どももいる。乳児期であれば，手に持ったおもちゃを触ったり舐めたりして遊んだり，保育者とのふれあい遊びを楽しんだりする姿もみられるだろう。子どもたちが好きな場所で好きなように遊んでいる姿は，一見，計画とは結びつかないと思われるかもしれない。

　地域型保育では，子どもたちの年齢も低いことから，日々の保育の中でも，遊ぶことや，食べること，眠ることなどの生活に関することが重視される。遊びや生活の計画を立てると聞くと，計画によって子どもを管理することになると考える人もいるだろう。また，子どもの自主性や主体性を重視するならば，保育者が計画を立て，その計画に基づいて保育をすることで自主性や主体性を無視することになるのではないかという意見もあるかもしれない。

　保育は，子どもの自由に任せ，ただ，一日を楽しく，無事に過ごせばよいわけではない。

保育をするということは，生命の保持と情緒の安定を基盤としながら，子どもの成長過程に必要とされる経験を保障していく責任を負うということである。子どもが，自身の中にある生きる力や伸びようとする力を発揮しながら成長していくためには，在籍期間中にどのような子どもに育てたいかという目標を立て，その目標に向かってどの時期にどんな経験を積み重ねればよいかを考えて保育をしていくことが求められる。そのためには，計画が必要なのである。

2 保育の計画の種類

保育の計画は，大きく2つに分けられる。1つは在籍期間を通しての「全体的な計画」である。これは，各園が目指す保育の全体像を示したものである。もう1つが「指導計画」で，「全体的な計画」に基づいて，子どもの実態に即して具体的に作成されるものである。「指導計画」には，長期の指導計画と短期の指導計画がある。全体的な計画と指導計画の関連は次のように示すことができる（図7.2－1）。矢印が双方向になっているのは次の理由による。長期の計画は短期の計画に沿って行われた実践の反省や評価をもとに立てられ，短期の計画は，長期の計画をより具体化した形で作成されるのである。このように，長期の計画と短期の計画は双方向性を持ち，密接に関連しあい，子どもの成長を支えている。

図7.2－1　全体的な計画と指導計画との関連

【1】　全体的な計画

保育所の全体的な計画は，0歳～就学前まで（地域型保育では0～3歳未満児まで）の6(3)年間の在籍期間を通しての保育目標と保育内容が示される。『保育所保育指針』では，「幼児期の終わりまでに育ってほしい姿」として10の項目が示されている。このことを念頭におき，在籍期間全体の中で見通しを持ちながら全体的な計画を作成していく必要があ

る。地域型保育の全体的な計画（**資料1** p.129）をみると，保育理念，保育方針，保育目標，保育内容などが示されている。保育内容についても，**資料1**のように『保育所保育指針』に示された「養護」の2つの目標と「教育」の5つの目標が発達過程に応じてどのように展開されるかを示すとわかりやすい。

【2】　指導計画

1　長期の指導計画

　長期の指導計画には，年間指導計画（1年間の指導計画），期間指導計画（期案），月間指導計画（月案）などがある。年間指導計画は，新年度からの1年間，どのように保育を進めていくかという見通しを示したものである。期間指導計画と月間指導計画は，年間指導計画に基づいて作成され，その時期（月）にどのような保育を展開するかを示している。言いかえれば，その期，その月の生活設計を描いたものである。0〜1歳児では，子どもの生活や遊びを長いスパンでとらえることが必要であるため，月や期を単位とした計画が作成されることがほとんどである。

　地域型保育では，年齢の低い異年齢の子どもを保育するため，**資料2**（p.130）のように，具体的に個人名をあげて個別の計画を組み入れながら作成することになる。

2　短期の指導計画

①週・日の指導計画

　短期の指導計画には，週間指導計画（週案），一日指導計画（日案）などがある。短期の指導計画は，日々の保育の中で，子どもたちとともに過ごしながら一人ひとりの子どもの実態に即して遊びや生活を具体的に示したものである。

②デイリープログラム（日課）

　子どもの一日の生活リズムを示したもので，日課表ともいう（デイリープログラムの詳細については，「第7章－1　地域型保育の保育内容」を参照）。

　デイリープログラムは，一日の生活の流れが時間軸に沿って示されており，受け入れの際の視診，検温，おむつ替え，授乳や離乳食，午睡，遊びなどを大体どの時間に行うかが一見してわかるようになっている。デイリープログラムは，食事と睡眠のリズムを基本として作成される。子どもの成長とともに，食事や睡眠の回数や時間帯が変化すると，次の段階に移行させていくことになる。3歳未満児の保育においては，子どもの生活を組み立てる基盤となる計画といえる。

　3歳未満児にとって，食事と睡眠を個々のペースに合わせてとることは成長にとって重要なことである。このとき，デイリープログラムに示された時間と内容はあくまでも目安

であり，プログラムに無理に合わせようとするものではないことに注意したい。起床時間が早く，授乳から時間が経った状態で登園したのであれば，早めに授乳するなど，子どもの家庭での生活リズムも考慮し，実態に合わせた柔軟な対応が求められる。

【3】 個人別指導計画

　保育所では，3歳未満児については，前述の指導計画のほかに，個人別指導計画を作成している。個人別指導計画は，年齢や月齢によって個人差が大きいこの時期の子ども一人ひとりについて作成するものである。長期の指導計画も短期の指導計画も，基本的にクラス単位で作成されるものである。しかし，3歳未満児においては，同じ年齢・月齢であっても個々の発達の様子は異なっており，保育者の援助のポイントも違ってくる。とくに乳児の場合は，同じ月齢であっても身体発達の状態が異なる。たとえば，ハイハイをしている子どもと，つかまり立ちを始めた子どもとでは，環境の作り方や保育者の関わり方も当然変わってくる。そのため，個人に即した指導計画を立てることが必要となる。一人ひとりの子どもに最も寄り添った計画として非常に重要であるといえる。

　地域型保育では，少人数での保育や異年齢保育が基本となるため，保育内容も在籍する子どもの年齢や発達の状況によって異なるのが大きな特徴である。個々の子どもにとって必要な環境と保育者の関わりを考えて保育にあたるためにも，個人別指導計画を作成することが有効であろう。たとえば，**資料2**の年間指導計画（例）をみると，1年間を4つの期に分け，それぞれの時期ごとに「ねらい」「内容」「保育者の配慮」が示されている。これらは，**資料1**の全体的な計画（例）に示されている保育目標と内容を，時期と個々の子どもごとに具体化したものである。さらに，年齢ごとにねらいを明記すると一目で1年間の見通しを確認することができるだろう。**資料3**（p.131）は年間指導計画をもとに作成した6月の個人別指導計画（例）である。

　計画を作成する際，みやすさやわかりやすさもポイントである。文章で記すほかに，保育室内の環境構成を図にし，環境図として示すと空間の使い方や具体的な援助の方法，子どもの動線などもイメージしやすくなるので工夫するとよい。

　これまで述べてきたように，保育にはさまざまな種類の計画がある。地域型保育においても，各保育施設で，日々の保育を通してどんな子どもを育てたいのか，どんな保育をしたいのかという目標を掲げ，その目標に向かって，それぞれの年齢で，1年間，1カ月，1週間，その日一日をどのように過ごしていったらよいのかを計画することが必要となる。それが，子どもにとって必要な経験の積み重ねを保障することにつながるからである。一般的に地域型保育では，その年度によって子どもの年齢構成も異なるので，見通しを持ちにくいかもしれない。しかし，保育施設で育てたい子ども像は変わらないはずである。まずは全体的な計画をしっかりと作成しておさえておくようにしたい。そして，指導計画を

作成する際に，その年度の子どもの年齢構成を考えて具体的な保育の展開を考えていくことが重要である。

　また，計画を立て，実践したらそれで終わりではない。実践を記録に残し，それをもとに保育の振り返りを行うことが求められる。その結果，計画がより子どもの実態に沿ったものに修正され，蓄積された記録は，次の計画の資源となっていく。つまり，保育の計画は双方向性を持っているのである。目の前の子どもに即した充実した保育を展開するためには，記録をもとに計画を見直し，その内容を検討することが求められる。

3　指導計画作成のポイント

　指導計画は，全体的な計画を具体化したものであり，保育者にとっては日々の保育を展開するうえで身近な計画といえる。ここでは，指導計画を作成する際のポイントについて述べる。

【1】　計画の出発点は子どもの実態

　計画の基盤となるのは，一人ひとりの子どもの実態である。子どもの実態の把握には，保育の記録が不可欠である。ここでは，子どもの実態を把握する具体的な視点として以下の5つを提案したい。

①発達の状況

　便宜的に，からだ・ことば・こころという3つの窓から現在の子どもの発達の状態をとらえる視点。

②興味・関心のあることがら

　生活全般の中で何に興味を持っているのかをとらえる視点。

③遊びへの取り組み

　どんな場所でどんな遊びを楽しんでいるか，その中でどんな経験をしているかをとらえる視点。

④生活への取り組み

　衣服の着脱や排泄，生活の仕方など，主に生活習慣をとらえる視点。

⑤保育者や友達との関わり

　保育者との愛着関係，他児との関係性などをとらえる視点。

　子どもの実態は，表面的にみただけではとらえることができない。たとえば，遊びの場

面で,「積木で遊んでいる」「砂遊びをしている」というように「何をして遊んでいるのか」を把握するだけではなく,子どもの内面に目を向け,「どんなことを楽しんでいるのか」「どんな思いを持っているのか」にまで理解を深めるようにしたい。

【2】 「ねがい」から「ねらい」を考える

子どもの実態がとらえられると,保育者は次に子どもにどうなってほしいかという「ねがい」を持つだろう。入室後すぐの時期に,なかなか自分の欲求を表現できない子どもの様子がみられたとき,いずれは,「自分の思いや欲求を伝えられるようになってほしい」と考えるだろう。これが「ねがい」である。しかし,よく考えると,その状態になるまでにはいくつものステップがあることに気づく。実際には,一足飛びに「ねがい」のような姿になるわけではなく,「保育者との信頼関係を作る」とか,「保育室が安心できる場であることがわかる」といったステップを経て,最終的に安心して自分を表現できるようになると考えられるからである。

保育をするうえでは,「ねがい」を子どもの実態に応じた形にしなければならない。簡単にいえば,それが「ねらい」である。先の例でいえば,「保育者との信頼関係を作る」とか「保育室が安心できる場であることがわかる」などが,今の子どもの実態に即した「ねらい」となりうる。保育者が「ねらい」をどう持つかによって,環境の作り方や援助の方向性が決まるため,子どもの実態と合っているかどうかをよく吟味する必要がある。

【3】 環境を用意する

計画を実践するためには,まず,環境を整えることが必要である。先の例でいえば「保育室が安心できる場であることがわかる」ためには,どんな環境を整えたらよいだろうかを考えるのである。目の前の子どもに即した環境を整えるためには,子どもの実態の理解に基づく保育者の想像力も求められる。「こんな環境を用意したら,Aちゃんはどうするだろうか」と個々の子どもをイメージしながら,用意した環境への子どもの関わり方を具体的に考えることが必要とされるからである。その結果,保育室にAちゃんの好きな玩具を置いたり,家で繰り返し聞いているというお気に入りの曲を流したりするかもしれない。

また,乳児期は,とくに発達がめざましいため,保育室の中でも,子どもの月齢や興味・関心に合った玩具を用意し,常に見直すようにすることも心がけたい。姿勢が変われば視野も変わる。子どもの姿勢の変化に伴って玩具を置く場所を変えたり,安全への配慮を再検討したりすることも必要になる。

これは,遊びだけに限ったことだけではなく,生活に関わることについても同様である。

保育している子どもが幼児と乳児であった場合，乳児のために睡眠や授乳が確保できるスペースを準備する。乳児が自分で移動できるようになれば，幼児のために遊びにじっくり取り組めるようにパーティションで部屋を仕切るなどの工夫も必要になってくる。

さらに，環境を考える際，雰囲気作りも重要なポイントである。子どもが落ち着いて過ごせるように考えたい。物理的なモノの色や形，配置場所なども雰囲気を作るために一役かっているが，保育者の立ち居振る舞いや声のトーン，子どもに語りかける口調なども含めて雰囲気を考えるとよい。「自分がAちゃんだったら」と，子どもの側に立って全体的な保育環境を考えるようにしたい。

このように，保育者がどんな環境を用意するかで子どもの経験が変わってくる。たとえば，昼食を食べるとき，クロスがかけられ，花が飾られているテーブルで食べれば豊かな気持ちで食事をすることができるだろう。どんな環境の中で過ごすのが子どもの育ちによいのかを考えて，計画を立てる際にはとくに丁寧に検討するようにしたい。また，屋外での活動や地域の施設の活用，行事への参加などについても，必要性を検討したうえで積極的に計画の中に取り入れるようにしたい（「第8章　地域保育の環境整備」を参照）。

【4】　計画を評価する

保育の計画の評価は，計画通りに実践できたかどうかで判断されるものではないことは先に述べた。計画はあくまでも「大枠の予定」である。どんなに子どもの実態を把握して計画を作成したとしても，必ずそのとおりになるとは考えにくい。計画とは違ったことに子どもの興味や関心が向くこともあるし，今日は気が向かないということもあるだろう。その際は，無理矢理計画通りに進めるのではなく，子どもの気持ちに寄り添って計画を変更し，環境を再構成したり，保育者の援助の方向性を変えたりすることになる。保育の計画の本質は，子どもの気持ちに寄り添うことにあり，計画の評価もそこに焦点を当てて考えなければならないのである。

戸田（2004）は，保育の計画を「デザイン」としてとらえ，その本質として，自分とは別の意志を持って生きる相手との関係を根底としていると述べている。計画は，保育の資源となるものであって，保育者が子どもに一方的に押し付けるものではない。保育者の願いや思いをこめて計画するが，その時々の子どもの思いや気持ちを常に感じ取り，実態をとらえなおし，改めて計画のほうを修正しながら進めていくものなのである。そして，その評価としては，保育者の子どもの実態把握が十分であったかどうか，環境構成や援助方法が適切であったかどうかが問われることになる。

4 保育の記録を計画に生かす

【1】　保育を記録することの意味

　保育の記録を作成することは，子どもの実態を把握することにつながり，計画を立てるうえでの資源となる。その日の保育を振り返ることは，子どもの行為や保育者自身の援助を意識化し，客観的にみることでもある。自分自身の保育を振り返りながら記録を書くことを通して，ことがらを相対化してみることができるようになり，保育を客観視する力が養われる。また，時間や距離をおいて振り返ることは，過去のことがらを別の角度からみつめなおすこと，そのときの子どもの行為の意味や内面を理解することを可能とする。表面的にみるだけではなく，子どもの気持ちや背景を考えることから，子ども理解が深まるのである。

　日々の保育の記録を積み重ねることで，みえてくることもある。ある場面での子どもの姿だけで，子どもの行為の意味や内面を理解することはできない。しかし，保育の記録を1週間，1カ月とさかのぼって振り返ることでより深い考察を得ることができ，深い子ども理解を可能にするのである。

【2】　いろいろな記録の様式

　保育の記録の様式は本当にさまざまで，決まったものがあるわけではない。用途や各保育施設の実態にあった様式を工夫しながら作成していくことになる。たとえば，生活の流れを中心とした記録様式，個々の子どもの遊びや生活について記録する様式（個人記録），保育環境と子どもの遊びを中心とした様式（遊びマップ），ある場面の子どもの姿を詳細に描く様式（エピソード記録），写真と文章を用いた様式（ドキュメンテーション）などがある。

　子どもの実態をより深く理解するためには，複数の様式を併用することを薦めたい。とくに，0〜1歳児にとって，授乳や睡眠，排泄などがどの時間にどのような状態であったかを記録することは重要なことである。しかし，それだけでは，深い子ども理解にはつながらない。個々の子ども理解を深めるためには，その日，こころに残った出来事や焦点を当てて継続的に観察しているトピックについてのエピソード記録を書くなど，子どもの姿がより詳細に伝わってくる様式と併用するとよいだろう。複数の記録を通して子どもの実態を多角的にみることにより，より正確に把握することにつながる。近年では，「子どもの姿からスタートする計画」を作成する資源となる記録の方法や視点について，さまざま

な工夫が行われている。

　保育者の日常は忙しく，保育を振り返って記録に残すための時間が十分にあるとはいえない。そのため，記録をする内容の重複をなくし，効率よく，かつ充実した記録を残せるように工夫するとよいだろう。

5　地域型保育における計画作成のポイント

　地域型保育は，低年齢の子どもが対象であり，一般的に異年齢の子どもがともに生活するのが特徴である。これまで述べた計画の基本的な考え方と作成のポイントを踏まえて，地域型保育の計画作成について考える。

【1】　子どもの人数と年齢構成を考慮して作成する

　地域型保育の計画を作成する際に難しいのは，その年度ごとに保育する子どもの年齢構成が異なる場合があることである。また，年度途中で子どもの入れ替わりが起こることもある。保育施設には，クラス分けをしないで保育する施設，異年齢あるいは年齢別の保育をしている施設，一日の中でも異年齢の時間と年齢別の時間を作っている施設など，さまざまなものがあるが，いずれの場合も，個々の子どもにとって，ふさわしい生活になっているかどうかを考えなければならない。

　年齢の低い子どもと一緒にいることで，年齢の高い子どもがやりたい遊びができなかったり，我慢を強いられたりすることも考えられる。また，集団が大きいと，子どもがストレスを感じたり，落ち着きがなくなったりすることもあるため，グループに分けて保育をするなどの工夫も必要となる。

　年齢でグループを分け，部屋も分ければ，年齢や発達に即した遊びを思い切り楽しむことができるし，人数が少なくなることで，落ち着いて過ごすことができる。計画を立てる際には，子どもの年齢と年齢構成，一日の中での過ごし方を考えて生活の流れや遊びの内容を検討し，子どもにとって充実した日々になるように考えたい。

【2】　「ひとり」と「グループ」両方の育ちを考える

　地域型保育では，「ひとり」つまり個々の成長を保障するということと，一緒にいることを楽しみ，互いに受ける影響を生かす，つまり，「グループ」で（一緒に）過ごす楽しさを育てるということの双方を意識する必要がある。

個々の遊びを保障しようとすると，どうしても他児が邪魔をしないようにと考えてしまいがちである。もちろん，それは大切なことである。しかし，一方で，子どもたちが小集団（グループ）で生活する楽しさを味わえるような，あるいは，「小さいお友達はかわいい」「お兄さん・お姉さん大好き。一緒にいたい」と感じられるような環境を計画的に作っていくことも重要である。保育の中で，一緒に歌を歌ったり，体操をしたりするような場面を作るのはもちろんよい機会となりうる。そのほかにも，乳児が自分のリズムで授乳や睡眠をとったりできるような生活の流れや環境構成を考える一方で，起きているときには年齢の高い子どもが遊んでいる近くで保育者とともに過ごす時間を持つ，自分で移動できるようになれば，年齢・月齢に合ったかたちで同じ遊びに部分的に参加するなど，日々の生活で他児と一緒に過ごす楽しさや雰囲気を味わうことができるように援助することが可能である。

　他児の存在に気づき，一緒に過ごす楽しさを味わえるようにするには，何より保育者の役割が大きい。年齢の高い子どもと低い子どもが互いの存在を感じられるような場所で遊びを展開する，遊びをつなげる，それぞれの思いの橋渡しをするなど，具体的な援助活動が重要になるからである。また，保育の中で無意識に行っている行為や言葉遣いは，良くも悪くも子どものモデルになっている。保育者が丁寧に子どもに対応していれば，子どもも他児に同じように対応するようになる。子どもの中に思いやりやあこがれを育てるのは，保育者のふるまいだということを意識して，日々の保育にあたりたいものである。

参考文献

Suchman, L. A.（1987）*Plans and Situated Actions: The Problem of Human-Machine Communication*. Cambridge University Press, 51-52.　（佐伯胖〔監訳〕『プランと状況的行為——人間－機械コミュニケーションの可能性』産業図書，1999）
戸田雅美（著）『保育をデザインする——保育における「計画」を考える』フレーベル館，2004

資料 1 　S 保育室の全体的な計画（例）

※資料 1，資料 2 は鈴木道子保育室の全体的な計画，年間指導計画を筆者が改編したものです。

S 保育室		全体的な計画			平成 24 年 8 月 26 日更新
保育理念		●一人ひとりの子どもを尊重し，健康と安全に配慮した安心できる保育環境を提供することで，健やかな成長を促すとともに，保護者や地域との信頼関係を築き，地域に根付いた保育室を目指す			
保育方針		●一人ひとりの発達過程や生活環境に応じて，きめ細やかな保育を行う ●少人数で異年齢の子どもたちが安心して過ごせる，温かい保育室を運営する ●安全で健康に過ごせるような配慮を欠かさず，健やかな成長を支える	保育目標	●明るくやさしく素直な子 ●みんなと仲良く遊べる子	
		0 歳	1 歳	2 歳	3 歳
年齢ごとのねらい		○保育者との愛着関係を築くように関わる ○愛着関係をもとに人やものとの関わりを広げる	○自分でしようとする気持ちを尊重する ○友達との関わりを通して友達への関心を深める	○自我の育ちを受け止め，自分でしようとする気持ちを大切にする ○大人との関わりを深め，言葉で気持ちを表現することを楽しむ	○保育者の支援を通じて，排泄や衣類の着脱を自分でできるように援助する ○いろいろな教材を使って表現遊びを楽しむ
保育内容					
養護	生命の保持	○子どもの生活のリズムを大切にし，生理的欲求への応答を通じて，快適な生活の安定を図る	○特定の保育者との信頼関係が深まるように関わる ○身体的機能の充実を図る	○保育者に自我を受け止めてもらいながら，自分の感情や気持ちを表現する	○基本的な生活習慣を身につけられるように個々に応じた援助をする
	情緒の安定	○子どもの甘えや欲求を受け止め，やさしい言葉かけ，スキンシップにより，保育者との信頼関係を築く	○気持ちを安心して表現できるように自己主張に配慮する ○子どもの気持ちを理解し，受容的な関わりの中で信頼関係を深める	○自我の芽生えを受け止め，子どもが安心して気持ちを表現できるように配慮する	○自我を大切にし，子どもの主体性を尊重できる環境を用意する
教育	健康	【健やかにのびのびと育つ】 ○自由に体を動かし，探索活動を活発にする ○清潔になることの心地よさを感じる	○戸外遊び，一人遊びを通じて十分に体を動かしたり，集中して楽しんだりする ○身の回りのことを自分でしようとする	○保育者の支援を通じて，排泄や衣類の着脱を自分でしようとする	○自分でできることは自分でしようとする ○体を十分に動かして遊ぶ
	人間関係	【身近な人と気持ちが通じ合う】 ○保育者との関わりの心地よさを感じる ○話しかけややりとり，発声や喃語への応答的な関わりの中で，声や言葉で気持ちを表現する意欲が育つ	○友達と共感したり，保育者の見守りの中で関わったりする	○徐々に友達と関わって遊び，一緒に過ごすことを楽しむ	○友達との思いの違いに気づく ○友達と一緒に遊ぶ中で，簡単なルールを守る
	環境	【身近なものと関わり感性が育つ】 ○周囲の環境に積極的に関わり，感性を育てる	○戸外遊び，一人遊びを通じて，身近な環境に興味を持ち，関わろうとする	○身の回りのさまざまなものや自然に触れ，探索活動を楽しむ	○身近な動植物に関心を持ち，積極的に関わり，自分の世界を広げる
	言葉		○保育者の言葉かけを喜び，言葉で気持ちを表そうとする	○生活や遊びの中で，言葉のやりとりを楽しむ	○言葉の美しさに気づく ○生活で必要な言葉を理解し，使おうとする
	表現		○保育者や友達と一緒に歌ったり体を動かしたりして楽しむ ○生活の流れがわかり，自分でやろうとする ○季節を感じたり，自然物に触れたりして遊ぶ	○のびのびと体を動かしたり，表現したりする ○大人のまねをしてやってみることを楽しむ	○さまざまな用具に触れ，工夫しながら遊ぶ
保育者の配慮		スキンシップ等を図りながら，温かい雰囲気の中で安心して過ごせるよう配慮する	子どものやりたい遊びを大切にし，楽しく遊べるよう温かい言葉をかけながら見守る	子どもの意欲を大切にしながら，一つひとつの遊びに丁寧に関わっていく	年齢に応じた絵本，遊具，教材などを用意しておき，子どもたちが自由に出して遊べるようにしておく
保育所保育指針	健康支援	○睡眠時の健康観察（毎日）健康状態の観察（SIDS および乳児窒息死予防・発達状態の把握）　○健康診断（年 2 回）			
	環境・衛生管理	○保育室の用具玩具等の清掃，消毒，点検　○散歩マップの確認，点検　○補助者健康診断			
	安全対策・事故防止	○避難（火災地震不審者対応）訓練（毎月）　○引き渡し訓練（年 1 回）　○消防点検，消火訓練 ○救命講習会（適宜）　○連携保育所での避難訓練参加			
	研修計画	○『保育所保育指針』に対応した研修受講　○市町村主催の研修　○基礎研修　○現任研修の参加			
特色ある保育	保育室の独自性	○庭のビオトープやメダカの飼育を通して自然への興味関心を育てる　○亀の観察を通して，小動物を身近に感じる ○1 日 2 回（朝・夕）の散歩			
	地域の行事への参加	○高齢者福祉施設「シャローム」との定期的な交流や地域の人々など自分の生活に関係の深いいろいろな人に親しむ			
	連携保育所	○行事・健康診断の参加・集団保育の経験			
	保護者支援	○育児に関する相談・悩みや喜びの共有			

年間区分		I期（4月～6月）	II期（7月～9月）	III期（10月～12月）	IV期（1月～3月）
遊びの展開		生活に慣れていく時期	夏の遊びを中心に一人ひとりが遊びを楽しめる時期	遊びがさらに展開していく時期	遊びが充実する時期
期のねらい		健康的で安全な環境の中で安心して過ごす	季節に応じた遊びを十分に楽しむ	戸外遊びを通じて季節の変化を楽しむ	寒い時期でも外気に触れて遊ぶ
Yちゃん（女児）※新入園児（11カ月）	ねらい	・新しい環境に慣れる ・保育者とふれあい安心して過ごす	・保育者と関わったり，ふれあったりすることを楽しむ	・身の周りのさまざまな物を自由にいじって遊び，外界に対する好奇心や関心を持つ	・保育者の関わりや遊びを通して，言葉を使うことを楽しむ
	内容	・落ち着いた雰囲気の中で，無理なくゆったりと生活する ・保育者とふれあったりやりとりをしたりする	・甘えたい気持ちを受け止めてもらう ・抱っこなどのスキンシップを多くとり，ふれあい遊びを楽しむ	・絵本や玩具，身近な生活用具などを使って遊ぶ ・自然物に触れて楽しむ	・わらべ歌やふれあい遊びを通して，言葉を使ったり，やりとりしたりすることを楽しむ
	保育者の配慮	・清潔で安全な環境を作り，体の状態を観察し快適に生活できるようにする ・ゆったりと穏やかに関わり，安心感を感じられるようにする	・適度な運動と休息をとることができるよう配慮するとともに，子どもの欲求に適切に応じる ・保育者と一緒に水や泥などに触れる機会を持つ	・一人ひとりの欲求に応え愛情を込めて応答的に関わる ・子どもの興味，関心に応じた玩具，遊具などの環境を用意する	・保育者がゆったり関わったり，気持ちを代弁したりする ・わらべ歌や簡単な手遊びをして，ふれあう楽しさを味わえるようにする
Mちゃん（女児）※新入園児（1歳4カ月）	ねらい	・新しい環境に少しずつ慣れ，安定して過ごす	・探索活動を十分に楽しむ ・泥遊びや水遊びなどの夏の遊びを十分に楽しむ	・保育者や友達と一緒に遊ぶことを楽しむ	・安心できる保育者の見守りの中で，身の回りの大人や子どもに関心を持ち関わりを楽しむ
	内容	・保育者との信頼関係を築き，安心して過ごす ・自分の好きな玩具や遊具で楽しく遊ぶ	・安全で活動しやすい環境の中で，自由に体を動かして遊ぶ ・水や泥，砂などに親しむ	・友達に親しみを持ち，一緒に過ごしたり，場を共有したりする	・一人遊びやつもり遊びを充実させ，友達と一緒に遊ぶことの心地よさや楽しさを体験する
	保育者の配慮	・前日からの様子や健康状態を把握する ・スキンシップや応答的な関わりを通して信頼関係を築く	・水の事故が起きないように，安全な環境に配慮する ・無理強いをせず，様子をみながら遊びに誘う	・自我をしっかり受け止め，丁寧に関わる ・「貸して」「入れて」など，友達との関わり方を知らせる	・保育者が仲立ちをすることで，自分の気持ちを伝えたり，相手の気持ちに気づいたりするように関わる ・遊びのイメージをつなげたり，共有したりできるようにする
Tちゃん（女児）（2歳1カ月）	ねらい	・健康的で安全な環境の中で自分の好きな遊びをみつけて遊ぶ	・保育者や友達と一緒に，夏の遊びを楽しむ	・小動物や植物をみたり，触れたり保育者から話を聞いたりして，興味や関心を広げる ・十分に体を動かして遊ぶ楽しさを知る ・見立て遊びやごっこ遊びを楽しむ	・外遊びを十分にするなど，遊びの中で体を動かす楽しさを味わう ・冬の自然現象に興味を持つ
	内容	・好きな遊びを楽しむ ・体を動かして遊ぶ ・身近な動植物をみたり，触れたりする	・保育者や友達と，水や泥などに触れて遊ぶ ・着替えや排泄などを自分で行おうとする	・絵本，童話，視聴覚教材などを聞いたりしてその内容や面白さを楽しむ	・保育者と一緒に全身を使った遊び，簡単なルールのある遊びを楽しむ ・氷，雪，霜柱など冬の自然に関心を持つ
	保育者の配慮	・安心できる保育者との関係の下で，食事，排泄などの身の回りの活動を自分でしようとする気持ちを尊重する	・保育者や友達との遊びの楽しさや気持ちの解放感を味わえるようにする ・着替えや脱いだ衣類の整理などを自分でしようとする姿を見守る	・全身を使ったダイナミックな遊びができるような環境を作る ・見立て遊びやごっこ遊びが楽しめるように素材や空間を工夫する	・戸外や散歩などで周囲の自然に目を向けるように関わる ・ルールを守って遊ぶ面白さを味わえるようにする ・自分でやりたいことができる環境を整える
	ねらい				
	内容				
	保育者の配慮				
行事		健康診断・避難訓練（毎月）・お誕生会・身体測定	七夕祭り・夕涼み会・連携保育園のプール開放日	健康診断・運動祭り・クリスマス会	豆まき・ひな祭り・卒園遠足
季節の歌		チューリップ・めだかの学校・こいのぼり・雨の歌	カエルの歌・たなばた・おつかいありさん	どんぐり・松ぼっくり・モミの木・お正月	お正月・うれしい雛祭り・となりのトトロ
造形		「こいのぼり」	「七夕飾り」	「Xmasのリース」	「鬼のお面」
保育者の自己評価		朝の自由時間に，わらべ歌を取り入れふれあうようにしたところ，コミュニケーションが深まり愛情の交流がより一層とれるようになった			

資料3　6月の月間個人指導計画（例）

今月のねらい	○欲求や思いを保育者に受け止めてもらいながら，遊んだり生活したりする ○一人ひとりの発達や興味・関心に合った遊びを楽しむ		
保育の ポイント	○子どもが興味・関心を持った遊びにじっくり取り組めるように見守り，楽しさや面白さに共感する ○一緒に遊んだり，要求に応えたりしながら，関わりを深める ○梅雨の時期なので，衣服の調節や衛生面に気をつける ○室内での遊びが多くなる時期なので，楽しく過ごせる環境を整える		
子どもの名前		前月の子どもの姿	保育者の関わりと配慮
Mちゃん （1歳5カ月）	遊び	○保育者に親しみを持ち，好きな絵本を読んでもらったり，やりとりをして遊ぶことを楽しむ ○1人でしっかり歩けるようになり，自分で行きたい所に行って遊ぶ ○登園すると，好きなおもちゃを出して遊び始める ○友達と動きをまねしあって楽しむ 同じことをしようとする	○子どもの興味を大切にし，要求に応じて楽しさを共有する ○危険のないように見守りながら，歩いて移動できる喜びや満足感を味わえるようにする ○身体を動かす遊びに誘ったり，興味を持てるような環境を作る ○興味のあるおもちゃを出し入れしやすい位置に置くようにする
	生活	○散歩のときや絵本をみているとき，指さしをして保育者と興味・関心を共有しようとする ○着替えのとき，自分でパンツに足を入れようとする ○好きなものを手でつかんで自分で食べる保育者の介助を嫌がる	○指さしているものを言葉にして伝え，「伝わっている」ということを実感できるようにする ○自分でやろうとする姿を認め，できた喜びを味わえるように援助する ○1人で食べたい気持ちを大切にして見守る
反省・評価			

第8章
地域保育の環境整備

講義の目的
①保育環境の整備にあたり，基本的な考え方と配慮事項について理解する。
②保育を行うために作られた場所ではないところを保育の場として利用する
うえでの工夫や配慮について理解する。
③保育に必要な設備・備品とその配置について，具体的事例およびチェック
ポイントを示し，自己点検を行えるようにする。

1　保育環境を整える前に

【1】　制度上の規定について

　家庭的保育等の地域型保育（家庭的保育事業，小規模保育事業，居宅訪問型保育事業，
事業所内保育事業）における施設・設備については，「家庭的保育事業等の設備及び運営
に関する基準」（厚生労働省令第61号，2014年）に定められている。その内容は**資料1**
のとおりである。小規模保育事業B型並びに事業所内保育事業（利用定員19名以下のも
のに限る）については，小規模保育事業A型の設備の基準が準用される。

資料1

家庭的保育事業等の設備及び運営に関する基準（厚生労働省令第61号，2014年）
第2章　家庭的保育事業
（設備の基準）
第22条　家庭的保育事業は，次条第2項に規定する家庭的保育者の居宅その他の場所（保
育を受ける乳幼児の居宅を除く。）であって，次の各号に掲げる要件を満たすものとして，

市町村長が適当と認める場所（次条において「家庭的保育事業を行う場所」という。）で実施するものとする。

(1) 乳幼児の保育を行う専用の部屋を設けること。

(2) 前号に掲げる専用の部屋の面積は，9.9平方メートル（保育する乳幼児が3人を超える場合は，9.9平方メートルに3人を超える人数1人につき3.3平方メートルを加えた面積）以上であること。

(3) 乳幼児の保健衛生上必要な採光，照明及び換気の設備を有すること。

(4) 衛生的な調理設備及び便所を設けること。

(5) 同一の敷地内に乳幼児の屋外における遊戯等に適した広さの庭（付近にあるこれに代わるべき場所を含む。次号において同じ。）があること。

(6) 前号に掲げる庭の面積は，満2歳以上の幼児1人につき，3.3平方メートル以上であること。

(7) 火災報知器及び消火器を設置するとともに，消火訓練及び避難訓練を定期的に実施すること。

第3章　小規模保育事業
第2節　小規模保育事業A型
（設備の基準）
第28条　小規模保育事業A型を行う事業所（以下「小規模保育事業所A型」という。）の設備の基準は，次のとおりとする。

(1) 乳児又は満2歳に満たない幼児を利用させる小規模保育事業所A型には，乳児室又はほふく室，調理設備及び便所を設けること。

(2) 乳児室又はほふく室の面積は，乳児又は前号の幼児1人につき3.3平方メートル以上であること。

(3) 乳児室又はほふく室には，保育に必要な用具を備えること。

(4) 満2歳以上の幼児を利用させる小規模保育事業所A型には，保育室又は遊戯室，屋外遊戯場（当該事業所の付近にある屋外遊戯場に代わるべき場所を含む。次号並びに第33条第4号及び第5号において同じ。），調理設備及び便所を設けること。

(5) 保育室又は遊戯室の面積は，前号の幼児1人につき1.98平方メートル以上，屋外遊戯場の面積は，前号の幼児1人につき3.3平方メートル以上であること。

(6) 保育室又は遊戯室には，保育に必要な用具を備えること。

(7) 乳児室，ほふく室，保育室又は遊戯室（以下「保育室等」という。）を2階に設ける建物は，次のイ，ロ及びへの要件に，保育室等を3階以上に設ける建物は，次の各号に掲げる要件に該当するものであること。（イ〜チ略）。

第3節　（略）
第4節　小規模保育事業C型
（設備の基準）
第33条　小規模保育事業C型を行う事業所（以下「小規模保育事業所C型」という。）の設備の基準は，次のとおりとする。

（1）乳児又は満2歳に満たない幼児を利用させる小規模保育事業所C型には，乳児室又はほふく室，調理設備及び便所を設けること。

（2）乳児室又はほふく室の面積は，乳児又は前号の幼児1人につき3.3平方メートル以上であること。

（3）乳児室又はほふく室には，保育に必要な用具を備えること。

（4）満2歳以上の幼児を利用させる小規模保育事業所C型には，保育室又は遊戯室，屋外遊戯場，調理設備及び便所を設けること。

（5）保育室又は遊戯室の面積は，満2歳以上の幼児1人につき3.3平方メートル以上，屋外遊戯場の面積は，前号の幼児1人につき3.3平方メートル以上であること。

（6）保育室又は遊戯室には，保育に必要な用具を備えること。

（7）保育室等を2階以上に設ける建物は，第28条第7号に掲げる要件に該当するものであること。

　また，上記に加えて，『家庭的保育事業ガイドライン』（厚生労働省，2009年）では「地域資源の活用」について，「保育の実施に当たっては，保育所園庭，地域子育て支援拠点，公園等の地域資源を積極的に活用し，乳幼児に必要な保育環境を整えること」が求められる。このほか，各自治体において定められた条例等に基づいて保育環境を整備する必要があるが，これらはあくまでも地域型保育を実施するうえでの最低基準である。地域型保育では，子どもが安全に，安心して毎日を過ごすことができ，情緒の安定と健やかな発達が図られる保育環境が求められる。保育の質の向上を図るためには，よりよい保育環境を目指して，保育施設および周辺地域の実状に即しながら，常に改善や工夫を重ねていかなくてはならない。

　なお，家庭的保育者の居宅内で保育を行う場合も，保育室として申請した基準を満たす部屋だけで保育が行われることは少なく，トイレ，洗面台，廊下，台所など保育室以外の設備や空間が使われることを念頭におき，環境を整備することが求められる。

【2】　保育に必要な環境の構成要素

　保育の環境には，物的環境・人的環境・自然や社会の事象が含まれる。物的環境とは，保育室や敷地内の空間の広さはどのくらいか，どのような設備・遊具等があるか，床や壁の素材は何かといったことである。人的環境とは，保育者をはじめとして，一緒に過ごす子どもたちやその家族，さらには地域の人々などである。そして自然や社会の事象とは，気候や保育室内外の植物・動物，周辺地域のさまざまな文化や制度等である。なお，散歩など子どもたちが敷地外に出かけることもあるため，そこで出会う人々や自然はもちろんのこと，住宅や店舗，交通機関，公共施設なども，保育に活用できる大切な資源となる。

　これらは，互いに関連しあいながら全体としてその地域型保育の環境を構成している。

したがって，保育の環境はそれぞれの保育施設によって異なるだけでなく，同じ保育施設であっても年度や季節など時期によって変化していく。保育理念や毎年の目標を踏まえ，こうした保育の環境を構成するさまざまな要素を視野に入れながら，それらを日々の遊びや活動の中でうまく生かせるような計画・実践を通して，その保育施設独自の特色や良さといったものが現れてくるのである。

【3】　保育環境に関する留意点

　よりよい保育環境を整えるうえで，「子どもにとって望ましくないもの（危険，不衛生なものやその他子どもにふさわしくないもの）を取り除く」「子どもの健やかで豊かな発達を支え促す」という 2 つの視点を持つことが必要となる。『保育所保育指針』では，子どもが主体的に環境に関わり，そこで生じる環境の相互作用を通して発達していくことを重視し，保育の環境について以下の 4 つの留意点を示している。

ア　子ども自らが環境に関わり，自発的に活動し，様々な経験を積んでいくことができるよう配慮すること。
イ　子どもの活動が豊かに展開されるよう，保育所の設備や環境を整え，保育所の保健的環境や安全の確保などに努めること。
ウ　保育室は，温かな親しみとくつろぎの場となるとともに，生き生きと活動できる場となるように配慮すること。
エ　子どもが人と関わる力を育てていくため，子ども自らが周囲の子どもや大人と関わっていくことができる環境を整えること。

（第 1 章　総則　1 保育所保育に関する基本原則（4）保育の環境）

　これらは，地域型保育においても大切にしたい点である。子どもの発達過程や一日の生活の流れなどを踏まえながら，子どもを惹きつけ，十分に個性や能力を発揮できる環境，遊びや活動に集中して取り組める環境，ほっとくつろぐことのできる環境を心がけ，保育の中で多様な経験を積み重ねていくことができるよう配慮したいものである。

　また前節で述べたように，保育の環境には，保育施設および敷地内とともに近隣の地域全体が含まれる。豊かな自然に触れることやさまざまな人々との交流などはもちろん，図書館のような公共の施設等を使うことによって，大きな声を出して騒がないなど公共の場でのマナーを身につけたり，道路を歩くことで交通ルールを学んだりすることも，敷地内だけでは得られない大切な経験である。保育者には，地域において注意すべきことや保育に活用できる資源についても，十分に把握しておくことが求められる。

【4】　保育者の居宅で保育を行う場合

　保育者の居宅で保育を行う場合には，保育所等のように子どものためだけに作られた空間ではないことを念頭におき，安全面には十分な配慮や工夫が求められるが，同時により家庭における生活環境に近い状況であることを生かして，子どもがさまざまな経験を重ねられることの意義も大切にしたい。

　一方，保育者自身とその家族の生活を視野に入れることも重要である。子どもにとってよい環境を考えることは大切であるが，それが保育者や家族の生活をおびやかすことで不便さや居心地の悪さを感じさせるものになってしまっては，結局は家庭的保育者の大きな負担となり，保育の質に悪影響を及ぼすことにもつながりかねない。保育の環境を考えるうえで，自分と家族の生活を快適に営んでいくという視点も忘れずに併せ持つことは，家庭的保育を継続し，またその質を保障していくために，非常に重要である。

2　地域型保育に必要な環境とは

【1】　安全に，安心して生活できること

　子どもを保育するにあたり，安全性が保障されていることと一日を居心地よく過ごせることが基本となる。このことは，子どもにとって養護的な環境が保障されるということだけではなく，子どもの保護者にとっても非常に重要な意味を持つ。「ここならば安心して預けられる」という信頼感が，子育て家庭の支援につながるのである。

1　子どもの発達と事故

　安全性を保障するためには，災害や子どもがあいやすい事故のリスクを軽減する必要がある（「第6章　小児保健Ⅱ」「第10章　安全の確保とリスクマネジメント」を参照）。子どもがあいやすい事故とは，転落・転倒・切傷・打撲・誤飲・窒息・やけど・溺水などである。さらに屋外に出る場合には，交通事故や熱中症，虫さされ等にも注意が必要となる。

　子どもの事故は発達と密接に関連している。したがって，子どもの発達を十分に理解することによって，事故を未然に防ぐためのさまざまな配慮や工夫をすることができる。

　子どもの月齢・年齢に応じて生じやすい事故の例は，主に下記のとおりである。

①転落・転倒
　・新生児〜6カ月未満児：抱っこ中に落とす・ベビーベッドやソファーからの転落
　・6カ月以上児〜1歳未満児：歩行器，階段，バギーや椅子からの転落・浴槽への転落

・1 歳児：窓やバルコニーからの転落

・2 ～ 3 歳児：すべり台やブランコからの転落

②切傷・打撲

・新生児～ 6 カ月未満児：床にある鋭い物・鋭い角のあるおもちゃ

・6 カ月以上児～ 1 歳未満児：鋭い角の家具や建具・ナイフやはさみ，カミソリ等のいたずら

・1 歳児：鋭いテーブルの角・ドアのガラス・ドアに手をはさむ・引き出しなど家具の角

・2 ～ 3 歳児：屋外の石

③やけど

・新生児～ 6 カ月未満児：熱いミルク・熱い風呂・ポット・炊飯器・食卓・アイロン

・6 カ月以上児～ 1 歳児：ストーブ・ヒーター

・2 ～ 3 歳児：マッチ・ライター・湯沸かし器・花火

④誤飲・窒息

・新生児～ 6 カ月未満児：まくらや柔らかいふとんによる窒息・小物，たばこ，小さなおもちゃ，電池等の誤飲

※ 4 カ月頃を中心に，この時期は何でも口に入れようとする傾向があることにとくに注意が必要

・6 カ月以上児～ 1 歳未満児：よだれかけ・ひも・コード・ナッツ・豆類・ゼリー等

・1 歳児：薬・化粧品・洗剤等

・2 ～ 3 歳児：ビニール袋

⑤溺水

・新生児～ 6 カ月未満児：入浴時の事故

・6 カ月以上児～ 1 歳児：浴槽への転落事故

・2 ～ 3 歳児：プール，川，海の事故

⑥交通事故

・新生児～ 6 カ月未満児：自動車同乗中の事故・母親と自転車の 2 人乗り

・6 カ月以上児～ 1 歳未満児：道でのヨチヨチ歩きのとき

・1 ～ 2 歳児：歩行中の事故・三輪車

・3 歳児：自転車

2　事故を未然に防ぐための環境整備

　子どもがあいやすい事故については，子どもの発達過程に即しながら保育室内の設備や屋外環境について点検・対策を行わなくてはならない。具体的には，以下のような配慮や工夫が例として考えられる。

①進入防止

・階段や水場，台所等へ続く通路にはベビーゲート等を設けて子どもが近づけないよう

写真8−1	写真8−2	写真8−3

保育室への入口	扉の鍵。札には「必ず閉めて下さい」と明記	ベビーゲート

写真8−4	写真8−5	写真8−6

遊び道具がついた進入防止用ついたて	ソフトカバー	ドアのすき間を覆うガードの取り付け

にする（床から110cm以上の高さ，格子の間隔は頭が入らないよう11cm以内を目安とする）。

・通路になっている場合は子どもの手の届かない場所に鍵を取り付け，子どもが自由に開閉できないようにする。

②転倒などによる事故防止（写真8−5）

　すべりやすい場所やつまずきやすい場所をなくす。また，家具の角などで頭をぶつけたりすることがないよう，危険と思われる場所にソフトカバーを取り付けておく。

③ドアへの挟まれ防止（写真8−6）

④乗り越え（転落）防止

　踏み台になるようなものを窓やベランダのそばに置かないようにする。とくにマンションの場合は，エアコンの室外機やプランターなどに注意する。

⑤物の取り出しによる事故防止，危険物取り出し防止

　ドアや戸棚の扉には，留め具をかけるか，子どもの手の届かない場所に鍵を取り付けておき，落下を防止するとともに，危険物（洗剤，薬，われものなど）を子どもが取り出さないようにする。

⑥落下や家具の転倒防止

・棚や台には，落下防止用の蓋や支えなどを付ける。

・本や物を多く積み上げない（とくにベッド・窓・火元や水まわりのそば）。

　なお，条例等により，地震対策として，冷蔵庫，食器棚，テレビ，タンスなどの備品は壁に固定するなど，転倒防止に努めることとされている自治体も多い。

⑦誤飲防止

　床や子どもの目線の範囲（おおむね高さ 1m 以下）に，とがったものや刃のついたもの，のどにつまる大きさのもの（目安としては直径約 4cm より小さなもの）を置かない。また，衣類についているボタンが取れそうになっていないかといったことや，飾りの付いたゴムなどにも注意する。

⑧溺水防止

　浴槽や洗面台，洗濯機，台所のタライ等に水をはったままにしておかない。トイレの水でも溺れることがあるので，排泄の際は保育者が一緒について行く。

　事故防止のための環境の点検は，常に，また見落としがないよう行わなくてはならない。在籍する子どもの月齢や年齢に合わせて自分の保育室にどのようなリスクがあるか丁寧に確認し，安全チェックリストを用意して点検の際に利用するとよい。

　なお，事故以外の災害や不審者等への対応および実際に異常が発生した際の対応については「第 10 章　安全の確保とリスクマネジメント」を参照されたい。

3　感染を防ぐための環境作り

　保育中に体調不良となった子どもが静養できるスペースや，感染症の疑いのある子どもがほかの子どもとは隔離したスペースで保護者の迎えを待てるような環境作りも考慮する必要がある。それぞれの保育現場の実状に応じて，適切な対応が行えるように工夫することが重要である。

4　居心地のよい環境作り

　保育室の快適性を保つためには，温度（夏は 26℃ 〜 28℃，冬は 20℃ 〜 23℃）や湿度（50% 〜 60%），日当たり等にも十分な配慮が必要である。室内の環境を調節しやすいよう，家具などはできるだけ風通しがよくなるよう配置を心がけるとともに，温度計・湿度計による点検および換気（冷暖房を使用する際は 1 時間に 1 回 10 分程度）を適宜行うようにすることが望ましい。

【2】　日常的なケアを行う

　子どもたちは，一日の多くの時間を保育室で過ごす。中には，起きて活動している大半の時間，家庭ではなく保育室にいるという子どもも少なくない。生活の場として，日常的

なケアに必要なスペースがきちんと確保されていることが重要である。主なケアとそのスペースおよび設備には，食事（テーブル・椅子など），排泄（トイレ・おむつ換え用シートや交換台），衣服の着脱（着替えのできるスペースと衣服の収納場所），休息や睡眠（ベビーベッド・ふとん・マットなど）等があげられる。

　３歳未満の低年齢児が多い地域型保育の場合，子どもの発達過程に応じて保育者の援助も大きく変わる。また，子どもが自分のことを自分でできるようになっていく（身辺自立）大切な時期でもある。保育者にとって子どもの様子がみえやすく援助しやすい環境を状況に応じて適宜工夫するとともに，子どもの「自分でやりたい」という意欲や達成感を満たせるよう，動きやすいスペースの確保や高さの調節ができるテーブルやトイレなどにも配慮したいものである。

【3】　子どもの豊かな遊びを保障する

　乳幼児期は発達がとくに著しい時期であるため，子どもの年齢・月齢に応じて行動範囲はもちろんのこと，できることや興味・関心も急速に拡大していく。また，この時期の子どものさまざまな側面の育ちは，身体の感覚や運動機能を使って直接的な経験を重ねることで促される。したがって，子どものその時々の様子およびグループの年齢構成や人数などに応じて，思う存分遊びに没頭できる環境を屋内・屋外ともにしっかりと保障することは，保育を行ううえで非常に重要である。

　たとえば，生後４カ月の乳児と２歳児が在籍している場合，乳児がゆったりと安心して過ごしながら近くの玩具に手を伸ばして触れることを楽しめるスペースと，２歳児が気兼ねなく活発に動き回れるスペースの両方をうまく確保しなくてはならない。さらに，数カ月後乳児がハイハイできるようになってくると，その行動範囲や目線の位置なども考慮に入れながら，子ども同士がぶつかったりしないよう注意が必要になってくる。子どもの動線を考え，家具や遊具などの配置を効果的に利用することが求められる。

【4】　効率的な空間の利用

　在籍する子どもたちの遊びや生活にふさわしい環境を整えるには，年度や時期ごとに異なる子どもの人数・年齢，遊びの展開，保育のねらい，季節などに応じて，設備を柔軟に配置し直し，環境を再構成していくことが必要となる。限られたスペースの中でこれらを効率的に行うために，不要なものは片づけ，必要なものはすぐに取り出せる収納の工夫が重要である。

　保育室にある収納スペースに，何を，どのように収納・保管すればよいのか確認するとともに，掛ける・吊すといった壁面の高い位置の活用も考えたい。子どもの衣類やおむつ

等を個別に収納できるよう引き出し式のストッカーを利用したり，低い位置には出し入れしやすいワゴンタイプの収納ボックスを置いたりすることによって，保育者がむだなく動くことができる。

　また，保育室のディスプレイにも気を配ることが大切である。保育室に出しておくものや壁などに飾ったり貼ったりするものについては，「誰に」みせるのかによって配慮が異なる。子どもたちにみせる場合には，その目線に合わせて，みた目に楽しくわかりやすいディスプレイを心がける。保育者自身がみるもの（連絡先や計画表など）である場合には，すぐに確認しやすいよう工夫が必要である。電話機や机の近くの一定の場所にまとめて掲示するのも1つの方法である。

　さらに，保護者に対する情報提供は保育者の大切な役割である。連絡事項のほか，今この保育施設ではどのような保育を行っているのか，子どもたちはどのように毎日を過ごしているのか伝えるために，送迎時などにみやすい玄関や出入り口などの場所に掲示板を設けて，写真や簡単な記録をみせるといったことが考えられる。

【5】　清潔を保つ──衛生管理

　保育の環境の衛生管理は，前述した子どもの安全の確保とも密接な関連を持つ。とくに感染症や食中毒を防ぐためには，環境面での配慮が不可欠である。

　子どもが口に入れるもの（入れやすいもの），子どもの肌に触れるものは，掃除や洗濯，消毒がしやすい素材のものを選ぶ。あらかじめ汚れたらすぐにわかる色にしておくことも大切である。また，コップ・歯ブラシ・タオル等は個別に管理が必要であるため，名前を明記しておく。とくに，トイレや調理スペースなどの水まわりの衛生管理には注意が必要である。また，保育者はおむつ交換や食事の際，必ず石けんを使って手を洗わなくてはならない。衛生管理については，「第5章　小児保健Ⅰ」（pp.72〜75）を参照のこと。

【6】　保育環境を整える際に検討すべきこと

　ここまでに述べた内容を踏まえ，保育の環境を整える際に検討すべき主な事項を表8−1に示す。これらのことを，それぞれの保育室が与えられた条件の中でいかに配慮し工夫するかということが，保育の環境を整えていくうえでの鍵となる。

表8－1　保育環境整備の際に検討すべき主な事項

子ども	・子どもの年齢および月齢 ・人数，グループ構成と子ども同士の関係性 ・特別な配慮が必要な子どもはいるか（障害のある子ども，アレルギーのある子どもなど） ・それぞれの子どもの発達の状態や個性
保育者・保護者 保育者の家族	・保育者は何名，どの時間帯にいるのか ・保護者の送迎時間や送迎の手段 ・保育者の居宅で保育を行う場合，保育者の家族の人数，生活パターンや状況
時期や季節に応じた配慮	・天気，気候 ・地域の行事や文化など
近隣との関係への配慮	・近所の住民との関係性 ・近隣の家庭の生活状況（例：受験生がいて勉強しなくてはならない，夜勤のため昼間睡眠をとる人がいるなど）
状況に応じた柔軟性	・在籍児の変動（人数の変化，健康状態，転居，保育時間の変更など）

3　環境のチェックポイント

　ここまで述べてきた保育の環境に関する基本的な考え方や留意事項を客観的に点検するための1つのツールとして，カナダの研修用資料や，アメリカの保育環境に関する評価スケールなどを参考に，保育環境チェックリストを作成した。それぞれの保育施設の環境に応じて，項目を増やして活用してほしい。

保育環境チェックリスト

　保育施設の保育環境を考えてみて，次の場所が満足であれば○を，改善が必要であれば△を，早急な改善が必要であれば×をつけてください。どれだけのスペースがあるかをみるのではなく，子ども，保護者，保育者，それぞれの立場に立って，使い勝手がよいかをみるようにしてください。

玄関・入口	保護者用の駐車場（自転車置き場，ベビーカー置き場）	
	安全で明るい入口（入口や階段までのアプローチなど）	
	親子を温かく迎え入れる玄関	
	大人と子どものための十分なスペース	
	掃除のしやすさ	
	靴の置き場・上がりやすさ	

玄関・入口	子どもの上着を置く場所　（保育室内でも可）	
	子どもの持ち物を置く場所（保育室内でも可）	
	保護者への情報提供，給食，写真などを貼る掲示板	
食事の場所	楽しく居心地がよい	
	身長にあったテーブルと椅子	
	子ども用の椅子（高い椅子や赤ちゃん用）	
	子どもが使いやすい食器（皿，ナイフやフォーク，カップ）	
	清掃しやすいテーブルや椅子，床	
	便利で清潔な流し	
生活の場所	機能的で明るい	
	換気ができる	
	大人や子ども（たち）のための十分なスペースがある	
	トイレ，幼児用の便座や椅子	
	流し，または洗面台	
	液体石けんのディスペンサー	
	洗面台を使うために子どもが乗る，すべりにくい踏み台	
	日用品のための棚（利用しやすい場所に配置）	
	掃除用具（子どもの手の届かない場所に保管）	
	子どもたちのケアに必要な用品を置くフック，ハンガー，棚（顔用タオル，タオル，歯ブラシ，クシなど）	
	おむつ替えのための設備（おむつ替え台，必要な物や道具）	
寝る場所	静かで心地よい寝室	
	気持ちよい布団，簡易ベッド，ベビーベッド	
	一人ひとりの寝具	
	乳児や歩き始めの子どものベビーベッド，ベビーサークル	
	用意しやすく，片づけやすい寝具	
	日差しをさえぎるための窓の覆い（カーテン，ブラインド等）	
遊ぶ場所	明るく，楽しく，目的のためにふさわしい空間である	
	子どもにあったサイズのテーブルと椅子	
	玩具，本，教材，道具を置くのに適切で，子どもの手の届きやすい棚や保管場所がある	
	遊びの場所を分けたり，整理するための棚 テーブルや他の家具	
	適切な場所に気持ちよい敷物（柔らかい素材，クッション，ぬいぐるみなど）	
	汚れることが想定される場所は清掃が可能な床である	
	子どもたちの作品，ポスター，装飾を飾っている	
	子どもたちがそれぞれで遊んでいても見渡せる	
	1人で過ごしたいときに1人でいられるコーナー	

特定の活動の ための場所・ 設備・日用品	創造的な遊び	
	積み木や構成遊び	
	操作的，認知的な遊び	
	ごっこ遊び	
	言語・読書活動	
	活動的な遊び（室内や戸外）	
その他の 場所・備品	ベビーカー	
	自然に触れることができる散歩道・公園	
	安全な移動経路	
	散歩マップ	
	庭	

4　まとめ

　本章では，保育の環境について，基本的な考え方，留意事項，チェックリストを示した。冒頭で述べたように，保育の環境は常に改善や工夫を重ねていくべきものであり，最初から完璧に整えられるものでもなければ，明確な到達点があるというものでもない。大切なことは，自分の保育室の置かれている状況を柔軟に生かしながら，保育の経験を積み重ねる中でよりよい保育環境の構築を目指していくことである。環境の大切さを意識することは，子どもの様子をよく観察して理解することにもつながる。その子ども理解が，保育の質を高める第一歩となるのである。

　とくに，これから初めて保育を始める際には，物を「そろえすぎない」ことも大切である。実際に使ってみたり試行錯誤したりして初めて，本当に使い勝手のよいもの，子どもによる思いがけない遊びの展開などに気がつくということは非常に多い。必要最低限のもの，組み合わせて使うことができるもの，不要なときにはしまうことができるもの，後から徐々に必要に応じて買い足すことができるものなど，設備や備品を購入する際には焦点を定めて決定することが望ましい。

　また，身近な素材をリサイクルして使ったり，葉や木の実など自然の素材を活用するなど，子どもの遊びを豊かにするための環境の工夫もさまざまな方法が考えられる。同じ地域型保育の保育者仲間をはじめとして，近隣の幼稚園や保育所，子育て支援センターから情報を得たりアイデアを共有したりしながら，効率的に環境を整えていくことが望ましい。

　さらに，店や人が多く集まる場所では，人の動線や視線に合わせてさまざまな工夫がこ

らされている。いろいろな場所のいろいろな工夫を自らのものとして取り入れながら，地域型保育を作り上げていくことが，何よりも重要なのである。

　なお，ここまで述べてきた保育の環境の具体的な例として，資料に実際の保育室の配置図および保育の様子を示した。あわせて環境を考える際の参考にしてほしい。

参考文献

Canadian Child Care Federation. *The Family Child Care Training Project Level 1: Unit One-Your Child Care Home.*

公益社団法人全国保育サービス協会（監修）『家庭訪問保育の理論と実際——居宅訪問型保育基礎研修テキスト・一般型家庭訪問保育学習テキスト』中央法規出版，2017

巷野悟郎・植松紀子（編著）『0歳児・1歳児・2歳児のための乳児保育』光生館，2004

社団法人全国ベビーシッター協会（編）『改訂　ベビーシッター講座　第二版　Ⅱ実践編——在宅保育の考え方と実際』中央法規出版，2007

田中哲郎（著）『保育園における事故防止と安全管理』日本小児医事出版社，2011

テルマ・ハームス，デビィ・クレア，リチャード・M・クリフォード（著）埋橋玲子（訳）『保育環境評価スケール②乳児版』法律文化社，2004

Harms, T., Cryer, D., Clifford, R. M. (2007) *Family Child Care Environment Rating Scale, Revised Edition.* Teachers College Press.

事例1 　小規模保育事業A型　集合住宅1階店舗スペース　定員19名

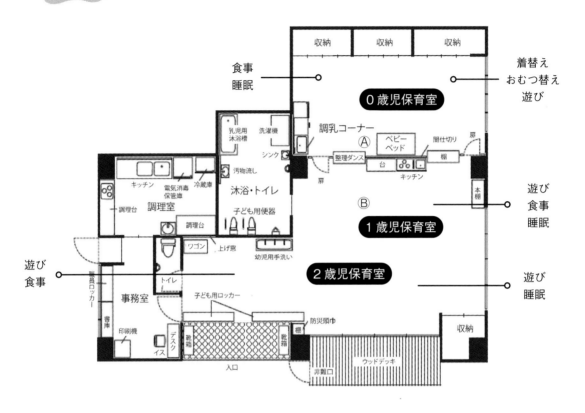

　集合住宅1階の商業スペースを保育施設として改装し，使用している。定員は0歳児6名，1歳児6名，2歳児7名の19名で，年齢別に3グループに分かれて保育をしている。事務室，調理室スペース以外はワンルームとなっているが，間仕切りや家具を活用し，0歳児保育室と1歳児・2歳児の保育スペースを分離している（Ⓐ）。1歳児，2歳児の各クラスはソフトマットやテーブルと椅子などにより，活動の拠点が活動内容に応じて設けられている。1歳児保育室と2歳児保育室の間に明確な仕切りはないが，担当保育者の周りに子どもたちが集まり，それぞれの活動をしている。活動に合わせて，テーブルを使ったり，テーブルを片づけて広い空間を作るなど，臨機応変に空間の使い方を変えている。

　午睡までは年齢別グループで活動し（Ⓑ），午睡後のおやつが終わってからは，0歳児クラスも混じり，異年齢で過ごしている。1歳児，2歳児の保育室に3つくらいの遊びのコーナーを作り，子どもたちは自分の遊びたい場所で過ごしている。その遊びに飽きてきた頃を見計らい，保育者が違う玩具を出してくるなど，工夫している。

　空間的には十分な広さがあるが，収納スペースを大きく取ってあることが特徴で，さま

写真 8 - 7　　　　　　　写真 8 - 8 Ⓐ　　　　　　写真 8 - 9 Ⓑ

ざまな玩具や午睡用簡易ベッドなども収納している。また，独立した事務室が設けられており，感染症を発症した子どもを隔離するスペースとしても活用されている。

事例 2　　家庭的保育事業　一軒家　定員 5 名

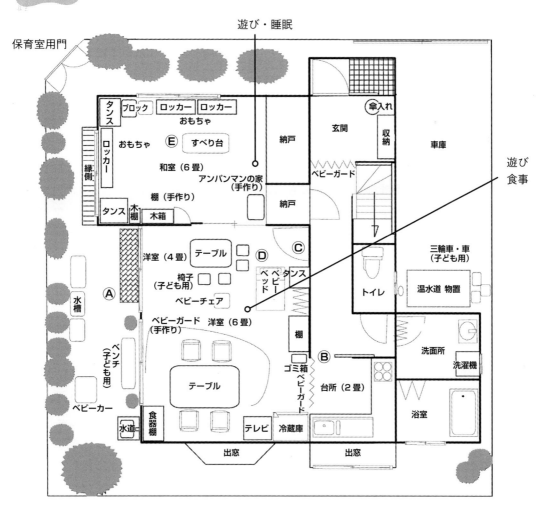

写真8−10　外観　　　　　写真8−11 Ⓓ　　　　　写真8−12 Ⓔ

〈配置図と活用ゾーン〉

　一軒家で行われる家庭的保育の例であるが，5人制で行われている。ここで取り入れられている工夫を詳細にみていく。

〈保育室入口（Ⓐ）〉

　玄関を使わず，庭から回り込んだ居間を出入口としている。これにより，送迎の際に時間的な余裕がある場合には，保護者が子どもの遊んでいる様子，自分の子どもより大きい子が成長していく様子などをみることができ，また保育者との親密なコミュニケーションをとることもできる。

〈遊びのスペース〉

　遊びのスペースは好きな玩具が周りに配置され，それが手の届く所にある環境作りが重視されたものとなっている。これにより，子どもたちが自分の好きな遊びを選び取ることが可能となっている。

　廊下や壁などのさまざまなコーナーにも工夫がこらされており，たとえば，壁に据え置いた玩具入れの棚は，少し手前に動かすことで双方向から遊べるようになっている（Ⓔ）。

　また，台所を使わないときは台所側のドア（Ⓑ）と居間のドア（Ⓒ）を開放することによって，廊下を含んだ空間が遊びスペースとなる。廊下側の壁にいると姿がみえなくなる効果や循環する効果を生み出し，鬼ごっこや買い物ごっこなどが展開される。

　家庭的保育における最大の特徴は「生活の場で保育できる」ことである。廊下，居間，壁などが遊びの動線を豊かにするため，保育者が安全を確保したうえで，多様な活用方法が可能となる。

〈ベッドの置き場所〉

　乳幼児突然死症候群（SIDS）の見落としを防ぐため，ベビーベッドは部屋の奥の静かな場所ではなく，保育者から目が届きやすい所に置かれている（Ⓓ）。また，乳児も年上の子どもと一緒に絵本をみたり，子守唄を聞いたりしながら入眠することが好きなので，布団を部屋の入口近くに敷き，寝ついたらすぐベッドへ移すということが行われている。異年齢保育の場合，ベッドは年上の子どもが動きのある遊びをしている間の安全な避難場所ともなる。

参考事例　　　　　　　　　　　入口周辺

写真 8 − 13　屋外の掲示板

写真 8 − 14　保護者への情報提供

写真 8 − 15　靴箱

写真 8 − 16　子ども用ロッカー

写真 8 − 17　ハンガーラック

写真 8 − 18　ベビーカー置き場

　　　　　　　　　　食事の場所

写真8－19　一人ひとりのテーブル付き椅子

写真8－20　楽しいおやつ

写真8－21　椅子は紙パックで作成

写真8－22　置き方で高さが変わる椅子

写真8－23　手洗い

写真8－24　食事の前のお話

生活の場所

写真 8 - 25　1 人で手洗い

写真 8 - 26　子ども用の鏡

写真 8 - 27　おむつ替えスペース

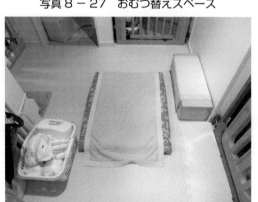

写真 8 - 28　低い椅子の上で 1 人で着替え

写真 8 - 29　子ども用便所

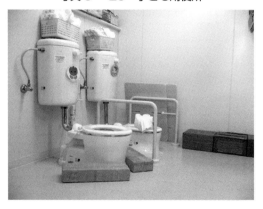

写真 8 - 30　子どもの衣類などを整理する棚

寝る場所・くつろぎの場所

写真8-31　ベビーベッド

写真8-32　観察しやすい明るさで午睡

写真8-33　子どもの体に触れて呼吸確認

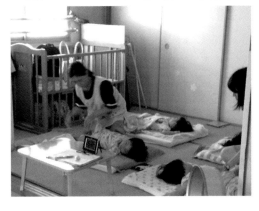

写真8-34　子ども用ソファ，クッション

写真8-35　表紙がみえる本棚

写真8-36　手が届くところに本棚

遊ぶ場所

写真 8 - 37　思い思いの遊びを

写真 8 - 38　遊びが広がる玩具

写真 8 - 39　お気に入りの場所

写真 8 - 40　置き場所が決まっている玩具棚

写真 8 - 41　コーナー事例 1

写真 8 - 42　コーナー事例 2

屋外

写真8-43　砂遊びのできる庭

写真8-44　ビオトープ

写真8-45　畑で水やり

写真8-46　水遊び

写真8-47　乗り物のある庭

写真8-48　ターフで日陰を作って

第9章
地域型保育の運営

講義の目的
　①設備および運営の基準の内容について理解する。
　②情報提供の方法，受託前の利用者との面接，記録や報告の管理などについて理解する。

1　設備および運営の基準の遵守

【1】　法令遵守

　2014年4月30日，厚生労働省令第61号「家庭的保育事業等の設備及び運営に関する基準」（以下，設備運営基準），並びに，内閣府令第39号「特定教育・保育施設及び特定地域型保育事業の運営に関する基準」（以下，運営基準）が公布された。これらの国の基準に基づき，市町村の基準が条例で定められている。地域型保育の事業者は，事業者としての自覚を持ち，法令遵守に努めなければならない。

　設備運営基準は地域型保育を実施するうえでの基準が定められたものであり，認可事業者として市町村の認可を受ける際にこれを満たしている必要がある。また，地域型保育給付の対象となる認可事業者として，市町村による「確認」を受ける事業者が遵守しなければならない基準が運営基準（**表9-1**）である。地域型保育の事業者は最低基準を満たし，運営基準が遵守されているかについて，市町村による指導監督を受けることになる。

表9－1　運営基準に規定される内容

利用開始に伴う基準	・内容・手続きの説明，同意，契約 ・応諾義務（正当な理由のない場合拒否の禁止） ・定員を上回る利用の申し込みがあった場合の選考 ・支給認定証の確認，支給認定申請の援助
教育・保育の提供に伴う基準	・保育所保育指針に準じ，地域型保育の特性に留意した保育の提供 ・子どもの心身の状況の把握 ・子どもの適切な処遇（虐待の禁止等を含む） ・連携施設との連携 ・利用者負担の徴収（上乗せ徴収や実費徴収に係る保護者の同意等） ・利用者に関する市町村への通知（不正受給の防止）等
管理運営に関する基準	・施設の目的・運営方針，職員の職種，員数等の重要事項を定めた運営規程の策定，提示 ・秘密保持，個人情報保護 ・非常災害対策・衛生管理 ・事故防止及び事故発生時の対応 ・評価（自己評価，第三者評価） ・苦情処理 ・会計処理 ・記録の整備
撤退時の基準	・確認の辞退・定員減少における対応（事前の届け出，3カ月以上の予告期間の設定，利用者の継続利用のための便宜提供等）

出典：内閣府・文部科学省・厚生労働省「子ども・子育て支援新制度ハンドブック 施設・事業者向け」の一部を改編

【2】 運営に関する規程

　地域型保育の事業者は事業の運営についての重要事項に関する規程を定めておかなければならない（設備運営基準第18条）。これらは文書化しておき，職員間で共通理解を図るとともに，実態に見合っているかどうか，定期的に内容を見直すことも必要である。

（1）事業の目的及び運営の方針

（2）提供する保育の内容

（3）職員の職種，員数及び職務の内容

（4）保育の提供を行う日・時間，提供を行わない日

（5）保護者から受領する費用の種類，支払いを求める理由及びその額

（6）乳児，幼児の区分ごとの利用定員

（7）家庭的保育事業等の利用の開始，終了に関する事項，利用にあたっての留意事項

（8）緊急時等における対応方法

（9）非常災害対策

（10）虐待の防止のための措置に関する事項

（11）その他家庭的保育事業等の運営に関する重要事項

2　情報提供

【1】　情報提供の目的

　地域型保育の事業者として市町村による認可・確認を受けると，保育施設を整備して保育をスタートすることとなるが，保育施設を開設さえすれば，利用者が申し込みに来るわけではない。保育認定を受けた保護者は，利用を希望する保育施設などを希望順に記入して申請することになる。このとき，それぞれの保育事業について利用者への適切な情報提供があってこそ，利用者に選択される保育となりうる。そのため，利用者が選択するために必要な情報提供を行う必要がある。とりわけ，新しい保育形態である地域型保育の各事業についての情報は，まだ充分に周知されていないことを踏まえた情報提供が必要である。

　また，情報提供の対象は利用者に限らない。近隣住民や地域の人々，地域の保育所や幼稚園，地域子育て支援拠点，消防署，交番などの関係機関から理解と協力が得られるように，地域型保育事業そのものや保育事業者が地域のどこでどのような保育を行っているか知ってもらうための情報提供も必要になる。とりわけ開設前に地域の方々への説明を充分に行うことが開設後の関係づくりや協力につながる。

　設備運営基準第5条第2項（家庭的保育事業者等の一般原則，p.188参照）には，地域型保育の事業者として地域社会との交流や連携を図り，利用する乳幼児の保護者や地域社会に対し，家庭的保育事業等の運営の内容を適切に説明するよう努めなければならないとされている。そのため，折に触れ地域社会に対しても情報提供することにより，開かれた保育を目指していかなければならない。多くの人に地域型保育の存在を知ってもらい，正しい理解を促すことが地域型保育の普及にもつながる。

【2】　さまざまな情報提供

1　行政による情報提供

　市町村には保育に関する情報を提供する義務があり，役所や公的機関の窓口などで，地域の保育情報や子育て支援情報が冊子やリーフレットとして配布されたり，広報誌やホームページなどで紹介されている。地域型保育についてどのように紹介されているかをよく調べておくと，地域型保育を紹介するときや，どこで情報が得られるかを紹介するのに役立つ。

　また，個々の保育施設に関する情報（場所，定員，空きなど）についても，どこでどの

ように情報提供されているかということも把握しておくとよい。

2　関係団体等の組織による情報提供

　家庭的保育や小規模保育等の関係団体には全国的な組織から市区町村単位などさまざまな組織がある。それぞれの組織が発行する機関誌や情報，ホームページなどを折に触れて確認すると，活動内容，とくに研修などに関するものや，マスコミなどで取り上げられた記事や調査研究の情報なども得られる。これらは客観的に地域型保育を紹介するものとなりうる。同時に，地域型保育がどのように受け止められているかを確認したり，紹介するものとして役立つ。

3　事業者による情報提供

　利用者を確保するうえで最も重要なのはそれぞれの保育事業者による個別の情報提供である。これは，それぞれの保育施設を紹介するものになる。その内容としては，以下のようなものが含まれていることが望ましい。

　地域型保育それぞれの事業の説明（市町村による認可事業であること），保育施設の名称，設置場所，連絡方法，利用条件（保育の必要性が認められた子どもであること），対象年齢，定員，保育時間，保育料，申し込みの方法などを簡潔にわかりやすく文書化したうえで，情報提供する。また，それぞれの保育施設の特徴として，どういうことを大事にした保育を行っているか，または，どういう子どもに育ってもらいたいと願っているかなど，保育理念や保育の目標を書いておくと，保護者が選択するうえで参考となる。

　このような資料を何部か用意しておいて，問い合わせに応じて渡したり，子どもを連れて公園に行くときなど必ずリュックの中に入れておき，機会あるごとに保育施設紹介のツールとして渡すようにすると，地域型保育のことを知ってもらうためにも役立つ。また，このような情報は行政窓口や地域子育て支援拠点などに置いてもらえることもあるので，問い合わせてみるとよい。

　また，保育をスタートしてからは，定期的に外部の評価を受け，その結果を公表することが設備運営基準第5条第4項で求められている。評価の結果だけではなく，その結果に対して，どのような改善を図る予定か，あるいはどういう改善が行われたかについても公表することが望ましい。

【3】　情報の種類

　情報を発信する方法は紙媒体（チラシ，リーフレットなど）が一般的な手法であったが，現在の保護者には，パソコンやスマートフォンなどが身近なツールとしてあるので，インターネットでの検索を活用し，情報を収集している場合も多い。ホームページでは，保育

施設の写真や一日の流れ，保育の内容など，さまざまな情報が視覚的に提供でき，効果的であるといえる。

　また，何よりも保育者が子どもたちを保育する姿を通して，地域型保育についての情報を発信している。地域の人は散歩や外遊びをする姿から情報を読み取っていることを常に意識しておくことが望ましい。

【4】　個人情報への配慮

　情報提供を行う場合，実際の保育室の様子や一日の過ごし方を写真などで紹介すると，大変わかりやすい。しかし，保育を利用する子どもの写真の使用については，個人情報保護の観点から，その都度使用目的を明らかにし，保護者の許可を必ず得ておく必要がある。また，保育室だよりなどについては，子どもの名前，生年月日，保護者の職業など，どうしてもありのままに掲載しなければならない内容なのかどうかをよく吟味することが必要である。とくに，不特定多数に配布するものやホームページなどに掲載するものについては，その先で誰がどのように利用するかわからない。警視庁からは水遊びや身体検査等の写真をホームページ等に掲載することへの危険性が勧告されていることに留意しなければならない。

　また，個人情報ではないが，不特定多数に情報が提供されるホームページなどで，保育内容などのあまりに細かい情報を提供することが（たとえば，何時頃どの公園に行っているかなど），不審者や犯罪者への情報提供につながることもあることに留意する。

3　受託までの流れ

【1】　問い合わせへの対応

　利用を検討している保護者は，保育を行っている状況がわからずに，問い合わせの電話をしてきたり，訪問してくるかもしれないが，保育中の問い合わせへの対応は一定のルールを決めておくとよい。保育に支障を来さないようにし，子どもの安全確保を最優先事項とする。保育中の電話や突然の訪問については，保育中にはゆっくり対応することができないことを伝え，時間を指定して改めて連絡をしてもらうようにする。

　基本的に保護者が知りたいと思う内容は，あらかじめ文書化し，手渡せるように用意しておき，それをみてもらったうえで，質問をしてもらうのがよい。

【2】　見学の受け入れ

　具体的に保育の現場をみてもらうことにより，保護者には安心して子どもを預けられるかどうかの判断が必要であると同時に，保護者が納得してその保育施設を選択することが子どもの安定にもつながるので，見学の希望は積極的に受け入れたい。しかし，あくまでも子どもたちの保育に支障がない範囲で受け入れることを原則とする。そのため，見学を希望する保護者の必要度や緊急度などにより，見学を受け入れる時期や時間帯を決めることも必要となる。

　保育中に見学を受け入れるときは，質問を受けることもあるので，保育が手薄にならないように保育者を配置しておくことも必要である。

【3】　保護者との面接

　その保育施設を利用するかどうかを決める前に保育事業者と保護者間でよく話しあい，確認しておくことが，スムーズな関係形成につながる。そのために，面接のときは時間に余裕を持って行うとよい。また，聞き忘れなどがある場合は，後日でも問い合わせが可能であることを伝える。

　初めての面会は，互いに知っておいてほしい情報の交換を通じて，利用を検討するために行われることを念頭におく。母子健康手帳などの家族状況，出産の状況などの個人情報が記載されたものの提示をこの時点で求める必要はない。利用の決定後に児童票への記入から確認できることもあることを踏まえ，この段階で情報を聞きすぎない配慮も必要である。

1　子どもの状態について

　保護者に子どもの状況について，話をしてもらう。保育者の方で事前に確認しておきたいことがあれば，質問する。
・子どもの健康状態（アレルギー，健診，予防接種，既往歴など）
・子どもの生活習慣（睡眠，授乳や離乳食の様子，食べ物の好き嫌い，運動など）
・養育方針について（子どもに対する接し方，散歩，幼児であればしつけの方針やテレビをみせる時間など）
・以前に保育を利用した経験の有無，満足度など

2　保育について

　保育事業者側の保育の方針や目標を伝え，理解してもらう。また，下記について具体的に説明し，確認する。
・保育内容

・保育の体制（職員の種類と職務の内容）
・保育時間（欠席，遅刻，早退の場合の事前連絡，延長保育の受入可能時間など）
・保育料（保育料金，延長保育料金，その他）
・家庭的保育の場合，保育者の休暇取得時の代替保育の対応など
・持参するものについて（着替え，寝具，おむつ，食べ物，歯ブラシなど。持ち物に記名または印をつける）
・緊急連絡先（住所・電話番号，両親の勤務先，災害時に両親に代わる連絡先として，祖父母や信頼できる知人の連絡先など2カ所ほど書いてもらう。健康保険証のコピーを預かることなど）
・子どもの病気の対応について（子どもが病気のときは保育できない。体調が急変したときはお迎えが必要となること。与薬についての制限など）
　＊「第5章　小児保健Ⅰ」pp.75〜77を参照のこと。
・保護者以外の人の送迎（必ず事前に保護者との関係，名前等を知らせてもらうほか，できれば保護者とともに事前に顔合わせをする。できないときは顔写真をみせてもらう）
・連絡帳（保育者，保護者ともに連絡帳は必ず記入し，子どもの様子を伝えあう）
・昼食・おやつについて
　なお，ここにあげた項目は保護者にわかりやすくまとめて，"入所のしおり"として，入所時に渡すとよい。

【4】　保育を始めるにあたって

　保育の利用については，保護者と地域型保育の事業者の間で公的契約を結ぶことになる。契約書には，保育の利用と提供についての義務と権利に関する内容が含まれているので，契約書の各項目を改めて確認したうえで，契約を交わす。

　また，保育を開始してから，保護者は保育者や保育施設に対する要望や苦情を持つことがあるかもしれない。それに対して，保育事業者は苦情に迅速かつ適切に対応するために，苦情を受け付ける窓口を設置することが求められている（設備運営基準第21条第1項，「第11章　保育者の職業倫理と配慮事項」p.189参照）。しかし，小規模な保育の場合は，両者の話しあいで対応するよりも，行政担当者など第三者を交えて話しあうことが好ましい場合もある。また，子どもを託している保護者の立場からは，直接保育者には言いにくいと感じることがあるかもしれない。そのような場合に備え，保護者には要望や苦情に対応する窓口があることを伝えるとともに，行政の担当窓口に苦情を申し出ることもできることを，保育を始めるときに情報提供をしておくことが望ましい。また，要望や苦情などを受けたときはその内容や対応について記録をとる必要がある。

　保護者からの要望や苦情は，すべてを受け入れることはできないかもしれないが，その

場合はなぜできないかということや，今後の見通しなどについて保護者に返していくことが必要になる。なお，要望や苦情には保育の質を向上させるためのヒントが含まれている場合もある。謙虚に受け止め，保護者の思いは理解するように努めたいものである。

4　地域型保育の運営上必要な記録と報告

【1】　記録の必要性

　記録を取ること，記録を整理・保存し，蓄積をすること，記録に基づいた正確な報告をすることは保育を運営するうえで，重要な業務になる。

　記録の蓄積は保育を振り返る材料であり，同時に，保育を客観的に説明する資料となりうる。外からみることのできない保育内容を可視化するのも記録である。小規模な保育では子ども数も少ないが職員数も限られ，業務は多い。その中で，さまざまな記録を細かく取るのは大変な作業ではあるが，記録の取り方や書式に工夫したい。記録により保育者間の情報共有を図ることができ，蓄積された記録に基づいた報告が信憑性を高める。また，記録は子どもの成長の過程を振り返るうえでも役立つ。子どもの行動や発達への気づきは気になることだけでなく，効果のみられた関わりなど，すべての保育者の気づきをその時々にメモとして書き付けておくとよい。

　なお，個人情報を含む記録は，保護者を含む来訪者など，他人の目に触れるようなところに置いたり，掲示しないように留意する。とくに，児童票は子どもと家族に関する個人情報が記載されているので，厳重に保管しなければならない。

【2】　記録の整備・記録の保存

　運営基準第49条には，地域型保育の事業所には職員，設備，会計および利用乳幼児に対する保育の提供の状況を明らかにする記録を整備しなければならないことが明記されている。

　また，次の記録については5年間保存しなければならない。
①保育を行うために作成した計画（全体的な計画，指導計画，避難訓練計画など）
②提供した保育に関する記録
　保育に関する記録：保育日誌，出席簿
　子どもに関する記録：入室時等に保護者から提出された書類，健康管理記録（健康観察表，午睡チェック表，治癒証明書等）

運営に関する記録

③市町村に通知した記録（利用者の不正受給など）

④利用者から受けた苦情の内容の記録

⑤事故の状況や事故が起こったときにとった処置についての記録

表 9 - 2　さまざまな記録の種類

記録の種類	備考
児童票	自治体指定の様式
健康台帳	予防接種記録，病気の記録，アレルギー疾患，健康診断所見，身体測定など
健康観察チェック表	検温，機嫌，鼻汁，咳などの日々の健康観察と午睡中の呼吸確認 （第 5 章　小児保健 I p.70）
出席簿	登室，降室時間，送迎者など
保育日誌	出席人数，欠席者名，保育時間，保育内容，一日の保育に対する評価・反省など
連絡帳	保護者との連絡帳は複写式で保育施設にも記録を残すとよい
各種計画	全体的な計画，指導計画（長期・短期・個別），避難訓練計画書
申し送りノート	保育者間の連携と情報共有を図る
給食献立表	食物アレルギーについての調査票など
職員雇用関係	職員雇用状況，雇用契約書，勤務表
会計関係	収支状況などの会計管理に関する帳票類

参考文献

網野武博・迫田圭子（編）『四訂　保育所運営マニュアル——保育指針を実践に活かす』中央法規出版，2011

全国家庭的保育ネットワーク（編）『応援します　働くお母さん——わが家は地域の子育てパートナー』ひとなる書房，1997

第10章 安全の確保とリスクマネジメント

講義の目的

①保育環境上起こりうる危険について学び，事故を未然に防ぐための予防策や安全確保の留意点について理解する。

②万一事故が起こった場合の対応や報告について理解する。

1 子どもの事故

　乳幼児期の子どもの発達は著しく，発達に伴い行動の仕方が変化し，行動範囲も広がる。子どもたちの年齢別死因順位（2020）をみると，0歳では1位：先天性奇形，2位：周産期に特異な呼吸障害等，3位：乳幼児突然死症候群（SIDS），4位：胎児および新生児の出血性障害等，5位：不慮の事故であり，1～4歳までの死亡原因の3位は不慮の事故である。不慮の事故を種類別にみてみると，0歳児の不慮の事故原因の約8割が窒息である。1～4歳では，交通事故が最も多く，2歳では約半数にのぼり，次いで，窒息，溺死・溺水の割合が高い。このように，子どもの事故は，年齢によって起こりやすい種別が違い，それは子どもの発達と密接に関連している。そのため，子どもを取り巻く環境は，発達段階を考慮し，子どもに適したものでなくてはならない。環境が子どもに適したものでない場合，それが原因で事故につながる可能性が十分考えられるため，子どもの発達に応じて環境を見直していく必要がある（危険を防止するための具体的な環境構成に関しては，「第8章　地域保育の環境整備」を参照）。

　また，「教育・保育施設等における事故防止及び事故発生時の対応のためのガイドライン」（2016年3月）では，重大事故が発生しやすい場面として，睡眠中，プール活動・水遊び，食事中等の場面があげられている。食事中においては，食物アレルギーや誤嚥への

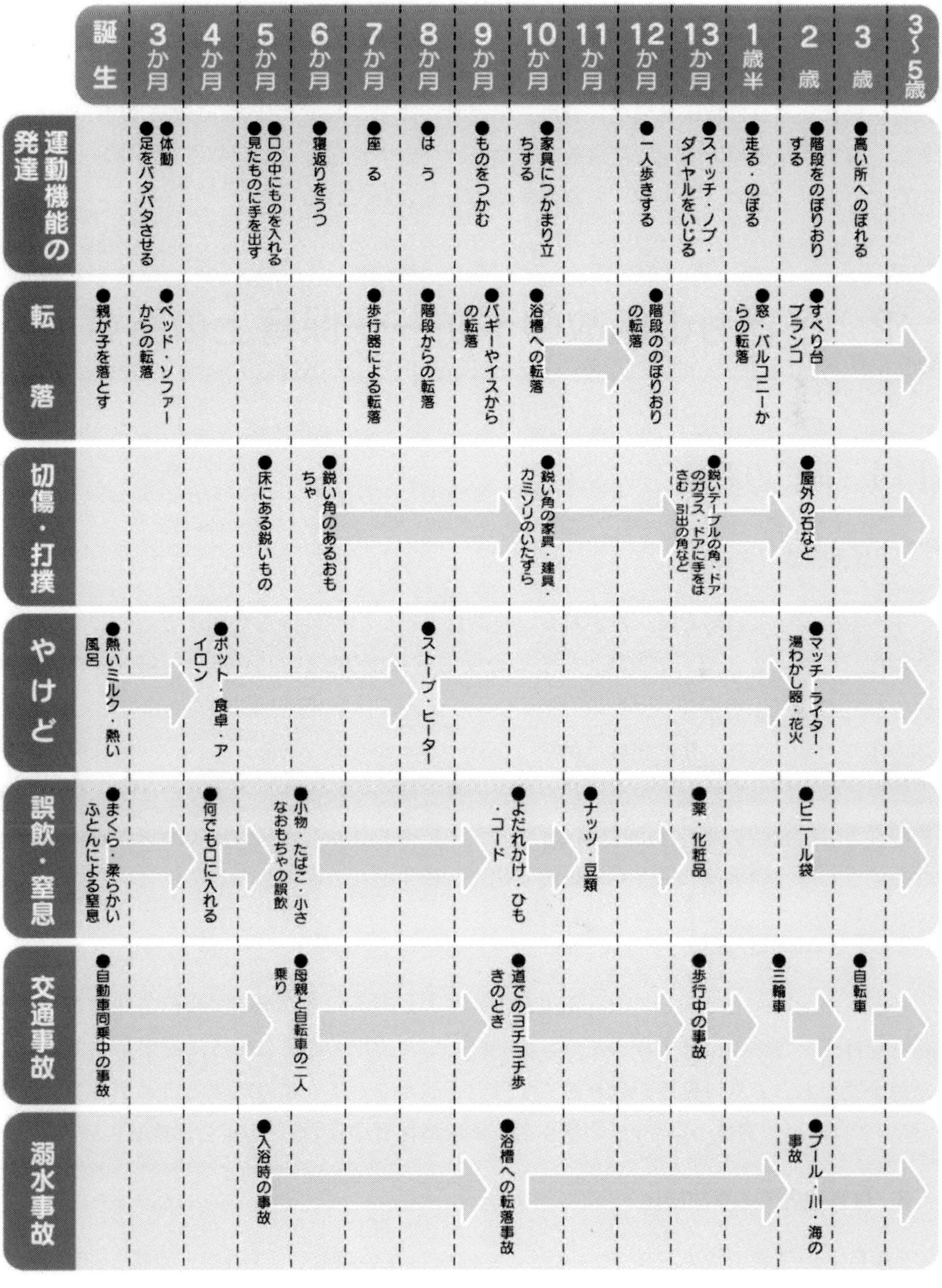

	誕生	3か月	4か月	5か月	6か月	7か月	8か月	9か月	10か月	11か月	12か月	13か月	1歳半	2歳	3歳	3〜5歳
運動機能の発達		●足をバタバタさせる ●体動	●見たものに手を出す	●口の中にものを入れる	●寝返りをうつ	●座る	●はう	●ものをつかむ	●家具につかまり立ちする		●一人歩きする	●スイッチ・ノブ・ダイヤルをいじる	●走る・のぼる	●階段をのぼりおりする	●高い所へのぼれる	
転落	●親が子を落とす	●ベッド・ソファーからの転落				●歩行器による転落	●階段からの転落	●バギーやイスからの転落	●浴槽への転落 →		●階段ののぼりおりの転落		●窓・バルコニーからの転落	●すべり台・ブランコ →		→
切傷・打撲				●床にある鋭いもの	●鋭い角のあるおもちゃ →				●鋭い角の家具・建具・カミソリのいたずら			●鋭いテーブルの角・ドアのガラス・ドアに手をはさむ・引出しの角など		●屋外の石など →		→
やけど	●熱いミルク・熱い風呂 →		●ポット・食卓・アイロン				●ストーブ・ヒーター →							●マッチ・ライター・湯わかし器・花火 →		→
誤飲・窒息	●まくら・柔らかいふとんによる窒息 →		●何でも口に入れる →		●小物・たばこ・小さなおもちゃの誤飲 →			●よだれかけ・ひも・コード →		●ナッツ・豆類 →		●薬・化粧品 →		●ビニール袋 →		→
交通事故	●自動車同乗中の事故 →			●母親と自転車の二人乗り →				●道でのヨチヨチ歩きのとき →				●歩行中の事故 →		●三輪車 →	●自転車 →	→
溺水事故				●入浴時の事故 →				●浴槽への転落事故 →							●プール・川・海の事故 →	→

出典：田中哲郎『保育園における事故防止と安全管理』日本小児医事出版社，2011

図 10 − 1　子どもの発達と事故例

注意喚起がされている。また，誤嚥は，玩具や小物等においても注意が必要である。

　子どもたちの大切な命を預かっている保育者は，子どもの死亡原因を重く受け止め，事故の予防に心がけなくてはならない。さらに，事故が起こってしまったときに，適切な応急処置が行えるように，日頃から準備や訓練をしておくことも重要なことである。「特定教育・保育施設及び特定地域型保育事業の運営に関する基準」（内閣府令第39号, 2014年）では，特定地域型保育事業者は事故が発生した場合の対応などが記載された事故発生防止のための指針（マニュアル等）を整備することとされている。

2　子どもの事故の予防──保育上の留意点

【1】　毎日の点検

1　健康観察（視診）

　子どもの受け入れ時には，健康観察（視診）を行い，昨晩から今朝までの子どもの様子を把握しておくことが，事故防止にもつながる（健康観察については，「第5章　小児保健Ⅰ」pp.66 ～ 71 を参照）。帰りの際にも，たとえば健康状態が朝と変わりないか，顔や体の傷のチェック等，健康観察（視診）を行うことが必要である。とくに，傷に関しては，保育中に傷つけたものなのかを，朝の健康観察と照らしながら把握することが大切である。そのうえで，食欲や便の様子等の保育中の全体把握や怪我などについて，保護者に報告しておくことで，帰宅後の子どもの体調変化にも備えることができる。

2　子どもの受け渡し

　子どもの受け渡しに関しては，保護者以外の人が迎えにきた場合，事前に保護者から連絡を受けていない人には子どもを渡さない，という原則のもとに行うことが必要である。緊急事態であっても，確認が取れるまでは引き渡さないように対応することが必要である（保護者以外の送迎については，「第9章　地域型保育の運営」p.161 を参照）。

3　保育室内での事故防止

　3歳以下の子どもたちに気をつけなくてはならない事故に，「誤飲・誤嚥」「やけど」「溺水」「窒息」がある。小さな遊具等が誤飲・誤嚥につながるケースもあるため，細心の注意を払っておく必要がある（誤飲・誤嚥の対応については，「第6章　小児保健Ⅱ」p.89 を参照）。

また，暖房器具の周辺，バケツ・プール等水を溜め置く場所，ベッドの中の環境等は，子どもの事故につながらないように，その都度点検が必要な場所である。

さらに，睡眠中の呼吸確認はSIDSや窒息を早期に発見し，対応するために必ず行わなければならない（SIDSや記録シートに関しては，「第5章　小児保健Ⅰ」pp.69〜71を参照）。

4　散歩

外へ出ると，解放的な気持ちになり，子どもは，時には予測できない行動をとることがある。細心の注意を払い，戸外での事故防止に努める必要がある。また，動きやすい服装かどうかも確認し，必要であれば着替えるなどの工夫が求められる。暑さ・寒さへの配慮，日光対策等も必要である。

保育施設から外に出る際は，まず道路上の安全（車が来ていないか）を確認したうえで，外に出すようにする。散歩では，子どもと手をつなぎ，保育者が車道側を歩くようにする。歩くことができない・慣れていない乳児がいる場合には，ベビーカーを使用することになる。そのため，保育者同士で連携をとりながら，歩く子どもとベビーカーの子どもの両方の安全確保ができるように配慮することを心がける。

また，突発的な行動にも対応できるように，リュックなどを利用し，保育者は両手が自由に使えるようにしておく。持ち物として，子どもの着替え，タオル，ティッシュ，応急手当用品，水筒，携帯電話，連絡網，虫よけ等，万が一というときにもすぐに対応できるように，日頃から持ち物を確認しておくことが必要である。

5　戸外での活動

公園等に到着後には，公園内の状況把握をすることも大切である。空き缶やたばこの吸殻，動物の糞，ガラスのかけらなど，危険なものが落ちていないか確認し，もしあれば拾うようにする。また，遊具が安全かどうか，濡れていないか，熱くなっていないかなども，事前に点検しておくことも必要である。ブランコやジャングルジム等の遊具で遊んでいるときには，必ず保育者が子どものそばで見守ることが必要である。ちょっとした段差でも転倒につながるため，必ず目を離さずにしっかりみておかなければならない。

保育者は，子どもと一緒に遊びの楽しさを共有することも大切なことである。しかし，戸外では子どもたちが広い範囲で活動することになるため，保育者は常に子どもたち全員に目を配れるように，全体が見渡せる場所にいるよう心がける。1人の子どもにかかりきりで，ほかの子どもに背を向け続けることがないように留意する。とくに，水場がある場合は，保育者が水場に近い方に立ち，子どもが接近しすぎないようにする。

6　不審者対応

まず重要なことは，散歩等で出かける場合だけでなく，保育施設に子どもがいるときに

も鍵をかけることを習慣化し，外部からの不審者の侵入を防ぐようにしておくことである。また，戸外で活動しているときには，子どもが連れ去られないように，十分子どもをみておくことが必要である。

【2】 定期的な点検

1 保育室内での事故防止

子どもたちを事故から守るために，保育室の環境を整え，安全対策を行っておくことが必要である（具体的な環境整備に関しては，「第8章　地域保育の環境整備」を参照）。転落，転倒，打撲，手をはさむ等のリスクから子どもたちを守るために，安全柵・ベビーガード，角のガード，ドアの固定，落下防止等の安全対策が必要となる。具体的な対応策は，各々の保育室の状況に合わせて工夫することが求められる。年齢別の安全チェックリスト（表10−1〜10−3）なども参考にし，子どもの発達の状況や保育室の物理的環境を考慮した保育室独自のチェックリストをその年（時期）ごとに作成し，保育環境の定期的な点検を行う必要がある。

2 散歩

散歩のルートも定期的に点検をしておくことが必要である。交通事情は変化することも十分考えられるため，できるだけ安全なルートを選んで，散歩を行うことが大切である。交通量，信号機の有無，歩道の柵の有無などを事前に確認し，子どもと歩くことを想定して，ルートを選ぶことが大切である。

よく利用する公園なども含めておさんぽマップを作成し，散歩途中の危険箇所など配慮すべきことも書き込んでおくことが望ましい。

3 火事・地震

災害対策としては，消火器の設置や避難経路に障害物がないかどうかなど，日頃から保育施設の環境にも目配りをしておくことが必要である。火事の場合，出火場所によって避難経路を事前に決定しておくことも重要である。保育施設から避難後，子どもたちの安全を確保できる避難場所を決めておき，いざというときに戸惑わないようにしておく。避難場所は，子どもの負担を考え，無理なく避難できる場所を決定し，状況に応じて避難場所を選べるようにしておくとよい。

また，慌てずに避難できるように，避難用品を準備しておき，目につきやすく，すぐに持ち出せる場所に常備しておく必要がある。避難用品は，定期的に点検し，いつでも使用できるようにしておく。

表 10 − 1　0 歳児クラス用事故防止チェックリスト

		必ず実施	大体実施	あまり実施せず	実施せず	コメント
1	園で使用するベビー用品は，子どもの年齢や使用目的にあったものを選び，取扱説明書をよく読んでいる					
2	子どもの周囲に角の鋭い家具，おもちゃ，箱などがないか必ず確認し，危険なものはすぐに片づけている					
3	ベビーベッドの柵は必ず上げている					
4	おむつの取りかえなどで，子どもを寝かせたままにしてそばを離れることはない					
5	子どもを抱いているとき，自分の足元に注意している					
6	子どもを抱いているとき，あわてて階段を降りることはない					
7	寝ている子どもの上に，物が落ちてこないように安全を確認している					
8	ミルクを飲ませた後は，ゲップをさせてから寝かせている					
9	よだれかけのひもを外してから，子どもを寝かせている					
10	ベビーベッドの柵とマットレス，敷き布団の間にすき間がないことを確認している					
11	敷き布団は硬めのものを使用している					
12	子どもを寝かせるときはあお向けに寝かせ，呼吸状態を確認している					
13	子どもを抱いているとき，ドアを勢いよく閉めることがないようにしている					
14	ドアのちょうつがいに子どもの指が入らないように注意している					
15	ドアをバタバタさせたり，ドアの近くで遊ばせないようにしている					
16	子ども用のいすは，安定のよいものを使用している					
17	子どもがお座りをするそばに，角や縁の鋭いものはないようにしている					

		必ず実施	大体実施	あまり実施せず	実施せず	コメント
18	いすに座っていて急に立ち上がったり，倒れることがないようにしている					
19	つかまり立ちをしたり，つたい歩きをするときは，そばについてみている					
20	口に物をくわえて歩行させないようにしている					
21	子どもは保育士を後追いすることがあるので注意している					
22	子どもが敷居や段差のあるところを歩くときは，つまずかないように注意している					
23	子どもの腕を，保育士や年上の子どもが強く引っぱることがないようにしている					
24	子どもが直接ふれてやけどをするような暖房器具を使用していない					
25	ビニール袋，ゴム風船は，子どもの手の届かないところにしまっている					
26	バケツや子ども用プールに水をためておくことはない					
27	沐浴中の子どもから目を離すことはない					
28	ボール遊びでは勢いあまって転倒することがあるので，周囲のおもちゃなどに注意している					
29	バギーに乗せるときは深く腰掛けさせ，安全ベルトを使用し，そばから離れないようにしている					
30	ウサギや小動物の小屋には，手を入れないように注意している					

出典：田中哲郎『保育園における事故防止と安全管理』日本小児医事出版社，2011

表10-2　1歳児クラス用事故防止チェックリスト

		必ず実施	大体実施	あまり実施せず	実施せず	コメント
1	子どもの遊んでいる位置を確認している					
2	遊具の安全を確認している					
3	すべり台やブランコにのるときは，そばについている					
4	おもちゃを持ったり，カバンをかけたまま，すべり台で遊ばせることはない					
5	すべり台に多くの子どもが集まり，押し合いなどしないように注意している					
6	揺れているブランコには近づかないように注意している					
7	子どもが敷居や段差のあるところを歩くときは，つまずかないように注意している					
8	階段や玄関などの段差のあるところに，子どもが一人で行くことはない					
9	階段を上り下りするときは，子どもの下側を歩くか，手をつないでいる					
10	子どもが大きな物や重い物を持って移動するときは，付き添うようにしている					
11	子どもの腕を強く引っぱらないように注意している					
12	肘内障を起こしやすい子どもは，職員全員が把握している					
13	子ども同士手をつないでいるとき，引っ張り合い肘内障になることがあるので，注意している					
14	手にけがをしていたり，ふさがっているときは，バランスを取りにくく，転びやすいので注意している					
15	室内・室外で角や鋭い部分にはガードがしてある					
16	いすに立ち上がったり，いすをおもちゃにして遊ぶことはない					
17	ロッカーや棚は倒れないものを使用している					
18	ドアを開閉するとき，子どもの手や足の位置を確認している					
19	ドアのちょうつがいに手を入れないように注意している					

		必ず実施	大体実施	あまり実施せず	実施せず	コメント
20	子どもが引き出しやドアを開け閉めして遊んでいることはない					
21	室内は整理整頓を行い，使用したものはすぐに収納場所に片づけている					
22	ハサミやカッターなどの刃物は，使用したら必ず片づけている					
23	口の中に入ってしまう小さなおもちゃを机の上に置いていない					
24	食べもののかたさや，大きさ，量などを考えて食べさせている					
25	ビニール袋などは，子どもの手の届かない所にしまっている					
26	子どもが鼻や耳に小物を入れて遊ばないように注意している					
27	フォーク，歯ブラシなどをくわえて走り回ることがないようにしている					
28	極端なふざけは注意している					
29	子どもが直接ふれてやけどをするような暖房器具を使用していない					
30	床が濡れていたらすぐに拭きとるようにしている					
31	トイレのレバーを操作するときは手助けをしている					
32	落ち着いて便座に座るように補助をしている					
33	公園等は小さい子どもの安全について十分に配慮していないことがあるので，遊ばせる際には十分に点検している					
34	砂を口に入れたり，目に誤って入ってしまうことがあるので，衛生管理には気をつけている					
35	ウサギなどの小動物と遊ぶときは，そばについて注意している					
36	散歩のときは人数確認をしている					
37	道路では飛び出しに注意している					
38	散歩のときは，歩く場所に積み荷や看板などが出ていないか点検している					
39	水遊びをするときは，必ず保育者が付き添っている					

出典：田中哲郎『保育園における事故防止と安全管理』日本小児医事出版社，2011

表 10－3　2歳児クラス用事故防止チェックリスト

		必ず実施	大体実施	あまり実施せず	実施せず	コメント
1	子どもの遊んでいる位置を確認している					
2	遊具の安全を確認している					
3	すべり台やブランコにのるときは，そばについている					
4	おもちゃを持ったり，カバンをかけたまま，すべり台で遊ばせることはない					
5	すべり台の正しい遊び方を指導し，上でふざけたり，逆さ登りをさせないようにしている					
6	揺れているブランコには近づかないように注意している					
7	シーソーは反対側に人が乗ると，急に上にあがることを教えている					
8	砂場では砂の汚染や量，周りの枠について注意点検している					
9	おもちゃの取りあいや，長いものを振り回さないなど砂場での正しい遊び方を指導している					
10	砂場周辺は砂で滑りやすいことを注意し，指導している					
11	鉄棒の近くで遊ぶと勢いあまって衝突することがあることに注意している					
12	三輪車はスピードがつくと転倒しやすいことを知り遊ばせている					
13	子どもが敷居や段差のあるところを歩くときや，外遊びをするときは，つまずかないように注意している					
14	子どもが大きな物を持つときは，段差がないか床や地面の状態に注意している					
15	階段や玄関などの段差があるところに，子どもがひとりでいくことはない					
16	階段を上り下りするときは，子どもの下側を歩くか，手をつないでいる					
17	室内では衝突を起こしやすいので，人数やルールを考えて遊ばせている					
18	午睡後，十分に覚醒しているか，個々の状態を十分に把握している					

		必ず実施	大体実施	あまり実施せず	実施せず	コメント
19	子どもの腕を強く引っぱらないように注意している					
20	肘内障を起こしやすい子どもは，職員全員が把握している					
21	子ども同士手をつないでいる間，引っ張り合い肘内障になることがあるので注意している					
22	手にけがをしていたり，ふさがっているときは，バランスが取りにくく，転びやすいので注意している					
23	室内・室外で角や鋭い部分にはガードがしてある					
24	いすに立ち上がったり，いすをおもちゃにして遊ぶことはない					
25	ロッカーや棚は倒れないものを使用している					
26	マットを使用後はそのままにせず，必ず片づけている					
27	ドアを開閉するとき，子どもの手や足の位置を確認している					
28	子どもが引き出しやドアを開け閉めして，遊んでいることがないように注意している					
29	室内は整理整頓を行い，使用したものはすぐに収納場所に片づけている					
30	ハサミやカッターなどの刃物は，使用したら必ず片づけている					
31	フォーク，歯ブラシなどをくわえて走り回ることがないように注意している					
32	口の中に入ってしまうおもちゃを，机の上に置くことがないよう注意している					
33	食べもののかたさや，大きさ，量などを考えて食べさせている					
34	ビニール袋などは，子どもの手の届かない所にしまってある					
35	子どもが鼻や耳に小物を入れて遊ばないように注意している					
36	先の尖ったものを持っているときは振り回したりしないように指導している					

		必ず実施	大体実施	あまり実施せず	実施せず	コメント
37	子どもが直接ふれてやけどをするような暖房器具を使用していない					
38	床が濡れていたらすぐに拭きとるようにしている					
39	バケツや子ども用プールに水を溜めておくことがない					
40	水遊びをするときは，必ず保育者が付き添っている					
41	ウサギなどの小動物と遊ぶときは，そばについて注意している					
42	焚き火の後は熱いことを教え，立ち入らないように指導している					
43	散歩のときは人数確認をしている					
44	道路では飛び出しに注意している					
45	手をつないで走ると，転んだときに手がつきにくいことを保育者は理解し，指導している					
46	散歩のとき，園が近づくと早く帰園しようとして，走ったり早足になると危険であることを，保育者が理解している					
47	公園では園の施設に比べ安全面が十分でないことを知り慎重に対応している					
48	年齢にあったアスレチックか，雨などで滑りやすくなっていないかなど点検して遊ばせている					
49	ジュースの空き缶やタバコなど危険な物があるときには，口にしないように指導し，危険なものに気付いたら片づける					
50	犬や動物は咬んだり，鶏はつつくことがあることを子どもに教え，注意している					

出典：田中哲郎『保育園における事故防止と安全管理』日本小児医事出版社，2011

3 緊急時の連絡・対策・対応

【1】 連絡網の準備

　緊急時のために，連絡手段の確認や連絡網の準備をしておくことが必要である。緊急時には，救急車，保護者や自治体担当者等への連絡をスムーズにできるように，電話番号や連絡方法などを書いて，目につくところに貼っておくとよい。慌てたときには混乱するので，救急車の呼び方には実際に住所や経路を書き込んで，そのとおりに読み上げるようにする（資料）。

　また，地震等で避難を行った場合には，災害用伝言ダイヤル（171）等を活用し，保護者との連絡手段を確保しておくことも必要である。災害用伝言ダイヤルは，被災地内の電話番号をキーとして，安否等の情報を音声で登録・確認できるサービスである。事前に保護者に，いざというときには，伝言ダイヤルを使って連絡をとりあうことを知らせておくとよい。毎月1日，15日（0：00〜24：00）は，使い方の練習として使える日となっているので，保護者と連絡をとりあって，あらかじめ練習しておくことも可能である。

【2】 避難訓練の実施

　緊急を要する場合には，誰もが冷静に判断し，行動することは容易ではない。そのため，いざというときに，どのように対応する必要があるのかを決めておき，実際に訓練を行いながら改善をしていく必要がある。

　子どもの安全をどのように確保するのか，子どもたちを速やかに外に連れ出すにはどのような工夫が必要か，誰にどのように助けを求めるのか，何を持って避難すればよいか，どこに逃げるのか，どのルートで逃げればよいのかなど，具体的な対応策を決めておき，定期的な避難訓練を実施することが求められる。

　避難訓練は，年間予定に組み込んでおき，月に一度のペースで計画的に実施する。「家庭的保育事業等の設備及び運営に関する基準」（厚生労働省令第61号，2014年）（以下，設備運営基準）では，家庭的保育事業者等は，非常災害に対する具体的計画を立てるとともに，避難および消火に対する訓練を少なくとも毎月1回行わなければならないことが規定されている。

　具体的には，どのような緊急事態が生じたのか（地震，火事，不審者侵入，子どもの事故，心肺停止など），さまざまな場面を想定した計画を立てることが必要である。その際，子どもたちの安全確保，火の元の確認，連絡網を使った連絡，大声で助けを求めるなど，

資料　**救急車の呼び方**

【 救 急 車 の 呼 び 方 】 慌てず，局番なしで 119 番回して

「火事ですか」「救急ですか」の問いに

「救急です」

住所は？

こちらは（名前）　　　　　　　　です

電話番号は？（　）　　―

目標建物は？

誰がどうしましたか？⇒情報を提供する

例「　　歳　　カ月の（男・女）の子ですが…

どんな理由で（怪我・発病）したか…

意識は…　　呼吸は…　　　脈は…

体を動かすか…　目を開けるか…

泣いているか…　　等」

　★電話を切らないこと！　　★救急隊の指示に従うこと！

〈受診の際に必要なもの〉
保険証の写し・現金・児童調査票（表）・誤飲等のときには，吐き出したものや，それと同じもの等診察の参考になるものを持参する。

中毒 110 番　一般市民専用電話（情報提供料：無料）
　大阪：072-727-2499　365 日 24 時間
　つくば：029-852-9999　365 日 9 時〜 21 時

具体的な対応を実際にやってみることが求められる。また，午前，昼食時，午睡時，午後などさまざまな時間帯を想定して計画する。避難場所は1カ所だけではなく，その時々に対応できるように，近隣の避難場所，地域防災拠点，広域避難場所などを計画に入れておく。

　緊急時におんぶひもを活用したり，子どもの靴を1つの場所にまとめておくなど，短時間で子どもを外に連れ出す工夫は日頃から緊急時への備えとして行い，実際に所要時間を計ってみるなど，子どもの構成メンバー（年齢構成）によって，短時間に連れ出す方法を事前に決めておく必要がある。また，避難場所までの所要時間，避難場所に向かうまでの安全確保に関しても，事前に確認しておく必要がある。設備運営基準にも，非常口を確保しておくことが規定されている。

　避難訓練は避難までで終わるのではなく，避難後には，怪我等身体確認を行い，子どもが安全に過ごせる場所を確保し，保護者への連絡を速やかにとるところまで行う。実際に保護者に連絡をとるかどうかは保護者の状況にもよるが，保護者には事前に避難訓練の予定を知らせ，保護者にも緊急時の受け渡し場所や方法について知らせておくことが重要である。災害用伝言ダイヤル（p.176 参照）を使って保護者に情報提供することも避難訓練の一環として行うことが望ましい。そして，避難訓練の実施後には，記録を残すことも忘れずに行いたい。

　また，心肺蘇生法等に関しても，毎年学び直し，いざというときに備えることが重要である（心肺蘇生法の詳しい内容に関しては，「第6章　小児保健Ⅱ」pp.90 ～ 94 を参照）。

【3】　事件・事故，災害への対策・対応

　事故など，万が一のことが起こった場合には，まず大きな声を出し，自分たちだけで対応しようとせず，人を呼ぶことが基本となる。

1　保育室内での事故

　落ち着いて事故を的確に判断し，「いつ」「どこで」「誰が」「どんなことが」「どんな状況か」（4W1H）をしっかり把握する。怪我の応急手当をするとともに，病院へ行く必要があるかどうか判断する。緊急を要する場合は，救急車を呼ぶ。

　病院に連れていく場合には，保護者に連絡し，レントゲンなどの許可を得る。病院に行く必要がない場合も，なるべく早く保護者に報告しておく。また，必要に応じて帰宅後の様子を聞き，怪我の状態を確認する。事故の内容と経過を記録しておくことも大切である。

2　散歩中の交通事故

　慌てずに事故を的確に判断し，「いつ」「どこで」「誰が」「どんなことが」「どんな状況

か」(4W1H) を把握し，交通事故であることを伝え，救急車を呼ぶ。救急車が来るまでに，保護者に連絡をし，レントゲンなどの許可を得ておく。

　救急車が到着するまで，応急手当をする。頭・首を打っている場合で骨折が疑われる場合は，動かさない。怪我の程度が軽い場合でも一応救急車で病院へ行くようにする。また，事故を起こした車の運転手名，連絡先，車のナンバーを必ず記録しておく。

3　不審者侵入

　異変を周囲に知らせるとともに，子どもを集め，安全確保，人数把握をし，状況をみて避難する。警察への緊急通報を行うとともに，防犯ブザーを鳴らし，緊急事態であることを近隣に知らせる。玄関から侵入された場合は庭から道路に，庭から侵入された場合は玄関から道路に避難し，近隣にも応援を求める。

　場合によっては，不審者から子どもを守るため，ホウキや傘など周囲にあるものを活用する。子どものそばを離れず，安全を優先することに努める。また，日頃より門扉の施錠など鍵の確認をする習慣をつけておくことも重要なことである。

4　保育中の地震

　まず，子どもたちをテーブルの下へ避難させ，揺れが収まった後に防災頭巾をかぶせる。ドアや窓を開けて避難経路を確保する。非常用リュックを背負い，ガスの元栓を締め，ブレーカーを落とす。人数を確認し，避難を開始する。靴は，避難後に履かせるようにする。

　このようなときのために，子どもの靴は常にひとまとめにしておくとよい。日頃から，地震に備えて家具や電気製品の転倒防止策などの安全対策を心がけておくとともに，避難訓練を定期的に実施しておく必要がある。そのためにも，日頃から保育者同士で役割分担などを話しあっておくことが大切である。

5　保育中の火事

　子どもの安全を確保してから，初期消火を心がけるが，火が天井に届いた時点で，消火活動を止め外に避難する。出火の場所を確認し，安全な場所に避難する。119 番通報を行い，火事を近所に知らせる。調理設備周辺には消火器を設置し，役立つ消火方法や知識を日頃より身につけることが重要である。設備運営基準にも，軽便消火器等消火用具を設けることが義務付けられている。

【4】　事故後の報告

　事故が起こった場合には，保護者には丁寧な報告と謝罪の意を述べることが必要である。そのことにより，保護者との信頼関係を維持することが可能となる。

また，自治体担当者等にも速やかに報告を行い，今後の改善策への助言を得たり，支援を得ることが望ましい。なお，保育中の重大事故（死亡事故，治療に要する期間が30日以上の負傷や疾病を伴う重篤な事故等）については，市町村を通じて国に報告することが義務付けられている。報告された内容は，個人情報等に配慮したうえ，重大事故の再発防止を目的として，内閣府のホームページで公開されている。

4　リスクマネジメントと賠償責任

【1】　リスクマネジメントとは

　保育者は，安全への配慮を怠らないことが前提だが，それでも危険な事態が起こった場合には，適切な対応を速やかにとり，リスクの軽減を図ることが重要である。このようなリスク管理のことを「リスクマネジメント」という。最近では，権利者意識や責任の所在を明確にしようとする傾向が強いこともあり，損害賠償責任を問われる訴訟を起こされることも少なくない。

　このようなことからも，保育をめぐる危機管理の重要性が指摘されている。そのため日頃から予測可能な事故が起きないようにするために事故回避の対策を検討し，実施することが重要である。また，事故事例やクレーム等の情報を把握し，事故防止に努めることも重要である。万一のために，賠償責任保険に加入しておくことも欠かせない。

　さらに，2005年4月から個人情報の保護に関する法律が施行され，保育現場においても子どもたちや保護者の個人情報を保護する取り組みを行うことが求められている。子どもたちの記録，名簿，住所録，写真などの保管を厳重に行うとともに，第三者への漏洩（ろうえい）も厳禁であることを忘れてはならない。

【2】　保育中の事故と法的責任

　保育時間中に発生した事故に関して，事故が予測可能で，事故のリスクを回避する対応がとられていなかった場合，つまり保育者は無過失の証明ができない限り，刑事責任を問われたり，損害賠償責任（民事責任）を追及される可能性がある。これを，過失責任の原則という。保育事業者や保育者の落ち度により保育中に発生した子どもの事故における損害賠償は，万一子どもが死亡したり，高度の後遺障害が残存したりするようなケースでは，多額の賠償金を支払うこともある。このような万一に備えて，賠償責任保険や傷害保険への加入は不可欠である。

5　まとめ

　全国で溺水や転落による死亡事故が起き，幼い命が犠牲になっている。こうした事故は，「私たちの保育施設では起きないだろう」ではなく，防ぎきれない可能性があることを前提に，日頃から事故防止に努めなければならない。万一，事故や事件が起こったときには，事前にリスクを回避するためにどのような対策がとられていたのか，ということが問われることになる。

　ちょっと目を離したすきに事故が起きるなど，保育現場に限らずヒューマンエラーにより起きている事故が少なくない。少人数で保育をする地域型保育では，とくにヒューマンエラーを起こさないように十分注意しながら，保育を行う必要がある。このように，安全に配慮することは，保育者にとっても重要な課題であるとともに，保育を行ううえで大切にすべき専門性の1つである。

　安全への配慮に対して，「危険を排除しすぎるのはどうか……」「危険を体験することにより，身の安全を守る術を子どもは学ぶ」という議論もある。しかしながら，子どもの主体的活動を尊重することと，安全への配慮を怠ることとは，まったく別のことだという認識を持つ必要がある。また，未然に防げない災害が起きた場合においても，被害を最小限に留めることができるように適切な対応が速やかにとれることも求められる。

　最後に，万一事故・事件が起こってしまった場合には，起こってしまったことの大小にかかわらず，起こったことを謙虚に反省し，その失敗を今後の保育に生かしていくことが重要である。

　事故や災害等，子どもに何かがあると，子どもやその保護者だけでなく，保育者自身も非常に辛い思いをすることになる。このような辛い思いをしないためにも，事故・事件防止を十分に行い，起こってしまったときへの対応も準備を怠らないことが非常に重要である。安全確保のための具体的対応に関しては，『家庭的保育の安全ガイドライン改訂版』（NPO法人家庭的保育全国連絡協議会），『教育・保育施設等における事故防止及び事故発生時の対応のためのガイドライン』（2016年3月，内閣府・文部科学省・厚生労働省）を参考にしてほしい。

参考文献

石原栄子・庄司順一・田川悦子・横井茂夫（著）『乳児保育改訂 10 版』南山堂，2009

NPO 法人家庭的保育全国連絡協議会（編）『家庭的保育の安全ガイドライン改訂版』
　2019　http://www.familyhoiku.org/

厚生労働省「人口動態統計」2020

公益社団法人全国保育サービス協会（監修）『家庭訪問保育の理論と実際——居宅訪問
　型保育基礎研修テキスト・一般型家庭訪問保育学習テキスト』中央法規出版，2017

社団法人全国ベビーシッター協会（編）『在宅保育の考え方と実際　改訂　ベビーシッ
　ター講座Ⅰ　理論編』中央法規出版，2005

関川芳孝（著）『保育士と考える実践　保育リスクマネジメント講座』全国社会福祉協
　議会，2008

田中哲郎（著）『保育園における事故防止と安全管理』日本小児医事出版社，2011

内閣府「子ども・若者白書」2022

内閣府・文部科学省・厚生労働省「教育・保育施設等における事故防止及び事故発生
　時の対応のためのガイドライン」(2016)

　【事故防止のための取組み】　〜施設・事業者向け〜

　【事故防止のための取組み】　〜地方自治体向け〜

　【事故発生時の対応】　〜施設・事業者，地方自治体共通〜

内閣府「特定教育・保育施設等における事故情報データベース」

第11章
保育者の職業倫理と配慮事項

・・

講義の目的

①保育者としての職業倫理について理解する。

②保育者の自己管理について理解する。

③地域住民との関係作りについて理解する。

④保育所やさまざまな保育関係者との関係作り，行政との関係などについて理解する。

⑤児童虐待が疑われる場合の保育者としての対応について理解する。

1　保育者の職業倫理

【1】　価値と職業倫理

　人は，一人ひとり独自の信念や価値を持っている。しかし，医師や看護師等のように専門職と呼ばれる職種では，その職責を果たすために専門知識・技術とともに，個人的な価値ではなく，専門職としての価値を駆使して実践していくことが求められる。そこで，その価値を具現化していくために約束事やルールなどの行動基準が必要となり，職業倫理が形成される。職業倫理は，専門職一人ひとりがしっかりとその行動基準や価値を自分の中で内在化しているだけでなく，専門職の団体により明文化され，「倫理綱領」などの形で社会に表明されることが必要である。

【2】　「全国保育士会倫理綱領」と保育者の職業倫理

　保育所で子どもの保育に携わる保育士の団体である全国保育士会は，保育士の専門性の向上を目指して研修の機会を設けるとともに，2003年には全国保育協議会と協力して「全

国保育士会倫理綱領」を策定し，保育士一人ひとりの行動規範と全国保育士会として社会に果たすべき役割を明示している。前文において，子どもを愛情豊かに育てられる存在であるとともに，自ら伸びていく可能性や力を持つ存在ととらえ，『保育所保育指針』（平成29年告示）で示す倫理観に裏づけられた専門的知識，技術と判断という保育士の専門性を駆使して，「子どもの育ち」および「保護者の子育て」を支え，「子どもと子育てにやさしい社会」を構築すると謳う。

　「全国保育士会倫理綱領」は，子どもの保育と保護者の子育て支援をはじめとして，地域の子育て支援の一端を担う地域型保育の保育者も遵守していく必要があり，各項目をみていくことを通して，保育者の職業倫理について考えていく。

全国保育士会倫理綱領（2003年策定）

　すべての子どもは，豊かな愛情のなかで心身ともに健やかに育てられ，自ら伸びていく無限の可能性を持っています。

　私たちは，子どもが現在（いま）を幸せに生活し，未来（あす）を生きる力を育てる保育の仕事に誇りと責任をもって，自らの人間性と専門性の向上に努め，一人ひとりの子どもを心から尊重し，次のことを行います。

　私たちは，子どもの育ちを支えます。私たちは，保護者の子育てを支えます。私たちは，子どもと子育てにやさしい社会をつくります。

（子どもの最善の利益の尊重）

1. 私たちは，一人ひとりの子どもの最善の利益を第一に考え，保育を通してその福祉を積極的に増進するよう努めます。

（子どもの発達保障）

2. 私たちは，養護と教育が一体となった保育を通して，一人ひとりの子どもが心身ともに健康，安全で情緒の安定した生活ができる環境を用意し，生きる喜びと力を育むことを基本として，その健やかな育ちを支えます。

（保護者との協力）

3. 私たちは，子どもと保護者のおかれた状況や意向を受けとめ，保護者とより良い協力関係を築きながら，子どもの育ちや子育てを支えます。

（プライバシーの保護）

4. 私たちは，一人ひとりのプライバシーを保護するため，保育を通して知り得た個人の情報や秘密を守ります。

（チームワークと自己評価）

5. 私たちは，職場におけるチームワークや，関係する他の専門機関との連携を大切にします。また，自らの行う保育について，常に子どもの視点に立って自己評価を行い，保育の質の向上を図ります。

（利用者の代弁）

6. 私たちは，日々の保育や子育て支援の活動を通して子どものニーズを受けとめ，子ども

の立場に立ってそれを代弁します。

　また，子育てをしているすべての保護者のニーズを受けとめ，それを代弁していくことも重要な役割と考え，行動します。

（地域の子育て支援）

7．私たちは，地域の人々や関係機関とともに子育てを支援し，そのネットワークにより，地域で子どもを育てる環境づくりに努めます。

（専門職としての責務）

8．私たちは，研修や自己研鑽を通して，常に自らの人間性と専門性の向上に努め，専門職としての責務を果たします。

社会福祉法人　全国社会福祉協議会

全国保育協議会

全国保育士会

1　子どもの最善の利益の尊重

　保育者は，一人ひとりの子どもの最善の利益を尊重し，最優先事項として保育に取り組まなければならない。「児童福祉法」（1947 年制定）や「児童憲章」（1951 年採択），「児童の権利に関する条約」（1989 年国際連合にて採択，1994 年日本政府批准）で規定する子どもの人権についてしっかりと理解，尊重して，誕生から成人に至るまでを見据えながら一人ひとりの子どもの立場に立って現在（いま）を楽しく，幸せと実感できるように保育し，その福祉の増進を図っていくことが大事である。とくに，子どもの人権を侵害する虐待が増加傾向にある今日，子どもの変化にいち早く気づける立場にある保育者は，虐待のきざしに注意を向け，虐待が疑われる場合には速やかに「通告」する義務がある。

2　子どもの発達保障

　保育者は，一人ひとりの子どもが心身ともに健康に，安全に安心して生活できる環境を整え，それぞれの発達の特性を把握，理解して，発達過程に合う養護と教育が一体となった保育を行う必要がある。そのことを通して，子どもが心身ともに健やかに育っていくよう努めなければならない。

3　保護者との協力

　保育は子どもの家庭での生活を視野に入れて行う必要があり，保護者との協力関係は不可欠である。保育者は，保護者を子育てのパートナーととらえて協力しあい，その気持ちに寄り添いながら子どもの育ちと子育ての支援をしていくことが大事である。

4　プライバシーの保護

　保育者は，保育を通して子どもとその家庭の情報や秘密を知ることが少なくない。「児童福祉法」および「家庭的保育事業等の設備及び運営に関する基準」（厚生労働省令第61号，2014年）に規定され，『保育所保育指針』でも明示されているように，プライバシーの保護とともに信頼関係を崩さないためにも，職務上知り得た情報や秘密を守る義務があることを忘れてはならない。ただし，虐待が疑われる場合には，児童相談所等への通告義務が優先される（「児童虐待の防止等に関する法律」第6条第3項，2000年制定）。なお，職務上その情報や秘密を他者と共有しなければならない場合には，適切な判断のもとに必要最小限にとどめる。

5　チームワークと自己評価

　保育者は，お互いに質の高い保育を目指して，子どもや保護者，保育内容などについて常に話しあって，一人ひとりの子どもに応じた保育をしていくとともに，自治体の担当部局はもちろんのこと，関係する専門機関・施設（**資料1**，pp.192 〜 193を参照）と連携していくことが大切である。連携するにあたっては，関係機関・施設の機能を理解し，尊重しながら協力していく必要がある。

　また，子どもの視点に立って日々の保育を振り返り，自己評価を行って，明日の保育につなげていくよう努めることが求められる。そのためにも，日々の保育について記録を作成し，保存しておくことが大事で，記録は振り返りの際の貴重な資料になる（「第7章－1 地域型保育の保育内容」pp.113 〜 115を参照）。

6　利用者の代弁

　保育者は，子どもの最善の利益を尊重して子どものニーズを受けとめ，現時点と成人に至るまでの長期的な両面から考え，その福祉の増進に向けて代弁し，行動していく必要がある。

　また，保護者のニーズの把握と理解に努め，それを代弁し，充足を図っていく役割も担っていることを忘れてはならない。保育内容や保育制度の充実だけでなく，子育て支援に関する資源の創出を行う必要もある。

7　地域の子育て支援

　子どもは地域社会において，地域の人々に見守られ，その関係性の中で育っていくことが大切である。しかし，子どもの遊び相手がいない，子育てについて話したり，相談したりする相手がいないなど，子育て家庭が孤立しているとの声が聞かれる今日，地域全体を保育の場と位置づけて日々の保育を展開している保育者には，その専門知識や技術を活用

し，地域の人々や関係機関と協力して地域の子育て支援に力を注いでいくことが強く求められている。

8　専門職としての責務

　保育者の第一義的な専門職としての責務は，子どもの最善の利益を護って，質の高い保育を行うことである。また，その知識や技術を駆使して，保護者の子育て支援を行わなければならない。そのためには，保育者一人ひとりが保育という職業の存在意義と責任を自覚し，保育者自身を成長させていくことが不可欠であり，常に人間性や専門性の向上を目指して研鑽に努めなければならない。保育者には，保育関係者だけでなく，いろいろな領域の人と交流して多面的なものの見方ができるようになってほしい。

　保育者は，「全国保育士会倫理綱領」に則って行動するとともに，「家庭的保育事業等の設備及び運営に関する基準」を遵守しなければならない。さらに，以下のことにも配慮する必要がある。保育者は，保護者から規定の保育料等のほかに，金品による謝礼を受け取るべきではない。受け取ることにより，保護者に子どもの保育で何らかの便宜が図られるのではないかという思いを抱かせることにもなりかねず，信頼関係が揺らいでいくことにつながるおそれがある。また，保育者は，保護者や地域住民に対して，自分の保育や地域型保育に関する情報を提供していく必要があるが，誇大な自己宣伝に陥らないように留意することが求められる。

　今後，地域型保育の特性に基づいた独自の倫理綱領の策定を検討していくことが必要ではないだろうか。

☆参考

児童福祉法（1947 年制定）

　第一条　全て児童は，児童の権利に関する条約の精神にのつとり，適切に養育されること，その生活を保障されること，愛され，保護されること，その心身の健やかな成長及び発達並びにその自立が図られることその他の福祉を等しく保障される権利を有する。

児童憲章（1951 年採択）

　（前文）児童は，人として尊ばれる。児童は，社会の一員として重んぜられる。児童は，よい環境のなかで育てられる。

児童の権利に関する条約（1989年国際連合にて採択，1994年日本政府批准）

第3条

1 児童に関するすべての措置をとるに当たっては，公的若しくは私的な社会福祉施設，裁判所，行政当局又は立法機関のいずれによって行われるものであっても，児童の最善の利益が主として考慮されるものとする。

家庭的保育事業等の設備及び運営に関する基準（厚生労働省令第61号，2014年）
＊一部抜粋。条文中の法とは「児童福祉法」をいう。

（家庭的保育事業者等の一般原則）

第五条 家庭的保育事業者等は，利用乳幼児の人権に十分配慮するとともに，一人一人の人格を尊重して，その運営を行わなければならない。

2 家庭的保育事業者等は，地域社会との交流及び連携を図り，利用乳幼児の保護者及び地域社会に対し，当該家庭的保育事業等の運営の内容を適切に説明するよう努めなければならない。

3 家庭的保育事業者等は，自らその行う保育の質の評価を行い，常にその改善を図らなければならない。

4 家庭的保育事業者等は，定期的に外部の者による評価を受けて，それらの結果を公表し，常にその改善を図るよう努めなければならない。

5 （略）

6 （略）

（家庭的保育事業者等の職員の一般的要件）

第八条 家庭的保育事業等において利用乳幼児の保育に従事する職員は，健全な心身を有し，豊かな人間性と倫理観を備え，児童福祉事業に熱意のある者であって，できる限り児童福祉事業の理論及び実際について訓練を受けた者でなければならない。

（家庭的保育事業者等の職員の知識及び技能の向上等）

第九条 家庭的保育事業者等の職員は，常に自己研鑽に励み，法に定めるそれぞれの事業の目的を達成するために必要な知識及び技能の修得，維持及び向上に努めなければならない。

2 家庭的保育事業者等は，職員に対し，その資質の向上のための研修の機会を確保しなければならない。

（利用乳幼児を平等に取り扱う原則）

第十一条 家庭的保育事業者等は，利用乳幼児の国籍，信条，社会的身分又は利用に要する費用を負担するか否かによって，差別的取扱いをしてはならない。

（虐待等の禁止）

第十二条 家庭的保育事業者等の職員は，利用乳幼児に対し，法第三十三条の十各号に掲げる行為その他当該利用乳幼児の心身に有害な影響を与える行為をしてはならない。

（秘密保持等）

第二十条　家庭的保育事業者等の職員は，正当な理由がなく，その業務上知り得た利用乳幼児又はその家族の秘密を漏らしてはならない。

2　家庭的保育事業者等は，職員であった者が，正当な理由がなく，その業務上知り得た利用乳幼児又はその家族の秘密を漏らすことがないよう，必要な措置を講じなければならない。

（苦情への対応）

第二十一条　家庭的保育事業者等は，その行った保育に関する利用乳幼児又はその保護者等からの苦情に迅速かつ適切に対応するために，苦情を受け付けるための窓口を設置する等の必要な措置を講じなければならない。

2　家庭的保育事業者等は，その行った保育に関し，当該保育の提供又は法第二十四条第六項の規定による措置に係る市町村から指導又は助言を受けた場合は，当該指導又は助言に従って必要な改善を行わなければならない。

（保育の内容）

第二十五条　家庭的保育事業者は，児童福祉施設の設備及び運営に関する基準（昭和二十三年厚生省令第六十三号）第三十五条に規定する厚生労働大臣が定める指針に準じ，家庭的保育事業の特性に留意して，保育する乳幼児の心身の状況等に応じた保育を提供しなければならない。

（保護者との連絡）

第二十六条　家庭的保育事業者は，常に保育する乳幼児の保護者と密接な連絡をとり，保育の内容等につき，その保護者の理解及び協力を得るよう努めなければならない。

＊第二十五条，第二十六条については小規模保育事業 A・B・C 型，事業所内保育事業において準用。

2　保育者の自己管理

【1】　健康面について

　保育者が子どもや保護者とよい関係を保ち，質の高い保育を行うためには，保育者自身が心身ともに健康でなければならない。しかし，保育という仕事は，『保育所保育指針』で一定のガイドラインが示されているものの際限が不明瞭であり，保育者が一人ひとりの子どもやその家庭にどこまで対応していくべきか見極めることは難しい。ややもすれば際限なく仕事量が増え，時間に追われた生活を強いられることになる。また，保育は子どもや保護者，さまざまな保育者や保育所をはじめとする連携施設，地域，行政や関係機関・施設などと関係を持ちながら行われるため，そのことがストレスをもたらすこともある。

このような状況において，保育者は生活のリズムを整え，健康管理を心がける必要がある。健康を維持するためには，食事，休息，睡眠，適度な運動とともに，ストレスマネジメントは不可欠といえる。

1 食事

規則正しく，バランスのよい食事をすることが必要である。子どもの保育に追われていると，昼食をとらなかったり，スナック類ですましてしまったりということになりがちであるが，保育者同士が協力しあって食事時間をしっかりと確保し，食事を楽しんでほしい。ほっと一息つくことも大切で，子どもの午睡時に定期的な呼吸確認と子どもの様子の観察，記録の合間にコーヒータイムを持つこともよいだろう。ほんの少しの休息が，元気をとり戻させることになる。

2 睡眠

睡眠の大切さは誰もが知っているにもかかわらず，仕事や家事に追われると削られるのが睡眠時間である。保育者も例外ではなく，睡眠時間を削って疲労回復を図れないまま，子どもの保育というハードな仕事に取り組んでいる人が少なくない。保育者一人ひとりにとって適切な睡眠時間を確保していくことが必要である。

3 運動

心身の疲れを癒やし，健康を維持するうえで，ウォーキングなどの適度な運動を続けていくことは効果的である。

4 ストレスマネジメント

ストレスマネジメントは，子どもや保護者，地域の子育てを支援する保育者にとって非常に大事である。「仕事」「家族との生活時間」「家庭人としてのつきあいの時間」「自分自身の時間」を明確に分けて，公私混同せずにそれぞれを楽しむことが必要なのである。たとえば，家族と一緒に食事をしたり，買い物や旅行に行ったり，1人で美容室に行ったり，友人と会ったり，本を読んだり，趣味に没頭してみるのもよいだろう。また，保育者は，子どもの入所や退所，子どもの数の増減，さらには保育者自身の子どもの成長などに起因する生活環境の変化などに遭遇することも少なくなく，さまざまな変化に対して気持ちを柔軟に切り替え，順応していく必要もある。そのためにも，保育をしていくうえでの悩みや困り事だけでなく，さまざまな相談に応じ，助言し，支援してくれる人の存在が重要となる。自治体の担当者および地域型保育の支援者，連携施設の職員をはじめとして，さまざまな保育者たちとの関係作りを積極的に行って，支援してくれる人を確保してほしい。

【2】　研鑽面について

　子どもの保育や保護者の子育て支援，地域の子育て支援では，保育者自身の子ども観や人間観，価値観などの総体的なものとして表出する人間性が保育や支援のやり方に深く関わる。そこで，保育者は，保育や保育関連，その他のさまざまな領域に関する文献・資料の検討や研修会への参加などを通して，人間性や保育の質の向上を図っていかなければならない。とくに，保護者や地域の子育て支援という役割を強く求められている今日，ソーシャルワークの知識や技術の修得に力を注いでほしい。

3　地域等との関係

【1】　地域との関係

　地域型保育は，地域全体が保育の場であり，地域住民の理解と協力が必要である。地域の多くの人が，子どもたちの声や姿に元気づけられるといって，子どもたちを大歓迎する。しかし，子どもたちの笑い声や泣き声，走りまわったり，動きまわったり，ふざけあったり，けんかしたりする子どもたちの行動が嫌な人もいる。いかに地域の人々とよい関係を築いていくかが重要で，その第一歩として，保育者は地域の人々に対して地域型保育についての情報を提供し，知ってもらい，理解してもらえるよう努める必要がある。さらに，子どもたちとの散歩時に積極的に挨拶を交わしたり，日常の保育をみてもらったり，何かあるごとに地域の人々と話しあったりして，理解を深めてもらうよう心がけてほしい。

　地域の人々に見守られて育っていくことは，子どもたちにとって大事なことである。また，災害時や緊急時には地域の人々と助けあうことが必要となる。保育者には，このような関係作りに力を注いでほしい。同時に，地域の子育て支援のキーパーソンとして，その活動に期待が寄せられていることを忘れてはならない。

　地域には地域住民だけでなく，保育を行っていくうえで活用できる機関や施設，場所，情報，人材などの社会資源がある。保育者の多くが，活用している資源のトップに公園をあげている。保育者は，どこに，どのような社会資源があるのか把握しておく必要があり，常に情報収集を心がけ，活用できる社会資源を書き出しておこう（「第 7 章 - 1　地域型保育の保育内容」pp.112 〜 113，本章**資料 1** を参照）。

関係機関・施設	子どもと家庭に関する主な業務内容および専門職員
児童相談所 （児童福祉法）	子どもに関する家庭などからの相談のうち，専門的な知識や技術を必要とする相談に応じ，調査および判定を行い，子どもや保護者に必要な指導を行う。児童福祉司，児童心理司などの専門職員がいる。（都道府県・政令指定都市：義務設置）
福祉事務所 （社会福祉法）	子どもや妊産婦の福祉に関する実情把握とともに必要な情報を提供し，また，相談に応じ，調査および指導などを行う。社会福祉主事，身体障害者福祉司，知的障害者福祉司などの専門職員がいる。母子自立支援員が駐在している所もある。（都道府県・市・特別区：義務設置）上記の業務は町村にも課せられている。なお，子どもとその家庭の福祉に関する相談機能を充実させるために家庭児童相談室を設置している福祉事務所では，社会福祉主事のほかに家庭相談員がいる。
保健所 （地域保健法）	子どもの保健について衛生知識の普及を図り，健康相談・診査および必要に応じて保健指導を行うとともに，身体に障がいのある子どもや療養を必要とする子どもに療育指導を行う。また，児童福祉施設の衛生面などに対して助言を与える。医師，保健師，衛生検査技師，臨床検査技師などの専門職員がいる。
保健センター （地域保健法）	子どもおよび妊産婦の健康相談や保健指導，健康診査などを行う。医師，保健師，看護師，歯科衛生士などの専門職員がいる。
児童委員・主任児童委員 （児童福祉法）	民生委員（厚生労働大臣から委嘱）を兼ねる民間のボランティアで，市区町村の区域に配置されている。児童委員は，担当区域の子どもと妊産婦の生活や環境状況の把握，保護，援助，指導とともに，児童福祉司および社会福祉主事の行う職務に協力する。主任児童委員は，児童福祉関係機関と児童委員との連絡調整を行うとともに，児童委員の活動を援助し協力する。
保育所 （児童福祉法）	保育を必要として，日々保護者のもとから通ってくる乳幼児を保育する。保育士，看護師などの専門職員がいる。
認定こども園 （就学前の子どもに関する教育，保育等の総合的な提供の推進に関する法律）	乳幼児を対象として，幼稚園および保育所の機能，子育て支援の機能を併せ持ち，①幼保連携型，②幼稚園型，③保育所型，④地方裁量型の4種類の形態がある。①には保育教諭，②③④には保育士，幼稚園教諭などの専門職員がいる。
児童館 （児童福祉法）	子どもの健康を増進し，情操を豊かにすることを目指して，子どもに健全な遊びを与える。児童の遊びを指導する職員がいる。

関係機関・施設	子どもと家庭に関する主な業務内容および専門職員
地域子育て支援拠点 （児童福祉法）	地域の乳幼児および保護者が交流できる場を提供し，子育てについての相談，情報提供，助言などの援助を行う。
ファミリー・サポート・センター （児童福祉法）	地域住民が育児を相互に支えあうためのシステムで，支援を必要とする会員と支援したい会員に対してファミリー・サポート・センターに配置されるアドバイザーがコーディネートして，子育て支援を行う。
児童発達支援センター （児童福祉法）	①福祉型，②医療型の2種類の形態があり，障害や発達上で支援を必要とする子どもを保護者のもとから通わせて，訓練，指導とともに②においては治療も行う。医師，看護師，児童指導員，保育士，①には機能訓練担当職員，②には理学療法士，作業療法士などの専門職員がいる。
児童家庭支援センター （児童福祉法）	地域の子どもの福祉に関するさまざまな問題について，子どもや家庭，地域住民などからの相談のうち，専門的な知識や技術を必要とする相談に応じ，助言するとともに，保護を要する子どもやその保護者に対して指導を行う。また，児童相談所，児童福祉施設などとの連絡調整を総合的に行い，地域の子どもと家庭の福祉の向上を図る。相談・支援を担当する職員，心理療法などを担当する職員などがいる。
乳児院 （児童福祉法）	乳児（保健上，安定した環境の確保その他の理由によりとくに必要のある場合には，幼児を含む）を入院させて養育するとともに，退院した者に対して相談・援助を行う。医師，看護師，保育士，児童指導員，家庭支援専門相談員などの専門職員がいる。
児童養護施設 （児童福祉法）	保護者のない児童（乳児を除くが，安定した生活環境の確保その他の理由によりとくに必要のある場合には，乳児を含む），虐待されている児童，その他環境上養護を要する児童を入所させて養護するとともに，退所した者に対して相談および自立のための援助を行う。保育士，児童指導員，家庭支援専門相談員，心理療法担当職員などの専門職員がいる。
幼稚園 （学校教育法）	義務教育およびその後の教育の基礎を培うものとして満3歳から小学校就学の始期に達するまでの幼児を保育し，幼児の健やかな成長のために適当な環境を与えて，その心身の発達を助長する。専門職員として教諭がいる。
教育委員会 （地方教育行政の組織および運営に関する法律）	子どもの就学や入学，転学，退学に関することをはじめとして，地域の実情に応じた学校教育や社会教育，スポーツの振興，文化の発展を図る。教育長，委員，事務局には指導主事などが置かれている。

活用できる社会資源（例）

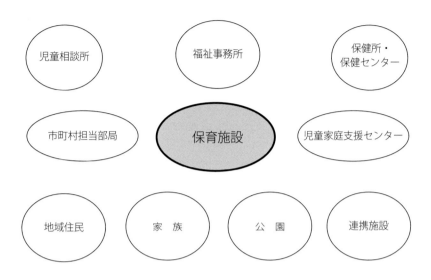

【2】　保育者自身の家族との関係

　保育者の一日の基本的な仕事は，朝の保育環境の整備から始まり，子どもたちの受け入れとともにそれぞれのプログラムを展開し，子どもたちの見送りと明日の保育に向けての準備で終わる。フルタイムやパートタイム勤務にかかわらず，保育者の家族の生活は多かれ少なかれ影響を受けることになり，家族の理解と協力が求められる。とくに，保育者の居宅で保育する場合，朝から夕方まで子どもや保護者，他の保育者などが出入りして，家族のプライバシーを保ち難いことも少なくない。また，家事などの分担が増えたり，夕食時間が遅れたりするなど，その生活は大きく影響されることになり，家族の理解と協力は不可欠である。なお，保育者自身の子どもは，子どもたちや保護者からさまざまな刺激を受けたり，母親や父親の保育する姿をみることで人間関係作りを学んだり，尊敬の念を抱いたりすることも少なからずある。保育者の中には，子どもたちを保育する母親の姿をみて育ち，自分も保育の仕事を選んだという人も増えている。

　家族に地域型保育の仕事について理解し，協力してもらうためにも，家族との生活時間を大事にし，常に意思疎通が図れるように何でも話しあえる状況を作っておくことが大切である。まず，保育を開始する前に，この仕事には家族の理解と協力が必要なことを，全員が納得するまで話しあってみる。保育開始後には，子どもたちと家族のニーズのバランスをとり，一日の中で家族，とくに自分の子どもと一緒に過ごす時間を持つように心がける。なお，保育者の居宅で保育する場合には，子どもたちや保護者，他の保育者などが出入りしない，家族だけのプライベートな居場所を家の中に確保することも必要である。

4　保育所やさまざまな保育関係者との関係

【1】　保育所をはじめとする連携施設との関係

　地域型保育は，主として既存の建物などを活用して，保育者と調理員などが少数の子どもたちを保育する場合が少なくない。一方，保育所をはじめとする連携施設での保育は，保育の実施を目的として設置された施設において，多様な職種の職員が関わって，多数の子どもたちを保育する。このように形態の異なる地域型保育と連携施設での保育であるが，その目的は同じであり，交流し，連携することの意義は大きい。相互の交流と連携は，地域型保育の子どもたちにとって，日頃は少人数できめ細やかな保育を受けながら，多人数での集団活動も体験できる貴重なものである。子どもたちの多くが 3 歳を過ぎると保育所や幼稚園へ移行している現状から，多人数での集団保育へのつなぎの役割も果たしているといえる。保護者にとっては，施設や多人数での集団保育の状況に接することで，保育所等での保育について理解の第一歩を踏み出すことができる契機でもある。保育者にとっては，連携施設の園庭や園舎，遊具などの資源を活用できるとともに，保育や子育て支援に関する情報も入手でき，代替保育だけでなく緊急時には何らかの支援も期待できる必要なものだろう。それにもまして，保育者にとっては，連携施設のさまざまな専門職者に相談でき，助言や指導を得られる重要なものである。一方，連携施設にとっても，地域型保育の子ども一人ひとりに合った，ゆったりとした対応や地域にある社会資源の活用など，学ぶことが多い。

　このように，連携施設の存在は重要である。しかし，連携施設までの距離や移動手段の確保，施設の受け入れ態勢など，課題も少なくない状況にある（「第 1 章　地域型保育の概要」pp.14 〜 15 を参照）。

【2】　さまざまな保育者との関係

　保育者の抱える悩みや困難さは，保育所をはじめとする連携施設等の保育関係者の課題と共通していることも多く，交流し，互いに学びあっていくことは大事である。しかし，地域型保育に携わっている者しか理解できないこともある。地域型保育の保育者同士が交流し，支えあうことは必要で，保育者のネットワークが求められる。各自治体域でのネットワークはもちろんのこと，全国規模でのネットワークも必要である。

　地域型保育，保育所をはじめとする連携施設等での保育にかかわらず，保育に携わる者が子どもの最善の利益を尊重して，心身ともに健やかな子どもを育成するとともに，保護

者と地域の子育てを支援するという同じ目的を持った者として互いに理解しあい，対等な関係で相談，助言，指導しあい，学びあって，保育の質を高めていくことが大切である。

5　行政との関係

　地域型保育は，児童福祉法に基づいて「保育を必要とする」子どもを保育する事業であり，保護者だけでなく自治体とも連携を密にして子どもの最善の利益を護り，子どもたちを心身ともに健やかに育てることを目指さなければならない。そこで，地域型保育においては，自治体と協力しあう関係の構築に力を注ぐ必要があり，保育者には自治体の役割をしっかりと理解することが求められる。その役割は，保育者と協力して質の高い保育を提供するという前提のもと，保育事業者の認可に始まり，助言・指導，確認，勧告，情報提供，保育所をはじめとする連携施設の整備など広範囲に及ぶ。

　また，自治体と協力しあっていくためにも，保育者は，それぞれの自治体に地域型保育の現状を知ってもらい，理解してもらうように努めなければならない。たとえば，自治体の担当部局と話しあう場を頻繁に設けたり，行事に招待したり，地域型保育の現状を冊子にまとめて届けるなどして，時間をかけて自治体との協力関係を築いていく必要がある。その中で，保育者の役割を明確にし，担えない部分や不足している部分について自治体の協力を求めるという形で，保育環境や研修体制の整備を図ったり，保育についての悩みや問題を自治体の担当者に相談し，担当者と一緒になって問題の解決を図っていくことも大切である。

6　地域型保育の保育者の役割の検討（演習）

　地域型保育および保育者について学び，職業倫理について考えてきたことを振り返り，さらに理解を深めていくために，「保育者」の定義作りを通して，保育者の役割について検討する。

演習

　グループワークを取り入れて，地域型保育の「保育者」の定義作りをしよう。
　その一例として，KJ法を応用して行う方法を紹介しておく。

資料2　KJ法の作業プロセス

　ＫＪ法は，川喜田二郎氏が提案した発想法で，私たちが抱える社会の諸問題の解決に向けて糸口を見出していくのに有効な方法の１つである。その作業プロセスは，以下のとおりである。「第15章　グループ討議」も参考にして進めてほしい。

参加者が多数の場合

①グループ分け
　　１グループは４〜８人で構成する。

②役割決定
　　ファシリテーター（司会・進行係），タイムキーパー，プレゼンテーター（発表係）をそれぞれ１人選出する。

③自己紹介

④カード作成
　　地域型保育の「保育者とは?」について，思うことをカード（ポストイット）１枚に１つずつ書き，１人につき３枚のカードを作成する。今回は単語でも文章でも可とする。

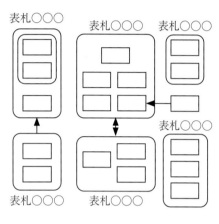

図 11 - 1　親和図

⑤親和図作成
　　順番に１人ずつカード１枚を読み上げて，模造紙に置いていく。全員が置き終われば，それぞれ内容の似たカードを集めて模造紙上でグループ「島」を作り，それぞれの「島」に内容を表す「表札」をつける。今回は単語でも文章でも可とする。その後，「島」を線で囲み，それぞれの「島」と「島」の関係性を線や矢印などで示し，親和図（図11 - 1）としてまとめる。

⑥プレゼンテーション（発表）
　　各グループの親和図を掲げて，グループの考えを簡潔に発表する。

⑦グランドKJ
　　研修会の参加者全員の中からファシリテーター（司会・進行係）１人を選出し，全員で各グループの「表札」から内容の似たものを集めて模造紙上で「島」を作る。各「島」に「表札」をつけ，それぞれの関係を親和図にまとめて，文章化する。

参加者が少数の場合

②〜⑤の作業を行い，文章化する。

＊ KJ法の作業プロセスについては，川喜田二郎『発想法——創造性開発のために』中央公論社，1967
　および同『続・発想法——KJ法の展開と応用』中央公論社，1970 を参考に筆者が作成。

参考文献

柏女霊峰（監修）全国保育士会（編）『改訂版　全国保育士会倫理綱領ガイドブック』
　　全国社会福祉協議会，2009

川喜田二郎（著）『発想法　改版——創造性開発のために』中央公論新社，2017

川喜田二郎（著）『続・発想法——KJ法の展開と応用』中央公論新社，2013

重田博正（著）『保育士のメンタルヘルス——生きいきした保育をしたい！』かもがわ
　　出版，2007

ジェフ・A・ジョンソン（著）尾木まり（監訳）『保育者のストレス軽減とバーンアウ
　　ト防止のためのガイドブック——心を元気に　笑顔で保育』福村出版，2011

Hobart, C., Frankel, J. (1999) *Childminding : A Guide to Good Practice*, Stanley
　　Thornes　Ltd.

第12章
地域型保育における
保護者への対応

講義の目的

①保護者と協力して子どもの発達を支えるとともに，保護者の子育てを支援する役割についての意義を学び，このために必要な知識と技術について理解する。

②地域型保育における保護者への対応において，保護者との信頼関係作りや保護者への支援が必要な際の関わり方について，重要なポイントを学び，事例検討などを通して考え，理解する。

1 保護者との関わりと対応

【1】 保育者に求められる専門性

保育者に求められる専門性は，「保育」の専門性，「保護者支援」の専門性の2つである。この2つはなぜ必要になったのか，また，現在どのような意義があるのかについて，まず触れる。

1 子育て支援の必要性

1980年代頃から，保護者の親準備性や子育て準備性が整わないままに親となり，子育て経験や子育て知識の不足がみられるようになった。それとともに，核家族環境の中で身内の関わりが薄れ，かつては近隣や地域社会に広く存在した社会的親（保護者や身内以外に子育てに関わる人々）もまた次第にその影が薄くなってきた。それに伴い，保護者とりわけ母親の子育て責任や負担が増し，子育ての孤立感，子育て不安が徐々にみられるようになってきた。その当時から，子育てや保育の知識，技術を蓄積している保育所をはじめとして，積極的，先駆的な施設や機関，家庭的保育者，ベビーシッターなどが，保育に限

らず保護者の思いや声に耳を傾け，保護者の相談に応じたり，保護者の子育てを支援する動きが少しずつみられるようになっていた。

2　ソーシャルワーク的機能の必要性

これらの実績を踏まえ，保育サービスのシステムに１つの大きな変革が生じた。1997年の児童福祉法改正により，保育所は保育に関する相談に応じ助言を行う努力義務が定められ，保育所における地域子育て支援の役割・機能が法制度上明確に位置づけられた。また今世紀に入り，2001年の法改正によって，保育士の資格規定が法律で定められるとともに，保育士は「保育」および「保育に関する保護者に対する指導（保育指導）」を行うことを業とする者とされた。これによって，保育所や保育士が保育に加えて，保育に関する相談・助言，さまざまな保護者支援等々のソーシャルワーク的機能をもってその役割を果たす時代を迎えることとなった。この動向は，ひとり保育所の保育者に限らず，広くすべての保育サービスに通じる重要な方向，つまりケアワークとともにソーシャルワークを行うことがその業務であり，役割であるという方向を決定的なものにした。

地域型保育においても，保護者への対応は，この両面の専門性をもとにして，なされることが必要となる（**参考1①**）。

保護者への対応にあたっては，ソーシャルワーク的な関わり方を身につけていく必要がある（**参考1②**）。

☆参考1

①児童福祉法第18条の4

> この法律で，保育士とは，……保育士の名称を用いて，専門的知識及び技術をもつて，児童の保育及び児童の保護者に対する保育に関する指導を行うことを業とする者をいう。

②「ソーシャルワークの定義」（国際ソーシャルワーカー連盟　2000年）

> ソーシャルワーク専門職は，人間の福利（ウェルビーイング）の増進を目指して，社会の変革を進め，人間関係における問題解決を図り，人びとのエンパワーメントと解放を促していく。ソーシャルワークは，人間の行動と社会システムに関する理論を利用して，人びとがその環境と相互に影響し合う接点に介入する。人権と社会正義の原理は，ソーシャルワークの拠り所とする基盤である。

【2】　地域型保育における保護者への対応

　地域型保育における保護者への対応にあたっては，上述の専門性を踏まえ，子育てパートナーシップの意識を持ち，保護者の子育て力の向上に寄与することを念頭に，以下の4点を常に重視して関わる。

1　保護者の理解と協力

　子どもの保育を通じて，保護者と密接な連携をとり，保育の計画や内容などについて，保護者の理解と協力を得るように努める。保育室だよりの発行，保護者との懇談会，保育参観などは有効な手段となりうる。家庭的保育を担う保育者はいうまでもなく，小規模保育においてもその場に多くの保育者がいない場合もある。このような限られた人数による保育が行われる場合は，閉鎖的な保育への懸念を保護者に持たせないようにする。とくに，自らの感情や子どもとの相性などが保育に影響を及ぼすことがないように心がけ，保護者の思いや意向を理解するように努める。

☆参考2

家庭的保育事業等の設備及び運営に関する基準第26条

> 　家庭的保育事業者は，常に保育する乳幼児の保護者と密接な連絡をとり，保育の内容等につき，その保護者の理解及び協力を得るよう努めなければならない。

＊小規模保育事業，事業所内保育事業についても第26条を準用している。

2　保護者への個別支援と対応

　地域型保育の対象となる乳児，低年齢幼児の保護者の多くは，初めての子育て体験を持つ中で必要な知識を求め，また子育ての不安などを抱えやすいことから，個々の保護者，家庭の状況を踏まえ，個別支援と対応を図るように努める。

3　保護者相互の協力・連携

　日々通う子どもの保護者同士の関係を大切にし，保護者相互の協力・連携が自然に図られるように努める。また，連携施設や関係機関と保護者との関係にも留意し，子育て支援に関するネットワークを自然に，安心して活用できるよう，必要な情報の提供や，助言に努めるようにする。

4　地域資源との連携・地域交流の活用

　地域型保育は，日々子どもを保育する中で，地域のさまざまな社会資源との連携を図り

つつ，さらには地域住民の方々や公共の場，商店街等々との交流を通じて，子どもの育ちや保護者の子育て力の向上に寄与していることにも，留意する。

2　保護者への対応の基本

　以下にあげる保護者への対応の基本は，『保育所保育指針』（平成29年告示）第4章 保育所における子育て支援に関する基本事項の内容である（参考3）。この趣旨は，地域型保育における保護者への対応の基本としても重視すべきものである。これを地域型保育に当てはめて，しっかりとその基本的姿勢を確かめてみよう。

☆参考3

『保育所保育指針』第4章　子育て支援　1　保育所における子育て支援に関する基本事項

> (1)　保育所の特性を生かした子育て支援
> ア　保護者に対する子育て支援を行う際には，各地域や家庭の実態等を踏まえるとともに，保護者の気持ちを受け止め，相互の信頼関係を基本に，保護者の自己決定を尊重すること。
> イ　保育及び子育てに関する知識や技術など，保育士等の専門性や，子どもが常に存在する環境など，保育所の特性を生かし，保護者が子どもの成長に気付き子育ての喜びを感じられるように努めること。
> (2)　子育て支援に関して留意すべき事項
> ア　保護者に対する子育て支援における地域の関係機関等との連携及び協働を図り，保育所全体の体制構築に努めること。
> イ　子どもの利益に反しない限りにおいて，保護者や子どものプライバシーを保護し，知り得た事柄の秘密を保持すること。

3　子育て支援における保護者への相談・助言の原則

　保護者への対応の中でも，とくに保護者への相談・助言に当たっては，以下のような原則を学び，身につけておくと，より望ましい対応が可能となる。

1　傾聴・受容・共感的理解

保護者の思いや気持ちをそのまま，ありのままに聞いてほしいという思いをしっかりと受け止めて，その内容を傾聴する。まずは，自らの価値観をもとに，あるいは批判的に受け止めることなく，あるがままに受け止め，共感的態度で理解しようと努める。相互の信頼関係を大切にする。

2　利用者・相談者のありのままの感情表出の促進

保護者が持っているありのままの感情（肯定的な気持ち，否定的な気持ち，葛藤，愛や憎しみなど）を自由に表出できるように心がける。保護者が，私の思いを率直に聞いてくれたという安堵の気持ち，満たされた気持ちを持てるように心がける。

3　自らの感情のコントロール

保護者に対して，個人的感情に基づいて，その人を否定したり，拒んだり，また強く共感したり，その人の感情に引き込まれてしまったりせず，保護者の思いや感情に，個人的感情を交えないように，自らの感情をコントロールして対応するように努める。

4　一人ひとりの個別性の尊重

保護者は皆それぞれに異なり，個性と独自性を持った方たちであることを深く認識し，自らの経験から一般化，画一化する（それはよくあること……，その場合はこのような助言が一番よい……，などと決めつける）ことなく，一人ひとりの思いや気持ちを丁寧に受け止める。

5　非審判的態度

保護者に対して，自らの主観や価値観，道徳観などに基づいて，その言動や態度を判断しないように努める。とくに，批判的態度，指導的態度，迎合的態度で接しないように心がける。

6　利用者の自己決定の尊重

保護者が，具体的な指示や助言を求めても，それに応じて指示したり，肩代わりしたり，導いたりしないように心がける。保護者の本来持っている適応力，自立力の可能性を信じ，見守り，一緒に考えていく中で，保護者自身が問題を克服できるように方向づける。

7　秘密保持

保護者から知り得た事柄については，正当な理由がない限り（このままでいたなら，子

どもが虐待を受け，心や体に傷を受ける心配が非常に強いなど），その秘密を保持する。保護者との信頼関係を常に大切にすることを銘記する。

☆参考4

児童福祉法第18条の22

> 保育士は，正当な理由がなく，その業務に関して知り得た人の秘密を漏らしてはならない。保育士でなくなつた後においても，同様とする。

☆参考5

家庭的保育事業等の設備及び運営に関する基準第20条

> 家庭的保育事業者等の職員は，正当な理由がなく，その業務上知り得た利用乳幼児又はその家族の秘密を漏らしてはならない。
> 2　家庭的保育事業者等は，職員であった者が，正当な理由がなく，その業務上知り得た利用乳幼児又はその家族の秘密を漏らすことがないよう，必要な措置を講じなければならない。

4　保護者への対応――事例を通して考える

　以上のことを踏まえ，保護者への具体的対応について，以下の事例の中から1～2例ほど取り上げて，枠内のようなことについて，グループ毎に検討し，最後に全体会で報告し，大切な点を確認しあう（「第15章　グループ討議」pp.233～235を参照）。

演習

> ①あなたは，この事例に対応する際の大切な事柄は何であると受け止めますか。それを列記し，皆で検討してみましょう。
> ②あなたは，保育者として，保護者，子ども，関係者にどのように対応するように心がけますか。
> ③あなたやあなたのグループは，この事例のよい解決に向けて，どのようなプロセスをとることがよいと考えますか？

事例 1

　保育中に，2歳の男児と女児がおもちゃを取りあっていた際に，男児が女児の腕に歯形が残るほど嚙みつき，女児が激しく泣きつづけた。保育者は，保育中どのように子どもに対応するとともに，どのように保護者に対応したらよいか。

事例 2

　朝はとくに体調不良のみられなかった1歳の男児が，お昼過ぎから急に元気がなくなり，体温が38℃近くまで上がりだした。保育者は，保育中どのように子どもに対応するとともに，どのように保護者に対応したらよいか。

事例 3

　便秘がひどく，週に1度くらいの排便の2歳の男児は，トイレでも大変苦労している。保育室では野菜も食べ，水分補給にも配慮して過ごしている。母親も便秘で困っていると訴えるので，いろいろ助言するが，「そうですよね」と言いつつ，実際にはなかなか行動に移さない。保育者は，どのように保護者に対応したらよいか。

事例 4

　保育中に市の関係者（男性）2名が打ち合わせで訪問した際，1歳の女児が異常なまでに脅えた。また，下着を取り替えたとき，背中や肩に気になる傷跡やあざがみられた。保育者は，保育中どのように子どもに対応するとともに，どのように保護者に対応したらよいか。

事例 5

　8カ月の女児の母親は，同級生と結婚して子どもを生み，慈しんで育てることが夢で，その夢が実現したはずだったのに，仕事，家事，子育てに追われ，このところ何もする気が起こらない様子で身だしなみもかまわなくなり，女児を前日の服装のまま11時過ぎに送ってきたり，愛情を注いでいた女児について「かわいいとは思えなくなった」と無表情でつぶやいたりする。保育者は保育中どのように子どもに対応するとともに，どのように保護者に対応したらよいか。

参考文献

社団法人全国ベビーシッター協会『子育て家庭への育児アドバイスの手引き──家庭訪問保育における保育者の悩みや問いかけに答えて』社団法人全国ベビーシッター協会，2008

第13章
特別に配慮を要する子どもへの対応
――0～2歳児を対象に

講義の目的

①0～2歳児の気になる行動をどのように考え，どう関わっていけばよいかを行動特徴の把握などを通して理解する。

②特別に配慮を要する子どもへの対応における保育者の役割について理解する。発達の遅れが疑われる場合，保護者の思いを踏まえたうえでの対応の必要性について理解する。（専門機関との連携を含む）

③遊びを通して，子どもの発達を促す方法について理解する。

1　気になる行動とは

　乳幼児期は，運動発達の最も著しい時期であると同時に，心も素晴らしい成長を遂げる。子どもは誕生後，人に育てられて"人としての歩み"を営む。それは，生理的欲求や愛情欲求などを充足する日々の体験の質によって大きく左右されていく。子どもにとって大人は命を維持する援助者だけでなく行動や情緒モデルでもあり，重要な意味を持つ存在である。本章では，0～2歳児の気になる行動をどのように受け止め，どう関わっていけばよ

表13－1　保育者が気になる行動の例

○泣きがおさまらない	○大人にしがみつき離れない	○不安が強くおどおどしている
○落ち着きがない	○抱いたときにいつも反り返る	○視線を合わせることを頻繁に避ける
○かんしゃくがひどい	○噛みつくなどの乱暴な行動	○表情が非常に乏しい
○意欲が非常に乏しい	○言葉が遅い	○自傷行為（例：頭を床にぶつける）
○他児に関心を示さない	○他児とのトラブルが頻繁に起こる	等

いのかを学ぶ。

　たとえば，子どもの落ち着きがない，大人から離れることを極端に嫌がる，突然かんしゃくを起こす，意欲が非常に低い，言葉が遅いなど（**表13－1**）の対応に，保育者はとまどうだろう。これらの行動が強かったり，繰り返される，あるいは発達の一過性の行動ととらえられないときには，特別に配慮のある対応が求められる。

2　気になる行動をする子どもの行動特徴

【1】　行動特徴

　気になる行動を示す子どもは，どのような体験を重ねるだろうか。図13－1に示すように，感情の出し方が不適切なために，大人は受け止め難い。子どもは気持ちを表現しているが，理解されず受容してもらえないので，心が安定しにくい。"ちょっとしたことで大げさに泣く"などのような低い評価，あるいは「いつまでも泣いていないの。おかしいでしょ」と注意されるなどの否定的な体験を積み重ねがちである。それだけではなく，大人の不安も大きくなり，両者にとって安全で安心，愛情豊かな満たされた体験となりにくい。心が不安定で，1つのことに集中する時間が短く，少しの刺激で影響されやすくなる。このようなことが繰り返され，結果的に，子どもの心が育つために欠かせない共感的体験が非常に乏しくなる。

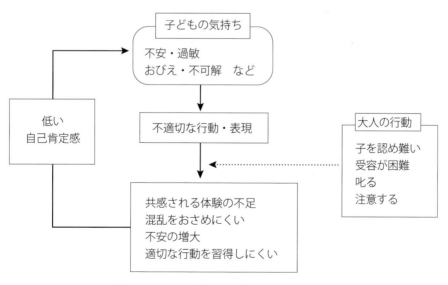

図13－1　不適切な行動の循環

往々にしてこれらの子どもは，褒められたり認められる関わり方で人の注目をひけない。言いかえれば，上手な甘え方を身につけていないのである。不安を1人で抱え，敏感になり，環境の影響を受けやすくなる。共感してもらえず，不可解から来る大きな不安を持ち，その混乱をおさめにくい。それらの感情がさまざまな"気になる行動"として表されるのである。

【2】 子どもの心の訴え方

子どもの気持ちの表現の仕方は，体験によって変化する。泣いたりぐずったりする子どもに，大人は日常的に対応している。ところが，このときの子どもの訴えに対し，無視や拒否あるいは取り違いをして大人の対応が不適切であると，子どもは徐々にサインの出し方を強めていく（表13－2）。子どもの行動が第Ⅱ，第Ⅲ段階になるにつれ，大人が子どもの気持ちに注目し，受容するのは簡単ではなくなっていく。うるさいと感じたり，行動を直したくなるからである。したがって，大人が受け取りやすい表現をしている初期の段階の間の，子どもの行動の背後にある感情に焦点を当てた対応が大切である。表13－2に示すように，子どもがあきらめたとき（第Ⅳ段階）は，無気力となり周囲への訴えをしなくなる。子どもの自己肯定感は低く，力を発揮することが困難となる。大人が困らないのでつい後回しにすると，事態はさらに悪化する。段階が進むほど，子どもが適切な行動を習得するまでには多大なエネルギーと長い期間が必要となる。

表13－2 子どもの心の訴え方

段階	子どもの表現	具体的な表現の例
Ⅰ	サインを出す	泣く，ぐずる，動作で示す，言葉で言う
Ⅱ	サインを強く出す	大泣き，大声，奇声，片時も離れないなど
Ⅲ	攻撃する	相手を傷つける，物を壊すなど，困る行動をする
Ⅳ	あきらめる	表情がなくなる，無気力となる，絶望

3 気になる行動への対応の考え方

気になる行動はさまざまな状態として表され，ひとくくりにすることは困難である。ここでは，主に心理的な対応を中心に述べる。原因が何であれ，それはどの子どもにも必要な視点である。

「ほかの子どもとどこか違う」「何か変」という保育者の直感的な判断がスタートとなる。そこには子どもと"今"を共有する保育者だから感じ取れる"違い"があるはずだ。その直感的にとらえたことを大切にしていきたい。他方，その判断の客観性の検討も忘れてはならない。それが特別に配慮を必要とする行動か，一般的保育で改善していくかを見極めていくのだ。"気になる行動"との判断を人はどのようにしているのだろうか？　それは各自の持つ子ども観や保育観，価値観や経験などの影響を受けている。保育者一人ひとりの物差しで判断をする。その物差しは発達的観点や心理的な理解も含み，他の保育者や専門家などとも共通に理解しあえるものか，説得性のあるものかも考えてみよう。ひとりよがりの判断基準では，判断を誤ることになるからだ。

　次に，気になる行動は，どのような状況で起こっているかをよく観察する必要がある。その行動が，特定の人との間でのみ観察されたり，限られた場所や場面で起こることもあろう。子どもの行動は人との関係に大きく左右される。保育者自身の言葉や行動を抜きにし，子どもの行動だけを取り上げることは半面しかみていないことになる。保育者の子ども観や価値観などによって，子どもへの対応は異なってくる。常に保育者自身が子どもに与えている影響にも目を向けていきたいものである。

　図13－2で示すように，気になる行動への適切な対応がされたときには，その行動が解消あるいは軽減される。気持ちを受容する保育者の共感的な対応によって，子どもは人や自分への信頼感を強めることが可能となる。これが乳児期の発達課題である基本的信頼感（エリクソン：表13－4，p.215）の獲得につながっていく。摂食障害など，思春期の自分作りに困難を伴う子どもは，この基本的信頼感がゆらいでいるといわれている。この

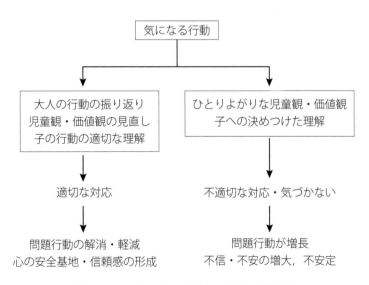

図13－2　気になる行動への対応の考え方

ような事実からも，心の成長に，乳児期の基本的信頼感の形成がいかに重要かを再確認できる。子どもへの適切な対応は，単に乳児期だけではなく，その子の一生，また次の世代の子育てへも影響するほど大切である。保育の責任は重いが，同時に，子どもと生きる時間を共有する喜びや子どもの成長に関われるやりがいもある仕事である。

　1歳3カ月のAちゃんの事例で考えてみよう。最初の頃，Aちゃんは極端な人見知りがあった。一瞬でも目が合うと大泣きをし，母親が抱いてもあやしても泣きやまなかった。おもちゃには関心を示すが，人がみているとまったく手を出さない。嫌なことがあるとAちゃんは母親を求める。しかし，背中向きで体を近づけていくことも気になった。母に抱かれても安心感を得られていないことや人への警戒心の強さなどから，基本的信頼感の形成が不十分なのだろうと予測を立てた。したがって，当面の課題は，気持ちを受容され，人と安心で心地よい体験を積むことである。Aちゃんが脅威を感じない距離に大人がいること，おもちゃを介して人と遊ぶのは楽しいと感じられる経験を重ねることを心がけた。最初は視線を合わせにくいAちゃんの斜め後方にいるようにし，大人からの関わりは控えめにした。目が合っても泣かない，おもちゃを保育者から受け取れるなど，Aちゃんの変化に応じて，徐々にAちゃんの視界に入る位置に居場所を変え，視線を合わせて共感する，Aちゃんの気持ちを言葉にするなどの配慮をし，関わった。子どもの状態に応じた細やかな対応で，Aちゃんは人への信頼感を1年かけて形成していったのである。Aちゃんは生まれつきの心疾患のため，医療スタッフや母親に押さえつけられて，毎月，心臓の検査を繰り返していたことが後日母親の話からわかった。病気の治療は避けられない。つらい体験を払拭するほどの心地よい人間関係が必要だったのだろう。しかし，親は体の心配が大きく，心の成長には思いが至らなかったのである。

　子どもの心の訴えを見逃したり不適切な対応をしたときには，問題がさらに深刻化する。子どもは，人間や自分への信頼感が形成できず，乳児期以降の人格形成に大きく影響を及ぼす。前述したとおり，大泣きをするなど保育者にわかりやすい行動で表現している間は，まだ，子どもが人への援助を求めている段階（表13-2，p.208）である。人に訴えることをあきらめると，被虐待児のように，表情ですら表さなくなっていく。人に頼ることを避け，自分で不安や怒りを抱えて人生を送ることになる。

　保育の目的は，不適切な行動をなくすことだけではなく，根本的な心の安定と適切な行動の学習である。保育者の対応が子どもの心の訴えに共感的であると同時に子どもがどのように感情を表現したらよいかの行動モデルとなるとき，子どもの行動変容が起こる。子どもは大人をモデルとして適切な行動を習得すると，肯定的人間関係を構築していけるようになる。

4　気になる行動の原因とその対応

【1】　原因

　気になる行動の原因には，**表13－3**で示されるように多様な要素が考えられる。乳幼児期は，まだ発達の様相が明らかではない。したがって，その行動の原因の特定は困難なことが多い。原因を考えつつも，保育者は子どもの心の訴えに早期に対応し問題の解消や軽減に努める。そのことが問題の深刻化の予防にもなる。また，必要に応じて適切な機関につなげる役割をとる場合もある。子どもは皆『個性』を持って生まれてくる。活発さや集中力などが一人ひとり異なるのである。その個性に『誕生後の環境』の影響が加わって，子ども

```
気になる行動
  ↑
子どもの心の訴え
  ↑
病気の有無
障害の可能性
生まれつきの特質・個性
誕生後の経験
現在の環境
```

表13－3　気になる行動の原因

もは自分の行動パターンを作っていく。子どもの欲求に大人がどのように対応したか，どのような気持ちで子どもに接しているかを，子どもは感性で敏感に感じ取っているのである。したがって，『病気』や『障害』の有無だけではなく，それに伴いどのような経験を子どもがしているか，してきたかも考慮する必要がある。

　『現在の環境』には，家庭だけでなく保育室も含まれるのはいうまでもない。概して，子どもの問題行動のみをみて，保育者自身が与えている影響を見落としがちである。子どもの行動は，保育者や保護者と子ども双方の感情も含んだ人間関係の結果として表されていることを常に念頭におきたい。大人がどのような気持ちで子どもをみてきたか，とらえているかを振り返り，保育者自身の見方や気持ちの持ち方が変わると，子どもの行動も変化することに気づくであろう。

【2】　障害とその対応

　2歳くらいまでに障害の診断をされる子どもは少ない。診断の有無にかかわらず子どもの行動特徴を把握し，障害への対応に生かしていくことが大切である。知的障害のある子どもは，言語などの発達が遅れるとともに，集中力や理解力が弱かったり，記憶力が十分でない。同じことをしても，健常児と同様に学習を積み重ねるのが困難である。言葉が遅れる，集中に欠ける，意欲が低いなどの行動もよくみられる。情緒的な面では，泣きがお

さまりにくい，強い分離不安などは，安心感を得にくいために起こる。たとえば，会った人を記憶できず，会うたびに初めての人として認識し不安を感じ，保育者への強いしがみつき行動となるのである。このような子どもに対しては生活年齢ではなく，その理解に応じたペースで保育内容を設定し，達成感を持てる対応が求められる。椅子をみせながら着席を促すというように，視覚的な手掛かりを添えて言葉かけをするのも理解を助ける工夫である。また，達成目標を低く設定する（スモールステップ）保育も効果的だろう。

　聴力障害の場合には，音への反応が弱いだけでなく，発声が少ない，発音があいまいである，視覚に頼るなどの行動や言語発達の遅れがでる。滲出性中耳炎を繰り返す場合は聴力が落ちていないか配慮をする。聴力障害児には，残された聴覚を使う，口話を学ぶなど専門的な教育が必要となるので，親に自治体の保健センター（地域によって「子育て世代包括支援センター」等，名称は異なる）の保健師や小児の聴覚に詳しい病院を紹介する。

　脳性まひのような身体的な障害の場合には，運動発達の遅れに伴い，言語発達の遅れが出たり意欲が持ちにくい場合もあるだろう。

　集中力が弱く，多動，対人関係の弱さがみられる発達障害の子どもは，注意を頻繁に受けやすい。保育者は言葉に頼りすぎず，子どもが自分の気持ちや要求の適切な伝え方を学べるように投げかける。また，子どもが興味を持つ遊びを一緒に繰り返すと集中力につながっていく。

　保育者が気になる行動に気づいても，親は気づいていない場合や触れられたくないときもある。親が問題を示されたことで保育者へ不信感を持つこともあるので，保育者は話す言葉にも注意を払って慎重に対応することが求められる。気づいたことをすぐに親に伝えるのではなく，まず，親がどのようにとらえているかを知ることが先決である。家庭での様子を具体的に親に話してもらうと，親のとらえ方や気にしている状況などがわかる。また，保育者は1人で抱え込まず，自治体や同僚の保育者などに相談すると，客観的な視点を持ちやすい。そのうえで，親に伝える必要性の有無を判断する。

　場合によっては他の機関を紹介する。自治体の保健センターは身近で保健師などの専門家のいる公的機関として紹介しやすい。妊娠中から母子の状態を把握しており，また，保護者も行きなれて足を運びやすい機関である。保健センターの実施する乳幼児健診の機会を活用するのもよい。他機関を紹介するときには，くれぐれも慎重にし，言葉を選んで伝える。たとえば不安でいるより安心して育児ができたほうがよいので「安心や念のための受診」を促したり，「もし，この時期にしておくべきことがあれば，早めの対応ができる」など保育者の考えを伝える。保育者は日々の生活の中で，子どもの成長をきめ細やかにとらえていくとともに，発達の遅れなどに早期に対応することが重要である。その際，保護者の気持ちに十分配慮して，保護者自身が子どもへの理解を深めながら対応を考えていけるよう援助をしたい。

【3】　環境要因とその対応

　生まれてから子どもが保育者と出会うまで，どのような環境で過ごし，どのような体験を積んだかが環境要因である。体験を通してどのようなメッセージを体得するのかを，子どもの育ちとの関連でみてみよう。

1　低体重で生まれたBちゃん

　生まれつきの個性同様，生活環境は子どもの行動に大きな影響を及ぼす要因である。生まれた後の体験が，子どもの行動にどのように影響するのかBちゃんの事例で具体的に考えてみよう。

事例　低体重で誕生したBちゃん

　低体重で誕生したBちゃんは1カ月間入院をした。Bちゃんには新生児集中治療室（NICU）が誕生して初めての生活の場となった。そこは，家庭のように泣けば不快が解消される環境ではない。この状況下で，不快を快にしてくれる存在として人を認識するのは困難であった。

　退院したBちゃんを母親は一生懸命育てた。しかし，あやし声や抱っこでBちゃんは安心感を十分持てない。親の努力にもかかわらずBちゃんはなかなか泣きやまなかった。母親は自分が否定されているように感じ，Bちゃんをかわいいと感じられなくなっていった。親子のすれ違いが大きくなり，悪循環が起こる。

　2歳を過ぎて外で遊ぶようになった。遊んでいるBちゃんに子どもが近づいてくると，Bちゃんはおもちゃや砂を投げつけ奇声を発し，時には噛みついた。周囲の親はBちゃんを避けるようになり，Bちゃんの親はますます傷ついた。「（お友達に物を）投げてはいけません」「仲良く遊びなさい」と親が一生懸命教えるが，Bちゃんはますます乱暴になっていった。

---

①母親はなぜBちゃんをかわいいと感じられなくなったのだろうか

　生後1カ月でBちゃんが退院してきたとき，母親は「やっと，親子で生活ができる」と幸せな気持ちであった。「普通に産んであげられなかった」との自責の念が軽くなり，どんな苦労もいとわない思いで育児はスタートした。しかし，毎晩の夜泣きで眠れない日が続き，睡眠不足で疲れ切ってしまった。母親は不安ばかりが大きくなり，親としての自分が否定されたように感じ，かわいいと感じられなくなっていった。心の交流がとれず親子が安心感や幸福感を持つ機会は少なく，育児は義務的になっていった。Bちゃんの体は育つが，心の安心感は乏しかった。

②Bちゃんはなぜ乱暴な行動をとったのだろうか

　Bちゃんは生まれてから，人と一緒にいて自分の不安が軽減し安心する体験が少なかった。NICUでも家庭でも，Bちゃんは大人の不安な表情を敏感に感じ取っていたのである。

大人に甘えて不安を軽減することを体得していなかった。

　子どもが近づいてきたとき，2歳のBちゃんは"怖かった"。言葉で「近くに来ないで」と言えず，思いつく精一杯の方法を用いた。親が教えている内容は間違いではない。しかし，教えることを先行したために，Bちゃんの怖い気持ちは誰にもわかってもらえず，ますます不安になっていった。その結果，大人の願いに反し，Bちゃんはしばらく友達と遊べなかった。気持ちを言葉で伝えて友達との遊びを楽しめるまで，その後2年間かかった。

2　環境要因の考え方

　親子の愛着形成ができている子どもは，このようなときに親の後ろに隠れたりしがみついてその怖さを伝えられる。「怖かったの。大丈夫よ」と共感されれば，大人が心の安全基地となり，不安は軽減する。その愛着関係を基盤にして「お友達と遊ぼう」「仲良くしよう」と教えれば，子どもとの関わり方を習得できるのである。

　母親は「まるで宇宙人を育てているようだった」とBちゃんの乳幼児期を後日振り返っていた。Bちゃんの事例でわかるように，誕生後の初期の体験は母親と子どもの感情や行動，そして母子のコミュニケーションパターンに強くかつ長期にわたって影響する。

　親の離婚や死別で喪失体験をした子どもも深い悲しみを睡眠障害や大泣き，しがみつきなどの行動で表す。保育者と出会うまでに，子どもが甘える体験をどのようにしてきたか，人や自身に対しての信頼感は形成されているかなどを考えてみよう。子どもの現在の行動は，出来事に伴う経験や情緒体験の内容や質と関連する。出来事だけで安易に判断することは避け，気になる行動をする子どもの深い理解に努め，根本的な対応をしていく。

　さらに親に対しても共感的な理解をする人がいれば，親子の愛着形成を促進できる。親の不適切な育児を批判するのではなく，なぜ，そのような行動になるのかを理解していく姿勢が保育者には求められる。親の育児をサポートする人や相談相手はいるだろうか。子どもが親や保育者に守られて育つように，親，とくに母親もパートナーや親族，保育者に認められ守られて，初めて安心して親業がやれるのだ。

5　保育者の役割

【1】　発達課題達成のための援助者

　生まれてから学童期までの各時期の心の発達課題を表13−4は示している。乳児は欲求を充足してもらう経験を重ね，心の土台となる基本的信頼感の形成をする。3歳くらいまでの幼児期前期には，自律感を持つことが発達課題である。自由に動けるようになり，

表 13 − 4　日本に伝承されてきた育児法と人格発達課題

年齢	日本に伝承されてきた育児法	人格発達課題 （E.H. エリクソン）
乳児期	人の模倣をする／人と自分を好きになる 人に注目する／動作言語の習得	基本的信頼 対 基本的不信
幼児期前期	動作言語を使い，音声言語を習得する 体を使って遊ぶ／協応動作	自律感 対 恥・疑惑
幼児期後期	勝ち負けのある遊びを理解し，遊ぶ 負けを受け入れる	自主性 対 罪悪感
学童期	自分の得意・不得意を知る 等身大の自分を受け容れる	勤勉性 対 劣等感

出典：永田陽子『人育ち唄——らくらく子育て・子育て支援』エイデル研究所，2006

＊伝承されてきた育児法とは，20世紀半ばまで，家庭や地域で日常的に用いられていた乳児との遊び（あやし唄）や子ども同士で遊ぶわらべ唄のことである（p. 217 参照）。山伏が人の生き方として全国に伝えたといわれ，全国共通の遊びが数多く存在する。その育児法が重視する内容は，欧米で生まれた人格発達課題（E. H. エリクソン）と一致すると考えられる（永田陽子『人育ち唄——らくらく子育て・子育て支援』エイデル研究所2006）。

大人に認められつつ自分の世界を広げていく時期である。母親の姿がみえなくても，内的な母親像に支えられる体験をし，心の安全基地が徐々に内在化する。食事や着脱，排泄が自立に向かうだけでなく，感情の表し方も学ぶ。自律感を基盤に幼児期後期では，子どもとの関わりを求めるようになる。友達と協力やぶつかりの経験を重ね感情のコントロールの仕方を徐々に身につけながら，子どもは発達課題を達成していく。

　困難や迷いが生じたときに，原点である乳幼児期の発達課題を振り返ってみよう。どの段階の発達が不十分なのかを考え，その課題達成の保育を心がけていく。保育者は子どもの課題と保育者としてやれる役割を明確にしていくと，安心して保育ができる。時には，気になる行動の原因がわかっても，保育者が関与できない場合もある。そのようなときにも，日々の保育では，保育者との心と心の交流の体験を重ね子どもの健康な発達を支えていこう。

【2】　行動モデルとしての保育者——親子に関わる大人として

　気になる行動に保育者は心を悩ませ，時にはいらだちや焦りを感じることもあろう。それらの行動は，保育者の前で安心して子どもが本音を出しているととらえられる。"この保育者なら甘えて大丈夫"との安心感と期待があるのだ。中には，家庭ではいわゆるいい子で，保育の場でだけ大人を困らせる子もいる。家庭では緊張感を感じ，無意識的に自分を抑えている場合である。保育施設は，親とは"異なる関わり方"の大人と出会う場となる。食べ物を手づかみすると，家庭では頭ごなしに叱られる（否定される）子どもが，保育者には「お手々で食べたいのね。パンはお手々，ハンバーグはフォーク。おいしい

ねー」とやりたいことを認められながら，適切に丁寧に導いてもらう。この繰り返しで，生活習慣が身につくだけでなく，それまでに獲得した経験の歪みが調整されるチャンスともなる。新たに学んだ行動パターンは保育の場のみでなく，家庭でも生かされていくであろう。

　感情の出し方やおさめ方も同様である。理詰めの言葉での関わり方やいらいらした感情表現だけをみて育つと，子どもは感情を爆発させることを覚えていく。おもちゃの取りあいで「Ｂちゃんも太鼓トントンしたいねー」と気持ちを受容され，そして「Ｃちゃん貸して」と言葉のかけ方・気持ちの伝え方のモデルをみせる。あるいは「（おもちゃを）貸してもらえなくて，残念。残念。本をみて，待ってようね」と気持ちのおさめ方を大人と一緒に学んでいくのである。

　このように，子どもは親とは別の関わり方を持つ保育者に出会い，その人を感情や行動のモデルとして学んでいくのである。

　子どもを預けている親は，迷ったときに保育者に意見を聞く親が多い。親にとっても保育者は育児モデルでもある。しかし，親を指導するのではない。保育者の意見を１つの考え方として提供し，判断はあくまで親に任せる（「第12章　地域型保育における保護者への対応」pp.202〜204参照）。親自身が判断しその結果を引き受けることが，親としての力を磨くチャンスとなるからである。

【3】　楽しさを共有する保育者

　気になる行動は子どもの一部であって，その子のすべてではない。気になる行動に焦点を当て過ぎると，子どもを否定的にとらえがちになる。義務的な保育は，子どもに緊張を強いる。このようなときには，普段以上に子どもとの楽しめる“遊び”を活用しよう。保育者と遊ぶ楽しい体験は，子どもの基本的信頼感の形成にもつながる。保育者にとっても子どもと出会えた喜びを感じるときとなろう。“遊び”によって，保育者が子どもの新たな面を見出し，複眼的視点を持てる。そして，子どもの一面だけでなく全体的姿をみるようになり，その結果，行動変容が起きることが期待できるのである。

６　遊びを通して子どもの発達を促す方法
——日本に伝承されてきた子育て唄遊び

　“遊び”は，子どもが楽しくて発達を促す内容がよい。乳幼児期は，感性を磨く時期なので，みる・聞く・触る・味わう・嗅ぐという五感を使う遊びを選ぶ。発達段階にあっていれば，子どもが繰り返し遊び，さまざまな発達が促されていく。

　日本に伝承されてきた育児法は子どもの発達に沿った内容であり，心も体も健康に育てる目的を持つことがわかってきた（**表13-5**）。"遊び"で子どもとコミュニケーションをとり，子どもの心身の発達も促していく。それは，一般的にはあやし唄やわらべ唄と呼ばれるものであり，子どもが興味を示し楽しんで遊べる内容である。子どもの笑顔や真剣な表情に大人も引き込まれ，双方とも豊かな時間が持てる。このようなコミュニケーションを通して，子どもだけではなく，大人の養育性も育っていく。乳児期に用いるあやし唄は，言葉を話さない子どもとのコミュニケーションを容易にする道具である。保育者が心を込め楽しんで遊べば子どもの体だけでなく豊かな心も育っていく。

　０歳期には，道具は不要で，保育者の顔や手で遊べる。子どもと目を合わせ，遊びや動作をみせてしばらく待っていると，子どもが反応してくる。「Ｃちゃん，よくみているねー。おもしろい？」「ばんざい，できたねー」と話しかけたり楽しんで遊べばよい。大人は歌いながら，子どもが模倣しやすい動作のモデルを示すのだ。子どもが人の動作をまねて喜ばれる体験は，信頼感の形成につながる。手首を回す手のでんでん太鼓（「てんこ，てんこ，てんこ」）や，手を開く閉じるを繰り返す手遊び（「にぎ，にぎ，にぎ」）は，生後１カ月から子どもが興味を持ち，よく注目する。認知力を育てるのは，誰もが知っている「いない，いない，ばあ」の遊びである。姿がみえなくなる＝消失するとのとらえ方から，繰り返し遊んでいるうちに"隠れる"意味を理解するようになる。再び目の前に現れるのを期待して相手を待つ。また，気持ちを共有しやりとりする体験が子どもとの信頼関係を強くしていき，人に応じたいという感情を育てる。遊びは保育者もリラックスして楽しめるので，義務感にとらわれず，子どもと向きあえるであろう。

　座位で手を叩く（**図13-3**）動作を模倣したときに，「上手，上手」と人に注目され肯

表13-5　子育て唄遊びと年齢

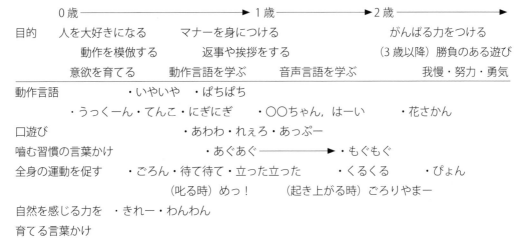

	0歳 ──────────→	1歳 ──────────→	2歳 ──────────→
目的	人を大好きになる 動作を模倣する 意欲を育てる	マナーを身につける 返事や挨拶をする 動作言語を学ぶ	がんばる力をつける （3歳以降）勝負のある遊び
			音声言語を学ぶ　　我慢・努力・勇気
動作言語	・いやいや・ぱちぱち ・うっくーん・てんこ・にぎにぎ	・○○ちゃん，はーい	・花さかん
口遊び		・あわわ・れぇろ・あっぷー	
噛む習慣の言葉かけ	・あぐあぐ ──────→ ・もぐもぐ		
全身の運動を促す	・ごろん・待て待て・立った立った （叱る時）めっ！	・くるくる （起き上がる時）ごろりやまー	・ぴょん
自然を感じる力を 育てる言葉かけ	・きれー・わんわん		

出典：松本園子他『実践　家庭支援論〔改訂版〕』ななみ書房，2014を改編

「ぱちぱちぱち」「上手，上手，上手」などの声かけをしながら，手を打ちならす。座位での拍手は腰の筋力が鍛えられ，ハイハイや歩行の準備となる。

「あー」と発声しながら口を手の平で打つ。口の運動は，離乳食の噛み方に影響する。

舌で上唇を舐めるように左右に動かす。

図13−3　手を打つ　　図13−4　あわわわわ　　図13−5　れぇろれぇろれぇろ

出典：永田陽子『人育ち唄──らくらく子育て・子育て支援』エイデル研究所，2006

定的に認められる体験は，楽しみながら集中力がついたり，腰の筋力が鍛えられたりする。また，人とのこのような遊びは気になる行動の改善にもつながる。「あわわわわ」（図13−4）や上唇を舐めるように左右に舌を動かす「れぇろれぇろれぇろ」（図13−5）は噛む動作や言葉の発達に影響する口遊びである。

「あぐあぐあぐ」は，離乳食のときに用いる声かけである。固形物が口に入ったときに噛む習慣がついていると，偏食が予防できる。

名前を呼ばれて返事をすることや挨拶などの基本的習慣が身についていると，子どもは人の中で生きやすくなる。1つの動作をみるのが精一杯な0歳期を過ぎると「ちょつちょつ，あわわ，かいぐりかいぐり，とっとの目」（図13−6）のような複数の動作の手遊びに興味を持つ。また，しっかりと歩けるようになる1歳半頃に，くるくると回る全身を使う遊び（写真13−1）もある。その姿をみて「くるくるじょうずねー。くる，くる，くる」と喜ぶ保育者に励まされて，子どもは楽しんで回り続け，三半規管が鍛えられ乗り物酔いしない体が作られていく。3歳に近づく頃，勝ち負けのある遊びを理解するようになる。「だるまさん，だるまさん，にらめっこしましょう〜」のようなにらめっこ遊びも人と目を合わせる練習となり，人を恐れずに生きる力を育む。じゃんけんに代表される勝ち負けのある遊びは，自分の弱さを受容する力を養うものであり，幼児期には，これらの遊びを人と繰り返し遊ぶことが必要である。

　上記のような日本に伝わるあやし唄やわらべ唄には，楽しみながら子どもの心身を育てる効果があり，大人も楽しめる。さらに詳しくは参考文献にあげた関連図書を参照し，子どもとのコミュニケーションの道具として活用してほしい。

子どものペースに合わせて動作をみせる。「恥ずかしさを忘れずに，言葉を慎み，人の話はよく聞いて，目先だけにとらわれず，鳥のように遠くも見据えて生きるように」との生き方が込められている遊び。

図13－6 「ちょつちょつ，あわわ，かいぐりかいぐり，とっとの目」

出典：永田陽子『人育ち唄――らくらく子育て・子育て支援』エイデル研究所，2006

　子どもが小さければ小さいほど，子どもとの遊び方や声のかけ方がわからない親は多い。また，子どもに適切に関われない親にも，保育者が子どもとの遊び方を伝え，親子でのコミュニケーションができるようになると，親子関係が変化する。親がしたことに子どもが注目し反応すると，親自身が子どもに認められ受容される体験をするのである。子どもを適切に世話する親の姿を求めるだけではなく，"遊び"を用いての親子関係形成も1つの有効な方法である。

写真13－1 「くるくるくる」

子どもが回るのを大人は「くるくるくる」と声をかけつつみてあげる。繰り返し遊んでいると，三半規管が鍛えられ，乗り物酔いしない体が作られる。

参考文献

＊安心感が持てる育児書

カナダ・公衆衛生局（著）Nobody's Perfect Japan（監修）幾島幸子（訳）『【完璧な親なんていない】子どもの感情・親の感情──子どもの気持ちにどうこたえてあげたらいいの？』遠見書房，2010

カナダ政府／子ども家庭リソースセンター（編）向田久美子（訳）「ノーバディズ・パーフェクト」シリーズ『親』『からだ』『行動』『安全』『こころ』ドメス出版，2002　※人権尊重・平等の精神が根底に流れる，絵にたくさんのメッセージが入り，育児に必要な基本の考え方が網羅されている。

カナダBC州／伊志嶺美津子（編）向田久美子（訳）『FATHERS／父親──ノーバデイズ・パーフェクトシリーズ〈別冊〉』ドメス出版，2002

＊乳幼児との遊びや関わり方がわかる本

阿部ヤヱ（著）『「わらべうた」で子育て　入門編』福音館書店，2002

永田陽子（著）『人育ち唄──らくらく子育て・子育て支援』エイデル研究所，2006

永田陽子（著）「わらべ唄が初期の親子関係形成に及ぼす影響について」『駒沢女子短期大学研究紀要』Vol.40, pp.49-56，2007

永田陽子（著）『0歳児支援・保育革命1──0歳児の子育て家庭支援・保育を問い直す』ななみ書房，2017

永田陽子（著）『0歳児支援・保育革命2──ビデオで学ぶ「人育ち唄」での愛着形成』ななみ書房，2020

奈良県「新米パパの子育てガイドブック」県ウェブサイト，2007

藤田浩子（編著）『人と人とのかかわりを育てるシリーズ〈幼児編〉育つ・育てる』1〜3，一声社，2006

藤田浩子（編著）『藤田浩子の　赤ちゃんのあやし方・育て方──0歳からはじまる人づきあい』一声社，2013

＊離婚，再婚等に伴う心理や事象を理解する本

ヴィッキー・ランスキー（著）中川雅子（訳）『ココ，きみのせいじゃない──はなれてくらすことになるママとパパと子どものための絵本』太郎次郎社エディタス，2004

野沢慎司他（編著）『Q&A　ステップファミリーの基礎知識──子連れ再婚家族と支援者のために』明石書店，2006

マルタ，S.（著）子ども家庭リソースセンター（訳・編）『シングルシンフォニー──ひとり親のためのガイドブック』小学館スクウェア，2000　※離婚・死別等の喪失体験をしたときの子どもの心，両親の対応等について具体的に記述。

＊その他

子育て支援に関する共同研究プロジェクト（代表　村山祐一）『保育・子育てに関する全国調査報告書』平成16年度文部科学省研究費補助金事業　基盤研究（B）（1）課題番号14310123，2005

榊原洋一（著）『最新図解　発達障害の子どもたちをサポートする本』ナツメ社，2016

松本園子他（著）『実践 子ども家庭支援論』ななみ書房，2019

第14章 見学実習オリエンテーション

講義の目的
①見学実習を行うにあたって必要な配慮事項や見学のポイントについて理解する。
②見学実習でどのようなことを学びたいか，あらかじめ考える機会とする。

1 見学実習の目的

・保育の現場に出向き，講義で学んだ環境整備や保育内容，安全確保など，実際に見学・観察して理解を深める。
・保育の現場では，それぞれ独自の工夫をして，保育を展開している。保育に取り組むに際して，具体的に参考になることを学ぶ機会とする。

2 見学のポイントと配慮

【1】 見学先と子どもたちへの配慮

1 子どもたちへの配慮（刺激せず，安心させる工夫を）

　保育中に見学することから，当然，子どもたちとの出会いがある。初めて会った人に，子どもによっては，人見知りや不安そうな様子をみせるかもしれない。逆に外からやってきた新しい大人に興味津々，うれしくて，一緒に遊んでもらいたがる場合もある。

まず第一に，子どもたちに安心できる大人であることを示し，理解してもらうことが必要である。保育者と笑顔で挨拶したり，言葉をかわす様子をみて安心する場合もある。あまり刺激しないように配慮して，子どもたちが普段のままでいられるように気をつけたい。

また，できるだけ保育に介入しないように配慮し，見学に徹するように心がけよう。とくに，写真撮影は原則禁止。どうしても必要な場合は必ず保育者の許可を得ること。さらに，個人情報保護の観点から，子どもの顔などを撮影対象としないことを厳守していただきたい。

2　見学先への配慮

外部からの見学を引き受け，保育を公開する見学先の保育者は，保育現場を開放することにもなるため，少なからず緊張すると推察できる。見学に備えて常日頃よりも掃除に手間をかけたり，保育室を整えたり，それなりに配慮を余儀なくされるであろう。見学者としては，感謝の気持ちを持って，見学先の保育や生活を乱すことのないよう，言葉遣いや態度にも注意したいものである。見学先の注意事項や指示に従って，互いに気持ちよい見学実習になるよう努める。

【2】　環境——安全で安心できる環境作り

・「第8章　地域保育の環境整備」で学んだことを念頭におきながら，保育を実施する場合に役立つような細かい工夫を学ぶ。
・緊急時のための準備・連絡方法について確認し，「ひやり」としたり「はっ」としたりした実例や，具体的な経験などがあれば，可能な範囲で聞く。
・「第8章　地域保育の環境整備」で学んだことが，実際に各保育の現場で，具体的に，どのように実施されているか，細かく観察する。保育受託児の年齢や人数により，備品や遊具の位置を変える工夫などもあれば聞いてみる。

【3】　一日の生活の流れと保育者・子どもの様子

異年齢の子どもたちの個別の生活リズムの保障が具体的にはどのように行われているか，日課や配慮について知る。たとえば0歳児と1歳以上児などの組み合わせの場合，遊び（室内，戸外），散歩，睡眠時間や食事など，どのようにデイリープログラムが工夫されているか，できるだけ具体的に知るようにする。

【4】　異年齢・小集団保育を生かす遊び

　おもちゃ・絵本などの備品について，どんなものが備えてあるか，詳しく観察し，できれば，それらはどのようにして選択したものであるかなどについて聞く。

　異年齢の子どもたちを保育する場合に，どのような遊びの工夫や配慮があるか観察し，家庭環境の場で工夫できる遊び，身近な材料で手作り可能な遊び道具などにも注目する。

【5】　地域資源の利用

　保育所，公園，図書館，児童館，神社や寺院の境内その他，地域には保育に活用できる場所や施設が少なくない。しかし，利用するには引率や移動手段，安全確保などが欠かせない条件でもある。実際にどんな方法で活用しているだろうか。

【6】　保護者との関わり

　朝夕の送迎時の対応，連絡帳など家庭との連携の方法，保護者の多様な個別ニーズへの柔軟な対応などを見聞する。

　食事制限（アレルギー等への対応），与薬の配慮などがあれば具体的に学ぶ機会になる（与薬については「第 5 章　小児保健Ⅰ」pp.75 ～ 76 を参照）。

　保護者の送り迎えの様子，会話などから，保護者の様子を観察することができる。

【7】　複数の保育者体制，保育従事者の役割

　3 歳未満児の保育においては，安全確保や個別的配慮の必要性から複数の保育者体制が組まれている。その場合，連絡，相談，協力，分担，意見調整などが必要になる。保育の実際の場面で，これらの様子を見聞する機会を持つことが望ましい。

【8】　保育の記録，計画，さまざまなマニュアル，保護者へのおたより，その他の文書類

　保育施設には，保育理念や保育方針をはじめ，計画的な保育，安心・安全な保育に必要なさまざまな事項についての文書やマニュアル類が整備されている。全職員が共通認識を持って保育にあたるためには不可欠といってよい。また，社会に保育を開示する責任を果たすためにも必要である。許される範囲で目を通し，具体的な整備状況を知るようにする。

【9】 保育施設の保育方針や保育方法

保育所保育の目標や内容は『保育所保育指針』に示されており，地域型保育においても『保育所保育指針』に準じた保育を行うことが求められている。見学先の保育施設の保育方針を知るとともに，具体的な保育場面から保育者が何を重視しているか，どんな保育方法で保育しているかなどをとらえてみよう。たとえば，子どもを褒めたり，励ましたり，叱ったりする場面，子ども同士のトラブル場面への対応などに注目してみよう。

ところで，見学場面が自分自身の保育観，保育方針，あるいは価値観とは異なる場合もありうる。批判的にばかりならず，違いを知ることで，互いに自らの視野を広げる機会にしたいものである。「これが正しい」と思い込んでいたり，「これが当たり前」と気にも留めていなかったことを見直すチャンスにしていく。また，見学実習後のグループ討議などの話題として，みんなで検討することで問題を広い視野で考える機会とすることもできる。

【10】 見学の記録

ただ漠然と見学に臨むのではなく，事前に子どもたちの年齢構成，保育体制，保育方針などの情報を得て，それらをもとに自分の見学したいポイントを考え，ノートを作成していくと，充実した見学実習になる。なお，個人のプライバシーには十分配慮し，見聞内容をみだりに口外しないこと。見学終了後は，記録用紙（章末）を利用して記録を作成しておく（用紙が足りない場合はコピー可）。

3　見学を引き受ける際の留意事項

見学を引き受けるのは勇気がいることでもある。他人に保育を公開し，いやでも評価の対象にさらされることは，一定の緊張感を伴うに違いない。しかし，後輩のために，あえて公開に踏み切っていただくことに感謝したいところである。

見学者を受け入れるに際しては，以下のような点に留意して，充実した見学実習になるよう格段の協力をお願いしたい。

【1】 事前の準備

事前に保護者や子どもに見学者の来訪を知らせ，了解を得る。子どもたちには，わかる範囲で事前に来訪者のことを話すなど，心の準備になるよう配慮する。また，保護者にも

必ず見学者を受け入れることを伝え，了解をとっておく。写真撮影などは，個人情報保護の観点から子どもの顔などを撮影対象としないことを厳守する。

【2】　安全確保・衛生

安全確保・衛生に十分留意する。子どもたちへの対応など，事前に見学者に配慮を求めるべきことがあれば伝える。とくに感染症などの危険を回避するよう注意する。

【3】　実際的，具体的な工夫の提示

実際的，具体的な工夫をみせる。短時間ではあるが，見学者が保育の実際を自分の目でみる貴重な機会であり，具体的に保育の実際をみせ，保育するに際して，環境整備，保育内容，保護者への対応など工夫点を簡潔に説明する。

【4】　資料の準備

理解を助ける資料等を準備するとよい。見学時のみでは伝えきれないことや話す時間が限られる場合は，文書や小冊子，簡単な資料などを準備できれば，理解を助けることができる。とくに，デイリープログラムは参考になるので必ず用意する。

【5】　その他の配慮事項

見学に際して配慮してほしいことがあれば，できるだけ事前に連絡しておくことが望ましい。

【6】　気づいたことについて

見学開始後，気がついたことは率直に意見交換しておきたい。

参考文献

NPO 法人家庭的保育全国連絡協議会（編）『はじめよう！ 0・1・2 歳児の家庭的保育』
　福村出版，2009
畠中宗一（編）『現代のエスプリ No.401——家庭的保育のすすめ』至文堂，2000

見学実習記録（見学先の概要）

見学者氏名

見学実施日程	年　　月　　日　　および　　年　　月　　日
見学実習先	名称：　　　　　　　　　　　所在地： 保育責任者氏名：　　　　　　　連絡先 TEL：
子どもの年齢・ 人数	在籍児 1. 0歳児クラス　　　　（　　　　　）名 2. 1歳児クラス　　　　（　　　　　）名 3. 2歳児クラス　　　　（　　　　　）名 4. 3歳児クラス　　　　（　　　　　）名 5. 4歳児クラス　　　　（　　　　　）名 6. 5歳児クラス　　　　（　　　　　）名
保育責任者を除く 保育者等の人数 （在籍者全員）	常勤保育者（　　　　）名　　非常勤保育者（　　　　）名 ＊看護師　栄養士　調理員（　　　）名等が配置されている場合は○をつける
保育方針	
見学のポイント	
保育環境について	

226

見学実習記録（保育時間と人員配置）

見学者氏名

（　　）歳児／異年齢児クラス（　　）名　担任：常勤（　　）名　非常勤（　　）名

時間	デイリープログラム	保育体制（保育者人数）
（　）：（　）	登園・受け入れ 健康観察 自由遊び 朝の会（　　　　　　　）	常勤保育者　（　　　）名 非常勤保育者（　　　）名
（　）：（　）	水分補給・おやつ・排泄など	常勤保育者　（　　　）名 非常勤保育者（　　　）名
（　）：（　） 〜 （　）：（　）	屋外遊び・散歩等 屋内遊び その他（　　　　　　　）	常勤保育者　（　　　）名 非常勤保育者（　　　）名
（　）：（　） 〜 （　）：（　）	帰園後〜手洗い・うがい 昼食準備 昼食 歯みがき	常勤保育者　（　　　）名 非常勤保育者（　　　）名
（　）：（　） 〜 （　）：（　）	午睡準備 午睡（呼吸確認）	常勤保育者　（　　　）名 非常勤保育者（　　　）名
（　）：（　） 〜 （　）：（　）	目覚め おやつ 自由遊び等（　　　　　　）	常勤保育者　（　　　）名 非常勤保育者（　　　）名
（　）：（　） 〜 （　）：（　）	降園準備 降園	常勤保育者　（　　　）名 非常勤保育者（　　　）名
（　）：（　） 〜 （　）：（　）	延長保育 保育終了	常勤保育者　（　　　）名 非常勤保育者（　　　）名

＊保育者が交代したときは記入しておく。

見学実習記録（保育の実際）

見学者氏名

子どもの生活	保育者の対応，役割分担等

見学実習記録（書類等・見学のポイント）

見学者氏名

書類等の確認と理解したこと・感じたこと

見学のポイントと確認できたこと

見学実習記録（その他・感想等）

見学者氏名

その他（保護者への対応，地域資源の活用等）

見学実習の感想

第15章
グループ討議

講義の目的

①研修参加者が討議のテーマにそって話しあうための方法やマナーについて理解する。

②課題について，自分の意見を述べ，他の参加者の意見を聞きながら自分の考えをまとめ，解決方法を検討する。

③今後学びたい内容あるいは助言者に質問したいことなどを，グループ内で話しあう。

④研修で学んだことなどを振り返りながら，話し合いを通じて理解を深める。

1　討議の目的

　子育て支援員研修での討議の目的は，保育の実践に向けて，保育についての理解を深めることであり，また，不安や問題点について話しあい，その解決策を見出すことである。

　初めて何かをしようとすると，経験がないため不安になりがちである。しかし，これはごく当たり前なことである。素直に自分の不安や疑問をまとめて，グループ討議の議題として取り上げてもらえれば，さまざまな意見やアドバイスがもらえ，自信を持って保育に関わることができる。また，他のメンバーも同じ不安や問題点を持っていることに気づくことができる。

2　討議の原則

　討議にはマナーがある。マナーを守らないとグループの討議は何もまとまらず，ただの

無駄話に陥る。最も大切なことは「メンバーを尊重し，メンバーの話に耳を傾けること」（傾聴）である。メンバーの話を最後まで聞き，同意や意見，質問をすべきである。

　第二は，司会係に協力することである。司会係は全体の進行に責任を持っており，司会係を無視して討議をコントロールしようとすることはマナー違反になる。また，沈黙もマナー違反である。「今何が討議のテーマか」をきちんとおさえながら，司会係に協力することが大切である。

　「三人寄れば文殊の知恵」という諺がある。文殊とは，仏の知恵を司る文殊菩薩のことであるが，転じて，みんなで考えればよい案が浮かぶ，という意味で使われる。この反意語に「船頭多くして船山に登る」という諺もある。みんなが勝手にリーダーになったつもりで意見を言いあうと，統率がとれず，思わぬ方向に討議がすすんでいくことの意味である。

　表15－1に最小限のマナーをまとめてみた。討議を始める前に，グループ内で読みあうなどして確認するとよいであろう。

表15－1　討議のマナー

①他のメンバーの発言を最後まで聞く。
②他者の発言を横取りしない。
③発言内容をメモし，1人で長く話さないようにする。
④他者の発表にコメントする。
⑤あまり自己の意見にこだわらない。
⑥話の腰を折らない。
⑦討議の核心を見失わない。司会係の指示に従う。
⑧進行（時間）に協力する。

3　討議の効果

　グループ討議は，個々人が持っている不安，問題点，疑問などを少人数で話しあうことによって問題を確認し，共有することにある。相互に意見を述べあうことによって問題が整理され，メンバーの意見を聞くことによって自分と同じ考えであること（問題整理）や，他者の発言からヒントや解決策などを得ること（気づき）ができる。さらに今まで知らなかった新しい知識や情報を得たり，与えたりすることもできる（情報の収集・提供）。

　討議は，活発な意見交換をすることによって，グループメンバーの相互作用（interaction）が高まり，1人で考えていたときよりも大きな力が発揮される（group dynamics）。限られたメンバーの発言だけではなく，全メンバーが真剣に討議・発言ができれば満足感も高まっていく。よく，参加型○○といったタイトルや副題をつけた研修や集会を目にすることがあるが，「参加とは，人前で自分の考え，意見を述べることができること」をいう。自分の意見がグループで受け入れられれば，自分に自信を持つとともに，次の参加意欲へとつながるという意味である。

　このような討議を行うことにより，新たに保育を始める保育者同士が，今後に向けて相談しあえる関係を築けることも，グループ討議の波及効果である。

4　討議のすすめ方

　まず，自分のグループに着席し，主催者が行うオリエンテーションを聞く。オリエンテーションでは，グループ討議の目的，討議で取り上げるテーマについての説明や，グループ討議のすすめ方についての説明がある。説明がわからない場合は，質問することが大切である。

　次に，各グループごとにグループ討議を進行するので，積極的に参加する。

　ここでは，次の課題についてグループで討議する場合の例を示す。

> 保育者になるにあたっての不安や問題点をあげ，その解決方法を検討する。

①自己紹介

　目的は名前を覚えてもらうことである。たとえば，「○×に住んでおります凸凹です」でよい。発言は名簿順とか「あいうえお」順でもよい。ノートにメンバーの名前を記した配置図を書いておくとよい。

②司会係，記録係，全体討議での発表係を選ぶ

　初対面なので遠慮しがちだが，積極的に推薦，自薦することが望まれる。ジャンケンなど選び方の提案でもよいが，重要なことはここで時間を使わないことである。係に選ばれたら「皆さん助けてくださいね」とお願いしておくとよい。司会係は表15－2の「司会係の心得」を読んでから司会をする。

③個人の考えの明確化

　個人用問題点メモカード（表15－3）に保育の実践上の不安，疑問，問題点などについて箇条書きにする。理由もメモしておくとよい。メモ用紙1枚に，問題点を1つ書くよ

表 15 － 2　司会係の心得

① （性差，年齢，経験を超えて）メンバーを尊重する。

② メンバー全員が均一に話せるようにする。

③ 発言終了後は，「ありがとうございました」などの謝意を述べる。

④ 発言要旨をメモしながら司会する。

⑤ 発言時間が長いメンバーには，「時間が限られているので，先に結論をおしえてください」と促す。

⑥ 時間配分を気にしながら行う。

⑦ 沈黙が続いたら「○○さんはいかがですか？」と指名して発言を促す。

⑧ 討議の話題を変えたいときは，「さて，ところで」と言って変更する。

⑨ むずかしい課題は，全体討議へまわして助言を求める。

⑩ 意見がまとまらないときは，メンバーに助けを求める。あるいは，そのまま発表する。

⑪ 発言要旨をメモして，最後にまとめる。

表 15 － 3　個人用問題点メモカード（B5 判 4 分の 1 大）

氏名　＿＿＿＿＿＿＿＿＿＿＿＿＿＿＿＿＿＿＿

問題点（時間があれば「利点」のカードも用意する）

理由

うにする。カードは何枚書いてもよい。時間に余裕があれば，問題点を出す前に「利点」（例：少人数保育の良さ）について書いてもらうと，討議に入りやすい。

④個人用問題点メモカードの発表

　全員が書き終えたら，司会係の進行で，問題点を書いた個人用問題点メモカードを一人ひとりテーブルの中央に出して説明する。その要点は，「問題点とその理由」を簡潔に話すことである。理由の説明の中で経緯などを話し出すと長くなるので，要点だけにする。内容の発表前に，所属と名前だけの簡単な自己紹介をしながら始めるとよい。

⑤問題点のグルーピング

　全員の発表が終了したら，共通の問題点などをグループ化（かたまりを作る）して，問題のかたまりに名前をつける（例：保護者との関係）。

⑥討議課題の決定

　上位3つくらいの問題点を選び，討議の優先順位を決定する。優先順位は共通のカードが多い順か，メンバーの意見が多い順で決める。

⑦解決策の討議

　司会係の進行で⑥で取り上げることを決めた課題の解決策について討議を始める。自分のカードが優先順位の1番に入っていれば，積極的に理由を述べて，他のメンバーからの意見，助言をもらう。納得した場合は，謝意を述べる。納得できない場合は，「もう少し考えてみるので，次の課題へ」と司会係に伝える。

⑧記録

　記録係は記録だけに没頭しないで積極的に発言する。記録は，優先順位の高かった順に，問題点，理由，結果の順にメモしておく（**表15－4**）。

⑨まとめ

　討議の終盤（約5〜10分前）に主催者側から指示があるので，積極的にまとめに協力する。記録係はまとめを読み上げて，メンバーに確認を求める。不足があれば追加する。

⑩全体討議での発表

　各グループで検討した内容を参加者全体で共有し，議論するのが全体討議である。ここでの発表は要領よく発表する。他のグループと同じ内容があれば省略し，異なる内容だけを発表する。討議中に気づいた疑問があれば発表する。

　全体討議では，各グループから出た問題点を中心に討議されるので，意見や疑問があれば積極的に発言する。

　以上が全体討議までの流れである。討議は，立派な意見や理論的な助言を述べる場ではない。むしろ，素朴な疑問や意見，助言のほうが相手に響いて伝わることが多い。保育者になる仲間という気持ちで，メンバーの話をよく傾聴し，対話することがポイントである。

表 15 − 4　グループの記録用紙（A4判）

グループ名		司会係		記録係	
メンバー名					

取り上げた問題点　その1	取り上げた理由	討議結果（解決策・結論）
例：保護者との信頼関係作りの方法について	例：保護者から質問を受けて答えられるか心配	例：職員が情報を共有するために話しあいの場を持つ

取り上げた問題点　その2	取り上げた理由	討議結果（解決策・結論）
例：安全保育と事故防止について	例：見学先では，さまざまな事故防止策を講じていたため	例：建物，保育室など施設内点検リストを見直す

取り上げた問題点　その3	取り上げた理由	討議結果（解決策・結論）
例：地域の社会資源の活用とセーフティネットの重要性について	例：自然災害への対応	例：自治体，社会福祉協議会，町内会等のリストをつくる

資料　**主催者側のメモ**

　討議の時間は，研修業務の中で主催者側が最もエネルギーを注ぐ場面である。それだけにシミュレーションに基づいた周到な準備が必要である。

　以下にグループ編成から，準備するツール，会場作りまでの準備や当日の進行をメモ書きにする。

1　グループの編成

・グループ編成は，年齢，経験年数，職種等を考慮する。
・参加者が多い場合は，1 グループあたりの人数は最大でも 7 ～ 8 人程度を上限とし，その分討議時間を長くとる。
・参加者が少ない場合は，1 グループあたりの人数は 4 ～ 6 人とし，討議時間を短くする。グループ編成のポイントは，1 人あたりの発言回数を多くすることである。なお，討議時間に余裕があれば，グループ編成前に短時間のゲーム（アイスブレーク）を取り入れて参加者の緊張をほぐすなどの配慮を考えておく。
・グループ編成が決まったら，あらかじめ参加者名簿にグループ名を入れておくとよい。

2　事前に準備するもの

　参加者数によって，以下のようなツールが考えられる。ツールは，討議の運営をスムーズにすることと，記録を残すことの 2 つのねらいがある。
・グループの名札（厚めの紙を 3 つ折りにして立てるなど，遠くからわかるようにする）
・表 15 － 3 の「個人用問題点メモカード」（B5 判用紙を 4 つ切りにしたものを，1 人に 3 ～ 4 枚用意する。大きめの付箋が便利である）
・グループ名，討議課題，討議内容と結果などを書いた表 15 － 4 のような「グループの記録用紙」を各グループの記録係に配布する
・表 15 － 1 の「討議のマナー」（主催者側で読み上げるなら不用）
・個人メモ用のサインペン
・グループメンバーの名簿（グループに 1 枚）

3　会場設営

　グループ討議の会場は，他のグループの話し声が聞こえても，邪魔にならない程度の会場を用意する。グループの数が多ければ，会場を複数用意し，少なければ講義（座学）と同一会場でもよい。

　時間が少ないとか，主催者側のスタッフが少ない場合は，講義と討議の場所を別にして，開始前後の設営時間を節約することもできる。その場合，討議会場は，机と椅子が固定式

の会場は討議に不向きなので，むしろ移動可能な会場が好ましい。会場設営は，前日または昼食時などの休憩時間に準備するとよい。

・机を2～3台合わせてテーブルを作り，周りに椅子を置く。
・テーブル配置は，隣のグループの声が直接届かない範囲にする。
・グループの名札を置く（グループ名札がない場合は，あらかじめグループ配置図を黒板に書いておく）。
・あらかじめ「個人用問題点メモカード」（表15－3）と「グループの記録用紙」（表15－4）をグループごとに置く。

4　進行管理

　グループ討議は，見方を変えれば毅然とした態度で臨むことが必要である。あるグループが熱心に討議しているからといって，むやみに時間延長をすべきでない。時間は限りがあるので，当初の計画通りで切ることも必要である。

　そのためには，オリエンテーションからまとめまでの時間配分を記入した「進行管理表」（表15－5）を作っておくと便利である。これをあらかじめ黒板に書いておくか，各グループに配付してもよい。

5　オリエンテーション

　日本人は外国人と比べて自己主張が弱く，討議が得意でないといわれている。日本人同

表15－5　進行管理表（例）

主な流れ	所要時間	時計時間
オリエンテーション	10分	13：00～13：10
グループ討議		
自己紹介	3分	13：10～
司会・記録係の決定	2分	
個人票の記入	5分	
個人の問題点の発表	1人1～2分×人数	
グルーピング	5分	
優先順位の決定	5分	
解決策の討議	30分	13：35～
まとめ	5分	～14：10
全体討議		14：10～
グループごとの発表	3～5分×グループ数	
意見交換・助言者のコメント		
まとめ		～15：10

＊進行は時間通りにすすまないので余裕をとっておくとよい。時間に余裕があれば，討議の時間を長くする。

士でも，知らないメンバーだと緊張して発言も控え目になる。このため，研修担当者はなるべく緊張感を与えないようにグループ討議のすすめ方を説明すべきである。

　また，よく理解できない場合があるので，討議の目的，司会係への協力，発言の仕方など重要なポイントは繰り返し説明する。

・討議の目的やテーマを説明する（研修全体の中での位置づけを話す）。

　この場合，「保育を実践するうえでの不安，問題点」といったようになるべく具体的に示し，黒板に書く。時間があれば，討議の課題を増やす。なお，表15－4の記録例のほかに，表15－6に具体的な討議テーマを示した。

・討議の開始時間と終了時間を示す（黒板に進行順と時間を書いて説明してもよい）。

・具体的なすすめ方を説明する。

①自己紹介（名前と居住地名程度でよいことを指示する）。

②司会係と記録係，全体討議での発表係などの役割を決めるように指示する。

　決め方はジャンケンでもクジでもよいが，あまり時間をかけない。

③司会係への協力，「討議のマナー」について説明する（表15－1を読み上げてもよい）。

④個人の考えを明確にする。

　「個人用問題点メモカード」（表15－3）を使用する場合は，あらかじめ用紙を配付し，1枚に問題点を1つ記入するように指示する。なるべくその課題を取り上げた理由を考えながらメモをさせる。

⑤個人用問題点メモカードを発表する。

　全員書き終えたら，司会者の進行により一人ひとりメモをみせながら発表しあうように指示する。説明は，カードに書いた課題を読み上げ，理由を簡単に述べる。

⑥問題点をグルーピングする。

　発表が終了したら共通の不安，問題点を書いたカードをグループ化して，名前をつけるように指示する。

表15－6　グループ討議のテーマ（例）

・子育て支援員研修で学んだことで，これから自分の保育に取り入れたいことと，取り入れたいが難しく感じることについて話しあってみましょう。
・地域型保育のメリット，デメリットについて話しあってみましょう。
・見学実習ではどのようなことを学んでいきたいかを考え，話しあいましょう。知りたいこと，よくわからないことなどを出しあってみましょう。
・見学実習を終えて，参考になったことや自分も取り入れたいと思ったことを出しあってみましょう。もし，疑問に感じたことがあれば，そのことについても話しあってみましょう。

⑦討議課題を決める。

　　上位３つくらいの不安，疑問，問題点を選び，討議の優先順位を決定させる。

⑧解決策を討議する。

　　司会係を中心に討議を開始させる。このとき，記録係は「グループの記録用紙」（表
　15－4）に要点をメモする。

⑨グループの意見をまとめる。

　　記録係が記録用紙を読み上げて，メンバーに確認する。不足があれば追加して，この
　内容を全体討議で発表する。

　以上の内容説明でも５〜10分くらいの時間が必要であるが，参加者によっては，理解
の仕方が異なるので，なるべくゆっくりと繰り返し説明する。

6　グループ討議の進行

　各グループに進行を任せるが，時間内に与えられた課題を完了できるように，時間の経
過を知らせたり，質問に答え，すすめ方の説明をあらためて行うなど，状況に応じて適宜
声をかける。とくに，進行が遅れ気味のグループには担当者が進行の援助をするなど，進
行管理を行う。時間がない場合は，主催者側が説明しながら進行してもよい。

7　全体討議

　ここからは助言者を交えた全体討議になる。司会や助言は主催者側が行う。

①発表は要領よく発表させる（１グループ３〜５分）。

　例：問題→理由→結論・解決策の順に発表してもらう。

　討議中に気づいた疑問があれば質問も出させる。

②発表内容は，主催者側で黒板にメモをするか，休憩時間に記録用紙をコピーして配付す
　る。時間がなければ，主催者側だけでよい。

③グループ数が多いと内容が重複することがある。また全グループを発表すると時間が不
　足するような場合は，まとめの早い順に発表させ，残りのグループには「今までに出て
　いない課題や解決策があったら発表してほしい」と促す。最低でも各グループ１回の発
　表または発言をさせるようにする。

④それでも時間的に無理なら，全体討議の中で指名して発言を求めるようにする。

⑤他のグループからの意見や助言を出すようにする。

⑥参加者同士の意見交換がひと段落したら，助言者からコメントをもらう。

⑦次の課題にうつる（以後，繰り返し）。

⑧最後に，助言者からコメント，感想をもらう。

⑨司会者のまとめと謝辞を述べる。

　まとめはスタッフが黒板に書いて確認する。

8　全体討議の司会者の注意

　表 15 − 2 に示したグループ討議の「司会係の心得」は，全体討議での司会者も同じである。全体討議で異なる点は，参加者全員に対して「課題の解決策」や「課題の確認・整理」そして「今後の方向づけ」をしなければならないことである。そのためには，助言者と事前に打ち合わせをする必要がある。

　以下に，全体討議での司会者の心得をあげたが，司会の経験を何度か積むことによって，そのコツをつかめてくるはずである。

・雰囲気を大切にする。堅苦しい雰囲気よりも，率直な意見を活発に出してもらえるような雰囲気を作る。

・はじめに全体討議で話しあうテーマを明確にして参加者に伝える。

・主催者側がコメントする場合は，前向きにコメントする。

・もれなく意見を出してもらうように，参加者へ発言を促す。

　　例：A グループの皆さんはどう思いますか。

・話題の内容がズレそうになった場合は，発言者の話し方をよく聞いてタイミングよく話に割り込み，話を戻す。

　　例：「なるほど，A さんは今，○○についてこのように考えておられるということですね。ところで，先ほど話題の××について B さんのお考えはいかがでしょうか？」と言って話題を変える。

・話題を変えるときは，「さて」「ところで」などの接続詞を上手に使う。

9　グループ討議の評価

　研修全体の評価と合わせて，グループ討議の評価のための簡単な質問を作る。たとえば，次のような質問が考えられる。

　　問 1　あなたはグループ討議で発言できましたか？

　　問 2　あなたの発言はグループメンバーに理解されましたか？

　　問 3　あなたの問題点はグループ討議で解決しましたか？

　　問 4　あなたの問題点は全体討議で解決しましたか？

　　問 5　全体討議はいかがでしたか？

　これらの質問項目を，「非常に満足」から「非常に不満」までのような，選択肢を設けて回答してもらうとよいであろう。

☆参考

● 演習，事例研究のすすめ方

　演習や事例研究は課題が明確になっている。しかし十分な情報があるわけでは
なく，与えられた条件の下で討議しなければならない。

　演習は，テキストの中ですすめ方が指示されているのでそれに従って行うが，
主催者側は下記のKPT法やKJ法等の参考文献に事前に目を通しておくとよいで
あろう。

　事例（研究）は，①課題をよく読み，②自分ならどうすべきか，どう対処した
かについて考えてみる。次に，③考えた結果をメモしておき，④司会係の進行に
よって意見を述べあう。⑤多い意見だけでなく，少数意見についても討議する。
最後に，⑥事例からの学び・気づきなどを出しあい，一般化する。⑦発表は「7 全
体討議」のすすめ方に従う。

参考文献

天野勝（著）『これだけ！KPT』すばる舎，2013
川喜田二郎（著）『発想法 改版——創造性開発のために』中央公論新社，2017
中野民夫（著）『ワークショップ——新しい学びと創造の場』岩波書店，2001
ロバート・チェンバース（著）野田直人（監訳）『参加型ワークショップ入門』明石書
　　店，2004
吉田新一郎（著）『会議の技法——チームワークがひらく発想の新次元』中央公論新社，
　　2000

資　料

子育て支援員研修の体系

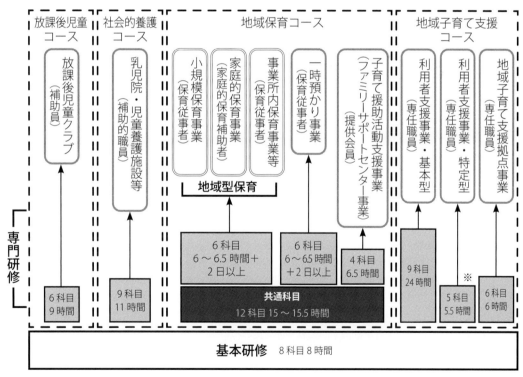

※「利用者支援事業・特定型」については，自治体によって，実施内容に違いが大きい可能性があるため，
　地域の実情に応じて科目を追加することを想定。
注）主な事業従事先を記載したものであり，従事できる事業はこれらに限られない（障害児支援の指導員等）。
注）二重線枠は，研修が従事要件となる事業。実線枠は，研修の受講が奨励される事業。

出典：内閣府資料

雇児発 0521 第 18 号

平成 27 年 5 月 21 日

第一次改正　雇児発 0704 第 5 号

平成 28 年 7 月 4 日

第二次改正　雇児発 0330 第 7 号

平成 29 年 3 月 30 日

第三次改正　子発 0329 第 14 号

平成 31 年 3 月 29 日

各都道府県知事 殿

厚生労働省雇用均等・児童家庭局長

子育て支援員研修事業の実施について

標記の件について，今般，別紙のとおり「子育て支援員研修事業実施要綱」を定め，平成 27 年 4 月 1 日より適用することとしたので通知する。

ついては，管内市町村（特別区を含む。）に対して周知をお願いするとともに，本事業の適正かつ円滑な実施に期されたい。

別紙

子育て支援員研修事業実施要綱

1. 趣旨・目的

　子ども・子育て支援法（平成 24 年法律第 65 号）に基づく給付又は事業として実施される小規模保育，家庭的保育，ファミリー・サポート・センター，一時預かり，放課後児童クラブ，地域子育て支援拠点，仕事・子育て両立支援等の事業や家庭的な養育環境が必要とされる社会的養護については，子どもが健やかに成長できる環境や体制が確保されるよう，地域の実情やニーズに応じて，これらの支援の　担い手となる人材を確保することが必要である。

　このため，地域において子育て支援の仕事に関心を持ち，子育て支援分野の各事業等に従事することを希望する者に対し，多様な子育て支援分野に関して必要となる知識や技能等を修得するための全国共通の子育て支援員研修制度を創設し，これらの支援の担い手となる子育て支援員の資質の確保を図ることを目的とする。

2. 子育て支援員

　子育て支援員とは，本要綱に基づき，都道府県，市町村（特別区を含む。以下同じ。）又は子ども・子育て支援法第 59 条の 2 第 1 項で定める仕事・子育て両立支援事業のうち，企業主導型保育助成事

業（「企業主導型保育事業等の実施について」（平成 29 年 4 月 27 日府子本第 370 号・雇児発 0427 第 2 号）の別紙「企業主導型保育事業費補助金実施要綱」の第 2 の 2 に定める企業主導型保育助成事業をいう。以下同じ。）の実施主体（以下「都道府県等」という。）により実施される 5 の（3）で定める基本研修及び専門研修（5 の（3）のイの（イ）に定める 4 コース（「地域保育コース」及び「地域子育て支援コース」については各分類）のいずれか 1 つ。ただし，企業主導型保育助成事業の実施主体が行うものについては 4 の（12）を対象とした「地域保育コース」のうちの「地域型保育」に限る。）（以下「子育て支援員研修」という。）の全科目を修了し，「子育て支援員研修修了証書」（以下「修了証書」という。）の交付を受けたことにより，子育て支援員として子育て支援分野の各事業等に従事する上で必要な知識や技術等を修得したと認められる者である。

3. 実施主体

実施主体は，都道府県等又は都道府県知事若しくは市町村長（以下「都道府県知事等」という。）の指定した研修事業者（以下「指定研修事業者」という。）とする。

都道府県知事等は子育て支援員研修事業を適切に実施できると認める指定保育士養成施設や社会福祉協議会，民間団体等（以下「委託研修事業者」という。）に委託できるものとする。

なお，5 の（3）のイの（イ）に定める「放課後児童コース」の実施主体は，原則として都道府県又は都道府県知事の指定した研修事業者とし，都道府県知事が子育て支援員研修事業を適切に実施できると認める市町村や民間団体等に委託できるものとする。

4. 対象者

本事業の対象者は，育児経験や職業経験など多様な経験を有し，地域において子育て支援の仕事に関心を持ち，以下の子育て支援分野の各事業等の職務に従事することを希望する者及び現に従事する者とする。（(1)～(4) は「家庭的保育事業等の設備及び運営に関する基準」（平成 26 年厚生労働省令第 61 号），(8) は「児童福祉法施行規則」（昭和 23 年厚生省令第 11 号）において研修の修了が従事要件となっている職種）

(1) 家庭的保育事業（児童福祉法第 6 条の 3 第 9 項）の家庭的保育補助者

(2) 小規模保育事業（児童福祉法第 6 条の 3 第 10 項）B 型の保育士以外の保育従事者

(3) 小規模保育事業（児童福祉法第 6 条の 3 第 10 項）C 型の家庭的保育補助者

(4) 事業所内保育事業（児童福祉法第 6 条の 3 第 12 項）（利用定員 19 人以下）の保育士以外の保育従事者

(5) 利用者支援事業（子ども・子育て支援法第 59 条第 1 号）の専任職員（平成 27 年 5 月 21 日府子本第 83 号，27 文科初第 270 号，雇児発 0521 第 1 号内閣府子ども・子育て本部統括官，文部科学省初等中等教育局長，厚生労働省雇用均等・児童家庭局長連名通知「利用者支援事業の実施について」別紙「利用者支援事業実施要綱」4 (3) に定める母子保健型に従事する者を除く。）

(6) 放課後児童健全育成事業（放課後児童クラブ）（児童福祉法第 6 条の 3 第 2 項）の補助員

(7) 地域子育て支援拠点事業（児童福祉法第 6 条の 3 第 6 項）の専任職員

(8) 一時預かり事業（児童福祉法第 6 条の 3 第 7 項）の一般型（平成 27 年 7 月 17 日 27 文科初第 238 号，雇児発 0717 第 11 号文部科学省初等中等教育局長，厚生労働省雇用均等・児童家庭局長連名通知「一時預かり事業の実施について」別紙「一時預かり事業実施要綱」（以下「一時預かり事業実施要綱」という。）4 (1)）の保育士以外の保育従事者

(9) 一時預かり事業（児童福祉法第 6 条の 3 第 7 項）の幼稚園型（一時預かり事業実施要綱 4 (2) ④ア）の保育士及び幼稚園教諭普通免許状所有者以外の教育・保育従事者

(10) 子育て援助活動支援事業（ファミリー・サポート・センター）（児童福祉法第 6 条の 3 第 14

項）の提供会員

(11) 社会的養護関係施設等（児童福祉法第6条の3第1項，第3項及び第8項，第6条の4並びに第7条第1項（助産施設，保育所，幼保連携型認定こども園，児童厚生施設，障害児入所施設及び児童発達支援センターを除く））の補助的職員等

(12) 仕事・子育て両立支援事業（子ども・子育て支援法第59条の2第1項）のうち，「企業主導型保育事業等の実施について」の別紙「企業主導型保育事業費補助金実施要綱」の第2の1に定める企業主導型保育事業の保育士以外の保育従事者

5. 研修の実施方法及び内容

(1) 研修日程等

研修の開催日，時間帯等については，都道府県等，指定研修事業者又は委託研修事業者（以下「研修実施者」という。）が，地域の実情に応じて，受講者が受講しやすいよう適宜配慮して設定すること。

また，子育て支援分野の各事業等の従事者の充足状況や養成必要人数等を考慮して，適切な時期・回数の実施に努めること。

(2) 講師

講師については，略歴，資格，実務経験，学歴等に照らして選定し，各科目の研修を適切に実施するために必要な体制を確保すること。

(3) 研修内容

子育て支援員研修は以下のア及びイに掲げる研修とする。

ア　基本研修

（ア）子育て支援員として，子育て支援分野の各事業等に共通して最低限度必要とされる子育て支援に関する基礎的な知識，原理，技術及び倫理などを修得するものとし，子育て支援員としての役割や子どもへの関わり方等を理解するとともに，子育て支援員としての自覚を持たせることを目的とする。

（イ）研修の科目，区分，時間数，内容，目的等については，原則，別表1のとおりとする。

（ウ）6の（2）に定める修了証書の交付を受けた者が，新たに，他のコース等の専門研修を受講する場合には，基本研修を再度受講することを要さない。

（エ）以下に掲げる者については，基本研修を免除しても差し支えないこととする。

　　① 保育士

　　② 社会福祉士

　　③ その他国家資格（幼稚園教諭，看護師等）を有し，かつ日々子どもと関わる業務に携わるなど，実務経験により，基本研修で学ぶべき知識等が習得されていると都道府県知事等が認める者

イ　専門研修

（ア）アの基本研修を修了した者（以下「基本研修修了者」という。）が，子育て支援員として，子育て支援分野の各事業等に従事するために必要な子どもの年齢や発達，特性等に応じた分野毎の専門的な知識・原理・技術・倫理などの修得を行うことを目的とする。

（イ）専門研修は，「地域保育コース」，「地域子育て支援コース」，「放課後児童コース」，「社会的養護コース」の別とする。

また，「地域保育コース」については，「地域型保育」，「一時預かり事業」，「ファミリー・サポート・センター」の分類を，また，「地域子育て支援コース」については，

「利用者支援事業（基本型)」,「利用者支援事業（特定型)」「地域子育て支援拠点事業」の分類をそれぞれ設けることとする。なお,「地域保育コース」の各分類には,「地域保育コース」の「共通科目」を含むものとする。

(ウ) 専門研修の受講については,基本研修の修了を条件とする。ただし,「利用者支援事業（基本型)」の受講に当たっては,相談及びコーディネート等の業務内容を必須とする市町村長が認めた事業や業務（例：地域子育て支援拠点事業,保育所における主任保育士業務等）に1年以上の実務経験を予め有していることも併せて条件とする。

(エ) 研修の科目,区分,時間数,内容,目的等については,原則,別表2のとおりとする。

ウ　留意事項

(ア) 研修内容については,地域性,事業等の特性,受講者の希望等を考慮して時間数を延長することや必要な科目を追加することは差し支えない。

(イ) 受講者がやむを得ない理由により,研修の一部を欠席した場合等には,研修実施者は受講者に対して未履修科目のみを受講させることも可能とすること。

(ウ) 研修を実施する際には,研修内容を鑑みて,適切な定員を設定すること。

(エ) 基本研修及び専門研修の詳細については,別に定める「子育て支援員研修の研修内容等の留意点について」を参考に行うものとする。

6. 修了証明書の交付
　　（略）

7. 研修修了者名簿等の作成・管理等
　　（略）

8. 研修参加費用
　　研修参加費用のうち,教材等に係る実費相当部分,研修会場までの受講者の旅費及び宿泊費等については,受講者等が負担するものとする。

9. 研修事業者の指定
　　（略）

10. 研修事業者の指定申請手続等
　　（略）

11. 研修事業の委託
　　本事業の委託に当たっては,以下の点に留意すること。

(1) 委託研修事業者は,事業を適正かつ円滑に実施するために必要な事務的能力及び事業の安定的運営に必要な財政基盤を有するものであること。

(2) 委託研修事業者において,研修事業の経理が他の経理と明確に区分され,会計帳簿,決算書類等研修事業の収支の状況を明らかにする書類が整備されていること。

(3) 委託研修事業者は,研修を担当する講師について,略歴,資格,実務経験,学歴等に照らし,各科目の研修を適切に実施するために必要な体制を確保していること。

(4) 委託研修事業者が,本要綱に定める内容に従って,適切に研修を実施することが見込まれること。

(5) 本事業の委託に当たっては，指定保育士養成施設，社会福祉協議会，地域のNPO法人や子育て支援団体等，子育て支援分野の研修に関する実績や知見等を有する機関，団体等に委託することが望ましい。

12. フォローアップ研修及び現任研修

　都道府県等及び指定研修事業者は，子育て支援員研修を修了し，各種事業等に従事している者等を対象に，事業の特性や必要性等に応じて，フォローアップ研修や現任研修を実施することが望ましい。また，以下の（1）及び（2）に定めるもののほか同等の効果が期待できる場合には，地域の実情等に応じた方法や内容等により，研修を実施することも可能とする。

　　（1）フォローアップ研修

　　　　子育て支援員研修において修得した内容や各事業に従事し，実践を通じて生じた問題等への解決を図ること等を目的としたフォローアップ研修について，概ね従事経験年数2年未満の者を対象として実施する。

　　　　研修の科目，区分，時間数，内容，目的等については，別表3のとおりとする。

　　（2）現任研修

　　　　各事業の従事者として必要となる基礎的分野から専門的分野にわたる知識・技能を修得し，資質の向上を図ることを目的とした現任研修について，全ての従事者を対象として実施する。

　　　　研修の科目，区分，時間数，内容，目的等については，別表4のとおりとする。

13. 留意事項

　　（1）都道府県等は，本事業の実施に当たって，管内の関係機関や施設，関係団体等と十分な連携を図り，効果的で円滑な事業の実施が図られるよう努めるものとする。

　　（2）研修実施者は，事業実施上知り得た研修受講者に係る秘密の保持について，十分留意すること。

　　（3）研修実施者は，研修受講者が演習及び実習において知り得た個人の秘密の保持について，受講者が十分に留意するよう指導すること。

　　（4）都道府県知事等は，指定研修事業者に対し，管内における研修の実施内容等について適切な水準が保たれるよう定期的に指導すること。

　　（5）子ども・子育て支援新制度では，人材の確保，養成及び資質の向上について都道府県が中心的な役割を担っていることから，子育て支援員研修事業の実施に当たっては，都道府県において，管内市町村の子育て支援分野の各事業等の提供体制や管内市町村における研修の実施状況等を勘案し，各種調整や子育て支援員の養成数の把握を行うなど，適切に子育て支援員研修事業が実施されるよう努められたい。

　　（6）都道府県等においては，子育て支援員は子育て支援分野の各事業等に従事する上で必要な知識や技術等を修得した者と認められる者であり，保育所等における保育補助者等として広く子育て支援関連分野への参加が期待できることから，積極的な研修の実施に努められたい。

　　（7）4の（5）及び（7）に掲げる職員については，当該事業に主要な職員として従事することとなるため，研修の実施する際には，4に掲げる他の従事者との役割や体制の違いに特に留意して実施すること。

14. 費用の補助

　　国は，都道府県等（企業主導型保育助成事業の実施主体を除く（企業主導型保育助成事業の実施主体を除く。）が研修を実施する場合に，当該都道府県等に対し，本事業に要する経費について，別に定めるところにより補助するものとする。

（別表1）子育て支援員基本研修

科目名	区分	時間数	内容
1.　子ども・子育て支援に関する制度や社会状況における子育て支援事業の役割を捉えるための科目			
①子ども・子育て家庭の現状	講義	60分	〈子ども・子育て家庭（対人援助を行う対象）に対する理解〉 ①子どもの育つ社会・環境 ②子育て家庭の変容 ③子どもの貧困及び子どもの非行についての理解
②子ども家庭福祉	講義	60分	〈子育て支援制度の理解〉 ①子ども・子育て支援新制度の概要 ②児童家庭福祉施策等の理解 ③児童家庭福祉に係る資源の理解
2.　支援の意味や役割を理解するための科目			
③子どもの発達	講義	60分	〈子ども・子育て家庭（対人援助を行う対象）に対する理解〉 ①発達への理解 ②胎児期から青年期までの発達 ③発達への援助 ④子どもの遊び
④保育の原理	講義	60分	〈子育て支援（対人援助）を行うための援助原理の理解〉 ①子どもという存在の理解 ②情緒の安定・生命の保持 ③健康の保持と安全管理
⑤対人援助の価値と倫理	講義	60分	〈子育て支援（対人援助）を行うための援助原理の理解〉 ①利用者の尊厳の遵守と利用者主体 ②子どもの最善の利益 ③守秘義務・個人情報の保護と苦情解決の仕組み ④保護者・職場内・関係機関・地域の人々との連携・協力 ⑤子育て支援員の役割
3.　特別な支援を必要とする家庭を理解するための科目			
⑥児童虐待と社会的養護	講義	60分	〈子育て支援（対人援助）を行うための援助原理の理解〉 ①児童虐待と影響 ②虐待の発見と通告 ③虐待を受けた子どもにみられる行動 ④子どもの権利を守る関わり ⑤社会的養護の現状
⑦子どもの障害	講義	60分	〈子育て支援（対人援助）を行うための援助原理の理解〉 ①障害の特性についての理解 ②障害の特性に応じた関わり方・専門機関との連携 ③障害児支援等の理解
4.　総合演習			
⑧総合演習	演習	60分	①子ども・子育て家庭の現状の考察・検討 ②子ども・子育て家庭への支援と役割の考察・検討 ③特別な支援を必要とする家庭の考察・検討 ④子育て支援員に求められる資質の考察・検討 ⑤専門研修の選択など今後の研修に向けての考察・検討

（別表2－1）子育て支援員専門研修（地域保育コース）

1. 共通科目

科目名	区分	時間数	内容	本書の該当章
1. 地域保育の基礎を理解するための科目				
①乳幼児の生活と遊び	講義	60分	①子どもの発達と生活 ②子どもの遊びと環境 ③人との関係と保育のねらい・内容 ④子どもの一日の生活の流れと役割	第2章
②乳幼児の発達と心理	講義	90分	①発達とは ②発達時期の区分と特徴 ③ことばとコミュニケーション ④自分と他者 ⑤手のはたらきと探索 ⑥移動する力 ⑦こころと行動の発達を支える保育者の役割	第3章
③乳幼児の食事と栄養	講義	60分	①離乳食の進め方に関する最近の動向 ②栄養バランスを考えた幼児期の食事作りのポイント ③食物アレルギー ④保育者が押さえる食育のポイント	第4章
④小児保健Ⅰ	講義	60分	①乳幼児の健康観察のポイント ②発育と発達について ③衛生管理・消毒について ④薬の預かりについて	第5章
⑤小児保健Ⅱ	講義	60分	①子どもの多い症例とその対応 ②子どもの多い病気（SIDS等を含む）とその対応 ※「保育所におけるアレルギー対応ガイドライン」「保育所における感染症対策ガイドライン」を周知する。 ③事故予防と対応	第6章
⑥心肺蘇生法	実技	120分	①心肺蘇生法，AED，異物除去法等　※見学だけの科目にならないよう参加人数等の配慮が必要。	
2. 地域保育の実際を理解するための科目				
⑦地域保育の環境整備	講義	60分	①保育環境を整える前に ②保育に必要な環境とは ③環境のチェックポイント	第8章
⑧安全の確保とリスクマネジメント	講義	60分	①子どもの事故 ②子どもの事故の予防保育上の留意点 ③緊急時の連絡・対策・対応 ④リスクマネジメントと賠償責任	第10章
⑨保育者の職業倫理と配慮事項	講義・演習	90分	①保育者の職業倫理 ②保育者の自己管理 ③地域等との関係 ④保育所や様々な保育関係者との関係 ⑤行政との関係 ⑥地域型保育の保育者の役割の検討（演習）	第11章
⑩特別に配慮を要する子どもへの対応（0～2歳児）	講義	90分	①気になる行動 ②気になる行動をする子どもの行動特徴 ③気になる行動への対応の考え方 ④気になる行動の原因とその対応 ⑤保育者の役割 ⑥遊びを通して，子どもの発達を促す方法	第13章

3. 研修を進める上で必要な科目

科目名	区分	時間数	内容	本書の該当章
⑪グループ討議	演習	90分	①討議の目的 ②討議の原則 ③討議の効果 ④討議のすすめ方 ⑤グループ討議（演習）	第15章

4. 自治体の制度や地域の保育事情等を理解するための科目

科目名	区分	時間数	内容	本書の該当章
⑫実施自治体の制度について （任意）	講義	60分～ 90分	①関係機関 ②地域資源	

2. 選択科目（地域型保育）

科目名	区分	時間数	内容	本書の該当章
①地域型保育の概要	講義	60分	①地域型保育の事業概要 ②地域型保育の特徴 ③地域型保育のリスクを回避するための課題	第1章
②地域型保育の保育内容	講義・演習	120分	①地域型保育における保育内容 ②地域型保育の一日の流れ ③異年齢保育 ④新しく子どもを受け入れる際の留意点 ⑤地域の社会資源の活用 ⑥保育の計画と記録 ⑦保育の体制	第7章
③地域型保育の運営	講義	60分	①設備及び運営の基準の遵守 ②情報提供 ③受託までの流れ ④地域型保育の運営上必要な記録と報告	第9章
④地域型保育における保護者への対応	講義・演習	90分	①保護者との関わりと対応 ②保護者への対応の基本 ③子育て支援における保護者への相談・助言の原則 ④保護者への対応～事例を通して考える～	第12章
⑤見学実習オリエンテーション	演習	30分～ 60分	①見学実習の目的 ②見学実習のポイントと配慮事項 ※見学実習を講義・演習に代える場合は省略。	第14章
⑥見学実習	実習	2日以上	1日目 　保育の一日の流れをみる 2日目 　保育の記録・計画，受付等の書類や環境構成，保護者対応の実際等について学ぶ ※認可保育所での0～2歳児の保育に関する見学実習も可能とする。	
	講義・演習	実習と同程度の内容を担保（1日以上）	※可能な限り見学実習をすることが望ましいが，地域の実情等に応じ，DVDの視聴等と講義・演習などによる実施も可能とする。	

（別表3）フォローアップ研修（基本研修・専門研修）

対象者	経験年数2年未満の者
目的	子育て支援員研修において，習得した内容と各事業に従事し，日々の実践を通じて生じた疑問や悩みの解消や関係機関との連携のあり方など問題解決への支援を図る。
内容	業務に携わる中で生じた相談・質問を中心としたもの。
時間数等	・年2回程度 ・1回2時間程度
その他	現任研修の内容が重複する場合には，一体的に実施する形態も可。

（別表4）現任研修（基本研修・専門研修）

対象者	全ての従事者（経験年数問わず）
目的	各事業の従事者としての資質の向上を図るために必要となる，基礎的分野から事業の特性に応じた専門分野における必要な知識・技術を習得する。
内容	〔基礎的分野〕 　・最近の児童福祉の概要 　・子どもの発達・遊びの理解 　・子ども・保護者対応，緊急時の対応 　・子どもの虐待 　・障害児への理解　　　　等 〔専門分野〕 　・各事業の特性に応じた研修内容とし，基礎分野と組み合わせて実施する形態も可 　・スーパービジョンによる事例の検討　　　　等
時間数等	各事業の特性の応じた回数・時間数を設定。
その他	フォローアップ研修の内容が重複する場合等には，一体的に実施する形態も可。

編集

家庭的保育研究会

責任編集

尾木まり・網野武博・福川須美

執筆者一覧 ＊執筆順

- 尾木まり（おぎ・まり）子どもの領域研究所所長　はじめに・第1章・第9章
- 須永美紀（すなが・みき）こども教育宝仙大学教授　第2章・第3章・第7章−2
- 齊藤多江子（さいとう・たえこ）日本体育大学教授　第3章・第10章
- 堤ちはる（つつみ・ちはる）相模女子大学特任教授　第4章
- 高橋良子（たかはし・りょうこ）一般社団法人全国保育園保健師看護師連絡会理事　第5章
- 草川　功（くさかわ・いさお）公益社団法人全国保育サービス協会会長（小児科医）　第6章
- 鈴木道子（すずき・みちこ）NPO法人家庭的保育全国連絡協議会会長　第7章−1
- 福川須美（ふくかわ・すみ）駒沢女子短期大学名誉教授　第7章−1・第14章
- 高辻千恵（たかつじ・ちえ）大妻女子大学准教授　第8章
- 上村康子（うえむら・やすこ）大阪教育福祉専門学校特別任用非常勤講師　第11章
- 網野武博（あみの・たけひろ）現代福祉マインド研究所所長／前東京家政大学教授　第12章
- 永田陽子（ながた・ようこ）東京都北区子ども家庭支援センター専門相談員　第13章
- 小山　修（おやま・おさむ）社会福祉法人幼年保護会会長　第15章

協力

NPO法人 家庭的保育全国連絡協議会

相澤保育室　岩原保育室　家庭保育室くるみ　キッズパートナー平沼橋　小規模保育園月と星

鈴木保育室　そのだ家庭保育室　中静保育室　ぴちゅ保育園　保育室さくらんぼ　保育室すまいる

保育ママぐりぐら　保育ママだんだん　みずしま保育室　矢後保育室

地域型保育の基本と実践〔第2版〕
——子育て支援員研修〈地域保育コース〉テキスト

2023 年 6 月 10 日　初版第 1 刷発行
2024 年 5 月 30 日　　　第 2 刷発行

編　集　　Ⓒ 家庭的保育研究会
発行者　　宮　下　基　幸
発行所　　福村出版 株式会社
〒113-0034 東京都文京区湯島 2 丁目 14 番 11 号
電　話　03（5812）9702
ＦＡＸ　03（5812）9705
https://www.fukumura.co.jp
印刷・製本　中央精版印刷株式会社

Printed in Japan, 2023
ISBN978-4-571-11048-1